○ 오타니는 일본 북부 지방 이와테현 하나마키히가시 고등학교의 스타였다. 투수와 타자 양쪽에서 가장 유망한 선수로 손꼽혔다.

○ 오타니는 일본 프로야구를 건너뛰고 곧장 미국으로 향하려고 했지만 홋카이도 닛폰햄 파이터스에서 다섯 시즌을 보냈다. 그는 2016년에 일본 프로야구리그에서 MVP를 수상했다.

○ 2017년 12월에 오타니가 에인절스를 낙점했을 때, 그를 소개하는 기자회견은 미국과 일본 언론에서 대단한 이벤트였다. 그때 이래로 열 명 남짓한 일본 기자들이 그의 미국 야구 커리어를 쭉 좇고 있다.

○ 전 에인절스 감독 마이크 소샤(왼쪽), 빌리 에플러 단장(오른쪽)은 일본에서 건너온 오타니가 에인절스를 선택하게 하려고 발 벗고 나섰다. 오타니는 에인절스에 있는 동안 네 명의 감독, 두 명의 단장 아래서 플레이했다.

○ 2018년 시즌 개막을 앞두고 오타니가 아직 빅 리그에 올라갈 실력이 못 된다는 의구심이 떠돌았다. 그럼에도 개막일이 되자 일단의 기자들이 그의 역사적인 데뷔를 기록하고자 몰려들었다.

○ 마이크 트라웃은 메이저리그 최고의 선수로 여겨졌지만 에인절스는 그가 있는 동안 단 한 번밖에 플레이오프에 진출하지 못했다. 역사적인 의미를 가진 두 번째 선수 오타니가 합류하면서 승리에 대한 압박은 더욱 커졌다.

○ 타일러 스캑스와 오타니는 에이전트가 같았고 에인절 스타디움에서 서로 이웃한 로커를 썼다. 두 선수 다 토미 존 수술을 받기도 했다. 2019년 시즌의 한복판에 스캑스가 숨진 채 발견되었을 때 아주 친한 친구 사이가 되어 있었다. 그는 스물일곱 살이었다.

○ 조 매든은 2020년 시즌 시작 전 에인절스의 사령탑에 올랐다. 오타니의 실력이 향상된 한 가지 결정적 요인은 매든 감독과 미내시언 단장의 그의 플레이 시간 제약을 푼 결정에 있었다.

○ 2021년 스프링 트레이닝 첫 선발 등판에서 오타니는 시속 161킬로미터를 찍었다. 2020년 부상을 입기 전에 출장한 두 경기에서 그를 힘들게 했던 몇 가지 문제를 뒤로하고 전진했음을 입증했다.

○ 2020년에 오타니는 타석에서도 애를 먹었다. 하지만 2021년에는 시즌 전에 진행한 새로운 비시즌 훈련 비책으로 스윙이 좋아졌다. 그는 OPS를 2020년 0.657에서 2021년 0.965로 끌어올렸다.

○ 오타니는 2021년에 639차례 타석에 서며 2018년처럼 마운드에 서는 날 전후로 휴식을 취할 필요가 없음을 증명했다. 오타니는 2021년에 정규 시즌 162경기 중 155경기에 출장했다.

○ 2021년 8월에 오타니가 샌디에이고를 상대로 공을 쳐내고 있다. 그는 2021년 46개의 홈런을 내뿜으며 메이저리그 전체 홈런 공동 3위에 올랐다.

○ 2021년 올스타게임에서 오타니는 첫 이닝에 나와 공을 던졌다. 그는 투수와 타자로 동시에 올스타에 뽑힌 역사상 최초의 선수가 되었다. 마운드에서는 선발로 나오고, 타석에서는 지명타자로 나왔다. 2타수 무안타였고 투수로서는 무실점 1이닝을 던지며 승리를 길어 올렸다.

○ 오타니는 2021년 시즌 내내 부상 없이 몸을 유지했고, 23경기에 선발 등판해 130과 3분의 1이닝을 던지고 3.18의 평균자책점을 기록했다. 삼진은 156개를 잡았다.

○ 오타니의 고향인 오슈에서 팬들이 2021년 11월 그의 아메리칸리그 MVP 수상을 축하하고 있다. 오슈 사람들은 이제 매달 17일을 '오타니 데이'로 기념하고 있다.

오타니 쇼헤이의
위대한 시즌

Sho-Time: The Inside Story of Shohei Ohtani and the Greatest Baseball Season Ever Played
Copyrights © 2022 by Jeff Fletcher

All rights reserved.
No part of this book may be used or reproduced in any manner whatever without written permission except in the case of brief quotations embodied in critical articles or reviews.
Korean Translation Copyright © 2023 by Wisdom House, Inc.
Korean edition is published by arrangement with Diversion Publishing Corp. represented by Waxman Literary Agency, New York, through BC Agency, Seoul.

이 책의 한국어판 저작권은 BC에이전시를 통한 저작권사와의 독점 계약으로 ㈜위즈덤하우스에 있습니다.
저작권법에 의해 한국 내에서 보호를 받는 저작물이므로 무단전재와 복제를 금합니다.

오타니 쇼헤이의 위대한 시즌

야구소년에서 메이저리그 MVP까지, 오타니는 어떻게 야구를 제패했나
제프 플레처 지음 │ 문은실 옮김

훌륭한 아버지가 되어주시고
야구의 세계에 발을 들여놓게 이끌어주신
마빈 플레처에게 바친다.

| 일러두기 |

° 본문에서 고딕 서체로 표기된 부분은 저자의 강조다.
° 외국어 표기는 국립국어원의 외래어표기법을 따랐다. 다만 국내에서 관습적으로 굳어져 통용되는 경우는 그대로 표기했다.

서문

조 매든(전 LA 에인절스 감독)

2021년 시즌의 마지막 게임은 오클랜드 애슬레틱스와의 경기였다. 그날은 아주 무더운 오후였다. 쇼헤이가 공을 던지고 있었고, 나는 포수에게 애슬레틱스의 1루수인 맷 올슨을 고의사구로 내보내라는 사인을 냈다. 사인을 받은 쇼헤이는 내게 미소를 지어 보이며 손가락을 까딱까딱 움직였다. 사인을 받아들이지 않겠다는 의미였다. 그로서는 받아들일 필요가 없었다. 나도 일단 미소로써 응수했다. 올슨의 다음 타석이 돌아왔고 카운트는 투 볼 노 스트라이크였다. 나는 다시 거르라는 사인을 냈지만 쇼헤이는 이번에도 같은 태세를 취했다. 그는 올슨에게 던지려는 공이 있었다. 올슨을 확실히 아웃시킬 수 있는 공 말이다. 그에게는 아무런 방해도 필요 없었다. 쇼헤이에 대한 올슨의 상대 전적은? 형편없었다. 그는 쇼헤이 앞에 서면 쩔쩔맸고, 쇼헤이도 그 사실을 알고 있었다. 미소를 띤 거부 의사가 되돌아왔다. 나는 두 번 다 쇼헤이의 의사를 받아들이지 않고 올슨을 거르게 했지만 쇼헤이의 자신감만큼은 인정하지 않을 수 없었다.

쇼헤이는 독특하다. 말해 무엇하랴. 그는 우리가 여태까지 본 적

없는 선수다. 그가 투타 겸업을 한다는 것, 그리고 그 일을 어떻게 그토록 어렵지 않아 보이게 해내는지는 일단 별개의 문제다. 그것보다는 그가 '어떤 사람'인지가 그날 오후에 명백해졌다. 경기 그리고 경쟁 자체에서 스스로 즐거움을 이끌어내는 사람, 그게 바로 쇼헤이다. 그는 지는 걸 좋아하지 않는다. 동시에 겸손하고 예의 바르며 친절하다. 그는 야구를 보는 눈이 구식인 면이 있다. 그는 다른 투수들에 관한 타격 코치의 분석에 귀를 기울인다. 타자들에게 어떤 공을 던질지 기록한 스카우트 보고서에도 귀를 기울인다. 하지만 실제 상황이 되면 붓을 쥐고 필드에 나가 거침없이 그려나간다. 그는 자신이 무엇을 원하는지 정확히 알고, 그때그때 상황에 따라 반응한다. 그에게는 굳이 이래라저래라 할 필요가 없다. 그냥 대부분의 선수들보다 뛰어나다고밖에 달리 표현할 말이 없다. 그는 상황에 따라 어떤 플레이가 통할지, 혹은 지금 상대방을 꺾기 위해 어떤 플레이가 필요한지 파악하고 적절하게 대처할 줄 안다.

내가 에인절스에 부임한 해가 2020년이었고, 그때는 모두가 알다시피 코로나19 팬데믹의 해였다. 당시 나는 쇼헤이에 관해 아는 것이 별로 많지 않았다. 그저 다른 사람들이 하는 대로 따라 했다는 말이 맞을 것이다. 눈과 귀는 열어두고 입은 닫고 있었다. 그러나 2021년에 들어서면서 새롭게 단장으로 들어온 페리 미내시언과는 얘기를 나눌 필요가 있었다. 쇼헤이를 어떤 식으로 관리할지 의논해야 했던 것이다. 우리는 논의 끝에 그에게 어떠한 제한도 두지 않기로 결정 내렸다. 나는 미내시언이 쇼헤이를 제약하려 들지 않는 점을 아주 높이 산다. 족

쇄를 벗겨낸 것이 그의 성공에 결정적인 이유가 되었다. 그가 가는 길을 아무도 가로막지 않은 덕에 그는 큰 성공을 거둘 수 있었다.

쇼헤이에게 정말로 놀라웠던 점은 투수로서 그가 얼마나 많은 공을 던질 수 있느냐 하는 점이다. 체력적인 면에서 타격이야 문제가 없을 것이라고 쉽게 받아들일 수 있었다. 하지만 공을 던지는 문제에 있어서도 이제까지처럼 해도 되는지, 얼마나 던지게 해야 할지 확신이 서지 않았다. 그는 잘해낸 정도가 아니었다. 더 던지라면 더 던질 수 있을 정도였다. 앞으로 나아가면서 미내시언과 나는 이 친구가 모든 경기를 뛰고 싶어 한다는 점을 받아들이지 않을 수 없게 됐다. 자신이 나가면 팀의 승리에 기여할 수 있다는 확신이 있기 때문이다.

그는 마운드에 오르는 날에도 타석에 서고 싶어 한다. 팀 승리에 보탬이 되기를 너무도 간절히 원하기 때문이다. 타석에 나서면 치는 데서 그치지 않고 도루를 노리고 그 밖에 팀 승리를 위한 이런저런 플레이를 도모한다. 그는 평범한 2루 땅볼을 치고도 안타의 가능성을 생각하며 전력으로 뛴다. 결과는 우리가 다 아는 그대로다. 정말이지 감탄하지 않을 수 없다. 마치 풋볼 팀의 와이드 리시버(수비의 빈틈을 파고들어 쿼터백이 던진 패스를 받아내는 선수—옮긴이) 같다. 크고, 팔다리가 길쭉하고, 강인하고, 빠르다. 정말로 빠르다.

다시 말하자면, 야구를 하면서 그가 느끼는 원초적인 즐거움은 아무리 말해도 과장이 아니다. 이토록 큰 성공을 거두고도 그는 그 즐거움을 여전히 간직하고 있다. 그 지점에서 나는 그를 칼 립켄 주니어와 같은 선상에 놓는다. 야구와 경쟁을 향한 순수한 열정, 나는 그것이 칼

립켄 주니어의 가장 위대한 자산이라고 늘 생각했다. 그는 플레이를 사랑하고, 경쟁을 사랑했다. 쇼헤이도 마찬가지라고 믿는다. 쇼헤이는 경쟁심을 타고났다는 점에서도 립켄 주니어를 떠올리게 한다. 쇼헤이는 결코 지고 싶어 하지 않는다. 그는 쉼 없이 경쟁하고 이기기 위해 끊임없이 연습한다. 그의 로커룸 근처에는 작은 당구대가 있는데 그는 동료들과 자주 당구를 즐기곤 한다. 경기가 끝나고 한 시간쯤 지나 구장을 떠나려고 보면 그는 여전히 당구에 빠져 있다. 나는 그 모습이 쇼헤이가 누구인지를 잘 보여준다고 생각한다. 늘 겨루고 경쟁 자체를 순수하게 재미있어 하는 사람. 그게 쇼헤이다.

시작하며

내가 2021년을 오타니의 위대한 시즌이라고 묘사했을 때, 나는 그가 이 듬해 같은 일을 다시 해내리라는 것을 미처 생각하지 못했다. 2022년에 오타니는 2021년보다 더 잘하는 투수가 되었고, 2021년만큼이나 잘 쳤다. 아쉽게도 뉴욕 양키스의 에런 저지가 보낸 역사적인 시즌이 오타니의 2년 연속 MVP 수상을 앗아갔다. 몇 달 후 오타니는 2023 월드 베이스볼 클래식(WBC)에서 일본 국가대표팀을 우승으로 이끌며 대회 MVP를 차지했다. 대회에서 그가 마지막으로 던진 공은 아름다운 스위퍼로, 에인절스 동료이자 미국 대표팀 주장인 마이크 트라웃을 삼진아웃시킨 공이었다. 지구촌 양쪽의 야구팬들이 오타니에게서 그렇게 보고 싶어 했던 스포트라이트의 순간이었다. 그가 2022년 보여준 활약과 WBC에 대한 내용은 16장에 기록되어 있다(2023년 판에 새로 수록한 것이다). 1장부터 15장까지는 2021년과 2022년 시즌 사이에 쓴 것으로, 일본에서의 어린 시절을 거쳐 그를 야구 역사 속에 영원히 남긴 MVP 시즌까지 오타니의 야구 여정을 시간 순서대로 따라간다.

차례

서문 _ 조 매든 | 007

시작하며 | 011

프롤로그 | 014

1.
야구소년 ∘∘∘ 024

2.
증명하다 ∘∘∘ 035

3.
스카우트 전쟁 ∘∘∘ 056

4.
축복과 저주 ∘∘∘ 082

5.
"시간이 필요해" ∘∘∘ 097

6.
상상 그 이상을 상상하라 ∘∘∘ 114

7.
우울한 진단 ∘∘∘ 140

8.
고난의 시즌 ∘∘∘ 155

9.
다이아몬드 광내기 프로젝트 ◦◦◦ 180

10.
새로운 접근, 새로운 희망 ◦◦◦ 194

11.
유니콘의 시작 ◦◦◦ 211

12.
황금률 ◦◦◦ 230

13.
스타들의 스타 ◦◦◦ 257

14.
역경 속에서 더 빛나는 ◦◦◦ 278

15.
유니콘 ◦◦◦ 298

16.
앙코르 ◦◦◦ 314

감사의 말 | 336

주 | 340
출처 | 344
찾아보기 | 347

프롤로그

'일본의 베이브 루스'가 메이저리그에 데뷔하고 어언 3년이 흐른 2021년 4월 4일, 야구 유니버스의 눈은 에인절 스타디움으로 온통 쏠렸다. 그가 마침내 귀환할지 지켜보려는 것이었다. 오타니 쇼헤이는 2018년 일본에서 건너와 로스앤젤레스 에인절스에 입단했고, 팬들과 동료 선수들을 경악케 했다. 세계 최고 수준에서 공을 치고 던지는 능력을 유감없이 발휘한 것이다. 100년 전 베이브 루스 이래로 어떤 메이저리거도 해내지 못한 일이었다. 당시 오타니는 고작 스물세 살이었고, 위대한 선수의 반열에 오르는 것은 운명 지어진 듯 보였다. 메이저리그에서 환상적인 첫 10주를 보낸 후 예상치 못한 상황을 맞닥뜨리기 전까지는 말이다. 잇따른 두 번의 수술과 경기에서 보인 실망스러운 플레이 탓에 그의 가장 열렬한 팬들조차 그가 과연 자신의 잠재력에 부응할 수 있을지 심각한 의구심을 품기에 이르렀다.

 2021년 ESPN 〈선데이 나이트 베이스볼〉은 마침내 온전해진 정규 시즌의 첫 중계방송으로 LA 에인절스 대 시카고 화이트삭스전을 내보냈다. 중계를 맡은 아나운서 맷 베스거시안과 알렉스 로드리게스가 첫 투구를 하는 오타니를 두고 한마디 했다. "오늘 기대하실 만한 구경거리가 있죠." 베스거시안이 말했다. "바로 '쇼헤이 쇼Shohei Show'입니다."

오타니는 이제 스물여섯 살이었고 에인절스의 선발투수이자 2번 타자였다.

에인절스가 메이저리그 전국 중계방송을 하는 ESPN의 눈에 들겠다고 라인업을 의도적으로 그렇게 짠 것은 아니었다. 적어도 그랬다고 인정은 하지 않을 것이다. 어쨌거나 ESPN의 높으신 분들은 조 매든 감독이 그들이 중계하는 첫날 오타니를 시즌 첫 선발 등판시키자 말할 필요도 없이 기분이 째졌다. 오타니가 메이저리거가 되고 처음으로 같은 경기에서 때리고 동시에 던진다니, ESPN과 시청자들에게는 게임이 한층 더 흥미진진할 터였다. "오타니는 선발 라인업 투수 칸과 타자 칸 둘 중 하나에만 들어가도 기대감이 하늘을 찌르는 선수입니다. 그런데 한 경기에서 두 칸 모두에 이름을 올렸네요." 베스거시안이 말했다.

아메리칸리그에서 지명타자를 도입한 지 마흔아홉 번째 되는 시즌이 막 시작된 때였다. 아메리칸리그에서 투수가 타석에 들어서는 일은 좀처럼 흔하지 않다(메이저리그는 아메리칸리그와 내셔널리그 두 개의 리그로 운영된다. 본래 지명타자 제도는 아메리칸리그만 채택하고 있었는데 지난 2022년부터 내셔널리그도 지명타자 제도를 도입했다―옮긴이). 지명타자를 쓸 수 있는 경기에서 투수가 타자로 나온 경우는 거의 반세기 동안 단 여섯 번에 지나지 않았다. 그나마도 한 번은 실수였다. 2009년 당시 탬파베이 레이스 감독이었던 조 매든이 3루수가 두 명이고 지명타자가 없는 잘못된 라인업 카드를 심판들에게 건네주었다. 때문에 투수 앤디 소낸스타인이 타석에 들어가야 하는 일이 벌어졌던 것이다. 2016년에는 동시대 선수들 중에서 공을 가장 잘 치는 투수로 정평이 나 있던 샌프란시스코의 우완 매디슨 범가너가 인터리그(프로 경기에서 다른 리그에 속한 팀들과 펼치는 제도로, MLB의 아메리칸리그 팀과 내셔널리그 팀이 경기를 갖는다—옮긴이) 경기에서 타자로 나서는 일이 있었다. 아메리칸리그 소속인 오클랜드 홈에서 열린 경기였기 때문에 지명타자를 쓸 수 있음에도 쓰지 않았던 것이다. 그 밖에는 1976년으로 거슬러 올라가는데, 캔자스시티 로열스의 좌완 켄 브렛이 두 번의 경기에서 투타를 모두 했던 적이 있다. 텍사스 레인저스의 우완 퍼거슨 젠킨스가 1974년에, 그리고 오클랜드 애슬레틱스의 좌완 켄 홀츠먼이 1975년 한 경기에 선발투수로 나왔다가 타자로도 나온 바 있다.

하지만 이번 에인절스 타순에 오타니가 들어간 것은 실수거나 일회성이 당연히 아니었다. 오타니는 슈퍼스타 마이크 트라웃의 바로 앞 타순이었는데, 매든 감독이 이 선발투수가 팀 최고의 타자 가운데 한 명이라고 믿었기 때문이다.

2017년 12월 오타니 쇼헤이가 일본에서 미국으로 건너왔을 때 떠들썩하게 화제가 된 것도 바로 그것 때문이었다. 그가 세운 놀라운 업적은 지구촌을 가로질러 가히 신화의 수준에 이르러 있었다. 시속 161킬로미터의 패스트볼에, 솟구쳐 올라 외야 관중석 가장 먼 곳까지 뻗어나가는 홈런에 관한 이야기. 그 무렵에 그가 때린 공이 도쿄 돔 천장을 뚫고 나가 사라지는 장면의 유튜브 영상은 안 본 사람이 없을 정도였다. 2018년 에인절스에서도 그는 사람들의 열광적인 기대에 걸맞은 경기를 몇 달간 정말로 보여주기도 했다. 하지만 고조된 분위기는 그 짧았던 기간만큼이나 빠르게 자취를 감추고 말았다. 팔꿈치 인대가 끊어졌고, 토미 존 수술을 받아야 했기 때문이다. 투수가 토미 존 수술을 받고 재활을 마치기까지는 보통 12개월에서 18개월이 걸린다. 2021년 4월, 그런 그가 마침내 재활을 마치고 마운드로 귀환한 것이었다. 2020년 지구촌을 덮친 팬데믹 때문에 더 늦어진 복귀였다. 2020년 시즌은 개막도 7월로 미루어 치러졌다. 그는 두 경기에 등판해 단 16명의 타자를 상대했는데, 솔직히 말하면 지켜보는 것조차 힘든 장면이었다. 그는 투수로서의 감을 완전히 잃어버린 듯 보였고, 그의 모습은 그의 투타 겸업 시대가 끝났다는 의구심을 충분히 불러일으킬 만했다. 그는 2020년에 또 다른 수술을 받으면서 마운드에서 멀어졌다.

오타니는 타격에서도 명성에 빛이 바랬다. 기록은 2018년부터 2019년까지 계속해서 하락했고, 팬데믹으로 단축된 2020년에는 급기야 벤치 신세가 될 만큼 바닥을 찍었다. 2019년에는 선천적인 무릎 질환에 시달리다가 결국 2년이 채 안 되어 또다시 수술실로 향할 수밖에 없었다.

뭉뚱그려 말하면, 2021년 시즌에 이르기까지 오타니의 2년은 실망 그 자체였다. 스프링 트레이닝에서 희망의 불씨가 잠시 반짝이는가 싶더니, 화이트삭스전 선발 출장 일주일 전에 보여준 모습은 회의적인 시선에 기름을 붓고 말았다. 엿새 전 오타니는 다저 스타디움에서 벌어진 시범경기 마지막 등판에서 2와 3분의 1이닝 동안 다저스타자 다섯 명을 사사구로 내보내며 7점을 허용했다. 경기 후에 그는 물집 탓에 제구가 잘되지 않았다고 말했다. 지명타자로서 오타니는 2021년 정규 시즌 첫 세 경기에서 13타수 3안타를 기록했다. 그중에는 홈런도 하나 포함되어 있었지만, 삼진아웃도 여섯 차례나 당했다. 민망했던 2020년 시즌, 타석에서 보여준 예의 허우적대는 스윙의 결과였다.

이러한 사정이 있던 상황에서 오타니는 미 전국 TV 방송과 코로나19로 입장 수가 제한된 에인절 스타디움 1만 2396명의 관중 앞에서 마운드에 오르게 된 것이었다. 어떤 오타니를 보여줄까? '일본의 베이브 루스'로 마침내 되돌아올 것인가, 아니면 또다시 기대에 미치지 못하는 한 해의 시작이 될 것인가?

오타니의 첫 투구는 2019년 타격 챔피언 팀 앤더슨을 상대로 한 스트라이크존 바로 밑으로 떨어지는 시속 158킬로미터의 패스트볼이었다. 오타니는 앤더슨에게 최저 시속 154킬로미터의 패스트볼을 네 번 연속으로 뿌리다가 슬라이더로 땅볼 아웃시켰다. 2번 타자 애덤 이튼을 마주해서는 커브볼로 시작했다가 다시 패스트볼로 돌아갔다. 투 스트라이크를 잡고서 무려 162킬로미터의 강속구를 뿜어냈고, 이튼은 그 공을 파울로 끊었다. 오타니는 자신의 시그니처 스플리터로 이튼을 삼진아웃시켰다. 공과 족히 50센티미터는 벗어나게 방망이를 휘두른 결과였다. 다음 타석에 들어선 전년도 MVP인 호세 아브레유에게는 161킬로미터 이상의 공을 두 개 던졌지만 결국 볼넷을 내주었다. 다음으로 요안 몬카다를 땅볼로 잡으면서 이닝을 벗어났다.

관중들이 조심스럽게 낙관하며 고개를 끄덕이는 동안 오타니는 당당한 걸음으로 마운드를 내려왔다. 2020년의 짧았던 컴백에서는 빠져 있었던 그의 무시무시한 구속이 돌아왔다. 아메리칸리그 최고 팀 중에서도 최고 타선에 맞서서 무실점 이닝을 기록했다. 고작 1이닝일 뿐이었다. 하지만 훌륭한 이닝이었다.

몇 분 후인 1회 말, 오타니는 투수 딜런 시즈를 상대로 타석에 들어섰다. 188센티미터의 우완투수 시즈는 지난해 화이트삭스 로테이션에서 믿음직한 구성원으로 떠오른 터였다. 시즈는 시속 160킬로미터에 가까운 패스트볼과 더불어 슬라이더와 커브, 체인지업으로 이루어진 레퍼토리를 차려놓고 마운드에 서 있었다. 오타니를 향한 그의 첫 투구는 가슴 높이로 날아온 시속 156킬로미터짜리 패스트볼로, 스트라이크 판정이 날 수 없는 공이었다. 순간 오타니는 오른 발꿈치를 들었다가 다시 땅에 단단히 디뎠다. 공이 방망이 중앙에 정통으로 맞게끔 스윙하기 위한 간단한 메커니즘이다. 배트에 맞은 공은 시속 185킬로미터로 솟구치더니 137미터를 날아가 우중간 담장을 넘어 관중석 열 번째쯤 되는 열에 떨어졌다.

단 몇 분 사이에 오타니는 미국 전역에 중계되는 경기를 통해서 아주 높은 수준의 야구 기술을 드라마틱하게 증명해 보였다. 자신의 2021년은 지난 시즌과 다르리라는 것을 말이다.

메이저리그 야구에서 쓰이는 탐지 장비는 필드에서 일어나는 모든 일을 기록한다. 덕분에 선수들의 기록을 계량하기가 쉬워졌다. 10년이나 20년 전 같으면 '웅장한 홈런'이라거나 '전류가 흐를 듯 찌릿찌릿한 패스트볼' 같은 알록달록한 표현으로만 설명되었을 기록들이다. 1회에 오타니는 시속 161킬로미터 이상의 빠른 공 세 개를 던졌다. 2021년 시즌에 메이저리그 마운드에 오른 909명의 투수 중에서 161킬로미터짜리 공을 단 한 개라도 던져본 투수는 57명(6.3퍼센트)에 지나지 않았다. 한편 그는 시속 185킬로미터짜리 타구를 만들어냈다. 2021년에 메이저리그 타석에 들어선 1049명의 타자들 중에서 단 51명(4.9퍼센트)만이 그만큼 세차게 공을 때렸다. 오타니 쇼헤이는 투수와 타자 양쪽 리스트에 모두 올라 있는 유일한 선수였고, 그는 시즌 첫 선발경기의 1회가 진행되는 그 몇 분 사이에 투구와 타격 모두에서 진가를 발휘했다.

에인절스는 팀의 1루수 재러드 월시의 끝내기 홈런으로 경기를 이겼지만 오타니는 승을 챙기지 못했다. 그럼에도 오타니는 경기 직후 만족스러운 시작이었다고 입장을 밝혔다. 그는 잠시 말을 끊었다가 자신이 무언가 성취해낸 것이 있다고 말했다.

"경기를 뜻대로 치러서 기쁘다." 오타니가 통역을 통해 말을 전했다. "이 경기로 한결 자신감이 생겼다. 고작 한 경기일 뿐이다. 나는 한 경기, 한 경기씩만 생각하고 끌고 나갈 것이다. 나는 나를 의심하는 사람들이 틀렸다는 것을 증명하려고 경기에 나가는 것이 아니다."

감독 조 매든은 더 대놓고 말했다.

"오늘 경기에서 그는 매우 특별한 일을 해냈다. 앞으로 오늘 같은 모습을 훨씬 더 많이 보게 될 것이다. 보기 얼마나 재미있는가 말이다. 오늘 경기를 즐기지 않은 사람은 아마 없을 것이다. 이런 걸 보여주려고 그가 빅 리그에 온 것이고, 여러분은 그가 해내는 장면을 더 많이 보게 될 것이다."

그렇게 오타니는 이 눈부신 시즌을 이어 나갔다. 아메리칸리그의 MVP뿐 아니라 커미셔너 공로상, MLB 선수협회 올해의 선수상을 따 내고도 남을 만큼 눈부신 시즌이었다.

오타니는 23경기에 선발투수로 나왔고, 130과 3분의 1이닝을 던지는 동안 9승 2패와 3.14의 평균자책점(ERA)을 기록하고 157명의 타자를 삼진시키면서 시즌을 마쳤다. 타석에서는 46개의 홈런을 치며 양대 리그를 합쳐 3위에 올랐고, 타율 0.257(아메리칸리그 평균은 0.245였다)에 출루율 0.372, 장타율은 0.592였다. 0.965의 OPS(출루율+장타율)는 전체 메이저리그에서 5위, 아메리칸리그에서는 2위의 기록이었다.

오타니는 또 타자와 투수 양쪽에서의 특출한 능력 덕분에 메이저리그 대체선수 대비 승리기여도(WAR)에서 1등을 차지하기도 했다. WAR은 선수가 낸 성적을 종합적으로 따져 승리에 대한 선수의 총 기여도를 수량화한 스탯이다. 주요 야구 통계 사이트인 팬그래프스 FanGraphs와 베이스볼-레퍼런스Baseball-Reference는 WAR을 살짝 다른 척도로 재는데, 어쨌거나 두 사이트 모두 오타니를 1위로 꼽았다. 팬그래프스는 오타니에게 WAR 8.1을 주어 7.6을 기록한 밀워키 브루어스의 투수 코빈 번스를 2위에 앉혔다. 베이스볼-레퍼런스에 따르면 오타니는 WAR 9.1을 쌓아서 필라델피아 필리스의 투수 잭 휠러의 7.7을 멀찌감치 따돌렸다. 이 모든 것이 오타니가 2021년 메이저리그 최고 선수였음을 통계적으로 말해준다.

이런 어마어마한 시즌을 써 내려가면서 오타니는 메이저리그 역사상 처음으로 올스타게임에 투수와 타자로서 모두 선발됐다. 메이저리그 사무국이 룰을 살짝 바꾼 덕에 오타니는 선발투수로 나와 마운드에서 볼일을 마치고는 지명타자로 경기에 남아 있을 수 있었다. 어쨌거나 올스타게임은 시범경기일 뿐이니까 말이다.

오타니에게 맞추어 룰을 바꾸려는 MLB의 의지를 문제 삼는 사람은 거의 없었다. 그 무렵에서 그는 오늘날 야구에서 목격할 수 있는 가장 경이로운 볼거리가 됐음이 확실해졌기 때문이다.

"우리는 평생 한 번 볼까 말까 한 선수를 바로 지금 보고 있다." LA 다저스 3루수 저스틴 터너가 올스타게임 전날에 한 말이다. "그는 사람들이 오래오래 얘기하게 될 불세출의 선수다." 역시 올스타로 뽑힌 다저스 1루수 맥스 먼시도 의견을 내놓았다. "이 친구는 메이저리그에서 공을 제일 멀리 치고 공을 제일 세게 던지면서, 그 누구보다도 빨리 달린다. 그는 자연이 뱉어낸 변종이다."

세인트루이스 카디널스의 3루수 놀런 아레나도도 오타니에게 똑같이 입을 다물지 못했다. "그가 지금 해내고 있는 일을 할 수 있는 선수는 그 어디에도 없다. 눈을 믿지 못할 만큼의 재능이다. … 그는 지금 우리가 생전 볼 일 없었던 일을 하고 있는 중이다. 베이브 루스 이래로 본 적 없던 것을."

물론 2018년에도 그는 같은 일을 두어 달 해냈었다. 하지만 아레나도와 여타 선수들이 그 사실을 기억하지 못했다고 해도 탓할 만한 일은 아니었다. 2018년의 그 두어 달 이래 3년 동안 오타니는 쉼 없이 바닥을 찍었기 때문이다. 당시만 해도 그는 2021년에 기어코 해내고야 말았던 그 일을 해낼 능력이 있는지 의심의 눈초리를 받았다. 그리고 오타니는 그동안 잠자고 있던 능력을 드디어 폭발시켰다. 부상을 피했고, 덕분에 2020년에서 2021년으로 넘어가는 겨울 오프시즌에 새로운 차원으로 넘어갈 발판을 마련할 수 있었던 것이다.

그리고 스프링 트레이닝이 시작되었을 때, 에인절스는 그동안 고수해왔던 오타니를 위한 전략이 실패로 돌아갔음을 마침내 인정했다. 다치지 않고 경기력을 향상시키게 하려는 좋은 의도로 가했던 '제약'이 아무 소용이 없었음을 말이다. 대신에 팀은 오타니를 맘껏 뛰게 하자는 아이디어를 가지고 2021년을 맞이했다. 마운드에 서기 전후로 가져야 할 의무 휴식도 없어졌다. 공을 던지는 날은 공만 던지고, 공을 치는 날은 공만 치는 나날은 끝이 났다.

이 테스트 기간 초반, 화이트삭스를 상대로 첫 선발전을 치르고 난 후 매든 감독은 2021년에 오타니가 같은 일을 자주 되풀이할 것이라고 말했다. 그는 줄어든 규제와 더불어 오타니가 활짝 피어날 것이라고 믿었다.

"모든 것은 서로 연결되어 있다." 매든이 말했다. "우리가 하는 모든 일은 서로 이어져 있다. 그는 야구를 사랑하는 자기 성찰이 깊고 영민한 젊은이다. 그가 가는 길에 태클을 걸지 말자. 우리는 그냥 그가 야구를 하게 놔두고 어떤 일이 벌어질지 두고 보면 될 일이다."

그렇게 메이저리그 사상 역사적인 일들이 벌어졌다.

야구소년

도쿄에서 북쪽으로 480킬로미터 남짓 되는 곳, 기차로 세 시간을 가는 곳에 오슈시가 있다. 이와테현의 논과 온천들 사이에 12만 명이 흩어져 살고 있는 도시 오슈는 1000년 전에 벌어진 전투 후에 세워진 이사와 성의 후예라는 역사를 가지고 있다. 현재 오슈는 축산업으로 유명하다. 하지만 미래에 이 도시는 오타니 쇼헤이의 출생지, 일본에서 스타가 되고 지구 반대편 미국에서 역사를 만들어낸 한 야구 선수의 출생지로 가장 잘 알려지게 될 것이다.

오타니의 아버지 오타니 도루는 지역 미쓰비시 공장에서 일하며 세미프로 야구 선수를 겸하다가 실업 리그에서 뛰었다. 그의 아내 가요코는 올림픽 출전까지 노렸던 배드민턴 선수였다. 이 운동선수 커플은 아들과 딸 하나씩을 낳은 후 1994년 7월 5일에 세 번째 아이 쇼헤이를 품에 안았다. 아버지 도루는 오타니와 다른 자녀들을 인자하게 키운 편이었다고 한다. "쇼헤이를 딱히 엄하게 키우지는 않았어요.

아주 평범하게 키웠죠. 정말이지 평범하게." 오타니는 형제 중에 모험심이 좀 더 강한 쪽이었다고 한다. 야구를 하면서 자신의 한계가 어디까지인지 정해두지 않고 겁도 없이 달려드는 식이었다. "어떤 일이든 서슴지 않고 시험해보려는 아이였어요."[1] 도루가 말했다. "가만히 지켜보고 있지 않으면 위험한 일이 벌어질 수 있을 정도로요."

그런 이유로 그의 두 아들 모두 야구를 한 것은 어찌 보면 자연스러운 일이었다. 그렇다고 자식들에게 야구를 하라고 강요하지는 않았다. 그는 운동을 더 잘하게 만들려고 자식을 잡을 정도로 별별 수단을 다 동원하는 그런 아버지가 아니었다. 사실 도루는 시간을 충분히 내어 장남 류타의 야구 기술을 더 길러주지 못한 것을 후회했다. 류타가 어렸을 적에 아버지는 공장에서 장시간 일을 해야 했고, 아들과 함께할 시간이 많지 않았다. 그러던 중 오타니가 야구를 할 만한 나이가 되었을 무렵, 그러니까 여덟 살쯤이 되자 아버지는 좀 더 적극적으로 나서기로 마음먹었다. 그는 막내아들을 직접 코치했다. 치고 던지는 기술을 가르치고, 야구라는 스포츠에 대한 예우를 갖추도록 가르쳤다. 먼 훗날 아버지가 관중석에서 지켜보는 가운데 메이저리그에 데뷔한 오타니는 아버지에게서 배운 가장 중요한 가르침은 '전력을 다해 경기를 뛰어야 한다는 것'이라고 말했다.

'야구소년'이라는 애칭으로, '야구를 위해 사는 아이'로 알려지게 된 어린 오타니는 경기가 없을 때면 텔레비전으로 프로 팀 경기를 자주 보았다. 특히 요미우리 자이언츠 경기를 매우 즐겨 보았다. "야구 선수들을 보는데 너무 근사해 보였다." 오타니의 말이다. "경기를 할 수 있는 주말이 늘 손꼽아 기다려졌다."[2] 그 유명한 자이언츠의 장타자 마쓰이 히데키가 그가 가장 좋아하는 선수 중 한 명이었다. 후에 오타니는 또 일본 최고의 투수 가운데 한 명인 다르빗슈 유의 팬이 되었다. 두 선수 다 일본 프로야구(NPB)에서 펼치던 재능을 메이저리그까지 가져가서, 훗날 오타니가 따를 길을 단단히 다져놓았다. 스즈키 이치로도 우상이었다. 이치로가 일본을 떠나 메이저리그에서 곧장 스타덤에 올랐을 때, 오타니의 나이는 일곱 살이었다.

 오타니는 왼손으로 타격하고 오른손으로 던지는 기술을 연마했다. 다소 흔치 않은 이 조합은 많은 시간이 흐른 후에 그에게 매우 큰 이점으로 작용했다. 세계 최고 수준의 야구에서도 치고 던질 때 중요하게 쓰는 근육의 균형을 잘 잡아 좋은 성적을 내게 된 것이다. 그런데 좌타자가 장타를 치면 공이 대개 오른쪽 필드로 날아간다. 이것이 어린 오타니에게는 문제가 되었는데, 구장 바로 옆에 이사와강이 흐르고 있었기 때문이다. 오타니가 오른쪽 펜스를 넘어가는 홈런을 하도 많이 쳐 공을 강물에 빠뜨리는 바람에 공이 너무 많이 없어지는 게 문제였다. 다시 말해 비용이 걸린 문제였다. 그리하여 이야기가 어떻게 흘러가느냐 하면, 오타니가 반대편, 그러니까 왼쪽 필드로 공을 쳐내는 기술을 개발하게 됐다는 것이다. 이 또한 수년이 흐르고 나서 그에게 엄청난 무기가 되었다.

 고등학교에 들어가기 전 선수 생활 초반기에 오타니는 오슈를 중심으로 한 지역 야구에 머물러 있었다. 일본과 미국 모두 재능 있는 어린 선수들이라면 여기저기 대회를 돌기 마련인데, 오타니는 그러지 않았다. 그는 그저 자신의 실력이 그 구단들에 들어가기에는 미흡하다고 생각했다. "나보다 잘하는 선수들이 당연히 많이 있을 거라고 생각했다."3 훗날 오타니가 회고한 바에 따르면 그랬다.

이와테현은 일본에서도 꽤 추운 지방에 속하기 때문인지 야구로 이름이 난 지역이 아니었다. "눈이 아주 많이 내리는 곳이다." 이와테현이 배출했으며 일본 프로야구 리그에서 메이저리그로 진출한 또 다른 선수인 기쿠치 유세이의 말이다. "빨리 달리기도 힘들고, 던지기도 힘들다."4 하지만 대학 포수 출신의 사사키 히로시가 하나마키히가시 고등학교에 부임해 프로그램을 만들면서 이 고장의 인재들이 발굴되기 시작했다. 오타니는 오슈에서 30분쯤 떨어진 거리에 있는 이 고등학교의 야구부를 중학생 시절부터 면밀히 눈여겨보았고, 고등학교에 갈 때가 되자 그곳에 진학했다. 그는 팀 프로그램에 합류했고, 그 과정에서 야구뿐 아니라 그 이상의 것을 아주 많이 배우게 되었다.

사사키는 그저 투구와 타격을 가르치는 데 그치지 않고 엄격한 규칙과 철학으로 프로그램을 운영했다. 그는 대학을 갓 나와 읽은 한 자기계발서가 야구를 통해 어린아이들을 교육하려는 그의 계획에 도움이 되었다고 했다. 하나마키히가시 고등학교에서 야구를 처음 시작하는 선수들은 야구에서 이루려는 제1의 목표가 무엇인지 적어내야 했다. 그런 다음 그 목표를 성취하는 데 필수적인 자질에 관해 썼다. 오타니의 목표는 일본 프로야구 신인 드래프트 1차에서 지명되는 것이었다. 그는 목표를 이루는 데 필수적이라고 생각하는 여덟 가지 자질을 육체적인 것과 정신적인 것을 모두 아울러 목록으로 만들었다. 그

후로도 고등학교에 다니는 동안 오타니는 엇비슷한 훈련을 이어갔지만, 눈이 훌쩍 높아져 있었다. 열일곱 살이 되자 그는 일본 프로야구 리그를 건너뛰고 미국으로 곧장 향하는 것으로 목표의 방향을 바꾸었다. 목표 리스트의 나머지 항목들은 나이별로 정리가 되어 있는데 꽤나 구체적이다. 이를테면 열여덟 살에 메이저리그 구단과 계약을 하고, 스무 살에는 메이저리그로 승격한다는 식이다. 데뷔 후 첫해 연봉으로는 1300만 달러를 희망했다. 선발 로테이션은 스물한 살에 처음으로 진입해서 16승을 올리고, 스물두 살에는 사이영상을 탄다. 스물네 살에는 노히트노런을 하고 25승을 거둔다. 스물여섯 살에는 결혼을 하고 월드시리즈에서 우승한다. 그는 심지어 다음 세대를 위한 계획까지 세웠는데, 서른일곱 살에 자신의 첫째 아들이 야구를 시작한다는 희망을 적어넣은 것이다. 나아가 은퇴에 대해서도 써놓았다. 그는 실력 하락이 오는 시점을 서른여덟 살로 잡고서 그때부터 지체 없이 은퇴에 대한 계획을 세운다. 은퇴할 나이는 마흔 살로 잡고, 마지막 경기는 노히트노런으로 장식한다. 그러고는 일본으로 돌아와 미국식 야구 스타일을 소개하려는 계획을 세웠다.

위대한 야구 선수가 되려는 오타니의 상세한 계획은 육체적인 면에서는 착착 돌아가고 있었다. 하나마키히가시 고등학교 야구 프로그램에 들어가기 위한 또 다른 표준 절차로서 열여섯 살 때 진행한 MRI 검사에서 성장판이 여전히 활짝 열려 있다는 결과가 나온 것이다. 앞으로도 몸이 한참 자랄 것이라는 의미였다. 처음에 오타니는 투구는 아예 하지도 않았다. 우익수로 수비하고, 팀내 최고 슬러거(장타자를 뜻하는 말—옮긴이)로서 4번 타자를 맡았다. 그 후 마운드로 옮겨갔는데, 마른 몸에도 최고 시속 145킬로미터에 이르는 패스트볼을 던졌다. 사사키는 이때 오타니가 단순한 힘 이상의 방법으로 구속을 늘릴 능력이 있음을 깨달았다고 한다. "근육이 전혀 없는데도 그런 공을 던질 수 있었다." 사사키가 말했다.

하지만 오타니의 투구 메커니즘은 여전히 오락가락했고, 제구에 어려움을 겪는 일이 적지 않았다. 2학년 때는 엉덩이 부상을 입어 공을 던지지 못했다. 너무 가파른 성장의 결과라고 짐작된다. 그러다 보니 투수로서의 성장은 지지부진했다. 워낙 빠르게 성장하는 바람에 몸이 아직 완성되지 못한 십대 특유의 어색한 동작을 보여주기도 했다. 타자로서는 한결 발전이 있었다. 훗날 오타니와 계약하게 되는 홋카이도 닛폰햄 파이터스의 스카우터 오후치 다카시는 그가 고만고만하게 잘하지만, 전체적으로 봤을 때 엘리트 수준의 선수는 아니라고 보았다.

고등학교 졸업반이 됐을 때 오타니는 193센티미터까지 자랐고, 체격도 채워지기 시작했다. 밥을 하루에 11공기씩 먹어치운 결과였다. 또 식단법과 훈련에 관한 책들을 읽은 것이 고등학교에 다니는 동안 20킬로그램 넘게 몸을 불리는 데 보탬이 되었다.

그는 타석에서 여전히 인상적인 경기를 이어나갔다. 당시 또 다른 고등학교 스타이며 후에 NPB에 진출한 후지나미 신타로를 상대로 기념비적인 홈런을 쏘아 올리기도 했다. 마운드에서는 시속 160킬로미터의 패스트볼을 던지기에 이르렀는데, 이는 나이와 국적을 불문하고 최상급 구속이다.

오타니가 잘 자란 몸과 경기력으로 팀 내 단연 두드러지는 선수로 떠오르면서 지역의 유명인사가 되는 사이에, 사사키 감독은 모든 선수들이 겸손을 잃지 않도록 신경을 썼다. 그의 프로그램에 따라 선수들은 한 해의 대부분을 기숙사에서 묵으며 한 명도 빠짐없이 기숙사 시설을 관리하는 잡일을 맡아 했다. 오타니를 포함한 투수들은 화장실을 늘 깨끗이 청소하는 일을 담당했다. 왜 하필 화장실이었느냐 하면 투수들이 구장에서는 관심의 한복판에 서 있는 것과 정반대로, 구장 밖에서는 들뜨지 않고 차분한 마음을 갖게 하려는 의도였다. "투수, 특히 오타니의 경우는 필드에서 말 그대로, 또 상징적으로도 절정을 구가하고 있었다." 사사키가 말했다. "그들은 구장에 나가면 세상 꼭대기에 있게 된다. 나는 그들에게 나머지 시간에는 '더없이 하잘것없는 일을 해야 한다'라고 말하곤 한다. 쇼헤이는 불평 한마디 하지 않았다."5

경기를 할 때 오타니는 말 그대로 쏟아지는 관심의 한가운데에 있었다. 지역뿐 아니라 일본 프로야구 팀의 관심도 쏟아졌다. 시속 160킬로미터 패스트볼을 던지는 193센티미터짜리 아이에 관한 소문은 미국까지 퍼졌다. LA 다저스, 텍사스 레인저스, 보스턴 레드삭스, 뉴욕 양키스, 샌프란시스코 자이언츠가 어린 오타니를 잡으러 나섰다. 사사키로서는 처음 접해보는 일도 아니었다. 몇 년 전에 하나마키히가시 고등학교 야구 프로그램의 명성을 끌어올리는 데 혁혁한 공을 세운 투수 기쿠치 유세이를 통해 비슷한 경험을 했기 때문이다. 메이저리그 8개 팀과 일본 프로야구의 12개 팀 모두가 기쿠치를 데려가고자 미팅을 열었다. 메이저리그 구단은 일본 아마추어 선수들과 계약하지 않는다는 신사협정이 오랫동안 유지됐던 시절이 있었다. 그러나 2008년 레드삭스와 계약한 투수 다자와 준이치를 필두로 이 협정은 약화되기 시작했다. 메이저리그 팀들이 기쿠치에게 눈독을 들일 때 사사키는 열린 마음을 가져보려 애썼다. 하지만 훗날 인정하기를, 기쿠치가 메이저리그로 가버리면 그와 일본 팀들과의 관계가 위태로워질 것이라는 느낌을 받았다고 했다(기쿠치는 결국 미국에 가지 않고 일본 프로리그에서 커리어를 시작하기로 결정했다).

기쿠치가 메이저리그의 구애를 받고 있을 때 오타니는 중학생이었다. 오타니는 하나마키히가시 고등학교에 입학하고 나서 기쿠치가 달았던 17번을 등번호로 물려받았고, 후에 LA 에인절스에서도 같은 번호를 달게 된다. 오타니 역시 기쿠치와 마찬가지로 태평양을 사이에 둔 양국 모두의 타깃이 되는데, 그때도 가까이에서 조언을 해준 사람이 사사키였다. 하지만 이번에는 사사키의 느낌이 달랐다. 그는 오타니에게 미국에 가라고 권했다.

2012년 10월, 그렇게 열여덟 살의 오타니는 기자회견을 열어 일본 프로야구 리그를 건너뛰고 미국에서 프로 커리어를 시작하겠다고 선언했다. "모든 나라의 훌륭한 선수들이 그곳으로 간다." 오타니는 말했다. "나는 그 선수들에게 지고 싶지 않다."[6] 아직 메이저리그 팀과 계약을 맺지 않았지만, 일본 프로야구 구단들에 드래프트되는 일을 막으려는 의도로 한 발표였다.

1. 야구소년

하지만 파이터스는 단념하지 않았다. 파이터스는 통념을 벗어난 행보로 정평이 나 있는 팀인데, 당시에도 다른 일본 구단들보다 한층 급진적인 수단을 사용하곤 했다. 그 1년 전 파이터스는 스가노 도모유키 투수를 데려오는 데 1차 지명권을 행사했다. 스가노가 삼촌 하라 다쓰노리가 감독으로 있는 요미우리 자이언츠 말고는 어느 구단과도 계약하지 않겠다고 발표했는데도 강행한 것이다. 스가노는 파이터스와 함께 계약하느니 한 시즌 전체를 날려먹기로 하고, 1년 후 결국 자이언츠에 입단했다. 스가노와의 도박에서는 비록 실패했으나 파이터스는 오타니에게 승부수를 걸어볼 기회가 있다고 보았다. 파이터스의 스카우터 오후치는 수년 동안 오타니를 눈여겨봐왔고 투수와 타자로서 그의 재능에 흠뻑 빠져 있었다. "나는 오타니가 우리의 드래프트 1라운드 넘버원이며, 그가 완전히 성장을 하면 최고의 선수가 될 것이라고 확신했다."7 수년이 지난 뒤 오후치는 이렇게 회상했다. 그리하여 파이터스는 오타니를 드래프트했다. 하지만 미국행을 말리고 구단과 계약하자고 그를 설득해야 했다.

오타니를 넘어오게 하는 과정은 한 달 정도가 걸렸다. 야마다 마사오 단장의 지휘 아래 파이터스는 그가 미국에서 누릴 것보다 더 좋은 혜택을 누릴 수 있다는 점을 보여주려고 갖가지 수단을 동원했다. 미국에 가면 당연히 마이너리그에서 시작을 해야 할 테지만 일본에서는 곧장 1군으로 향할 가능성이 높다. 파이터스는 미국 마이너리거들이 겪는 고된 삶을 그린 비디오를 보여주기도 했다. 숙박 시설도 변변치 않은 작은 마을에서 경기를 하고 기나긴 버스 여행을 견디며 떠돌아다녀야 하는 삶을 말이다. 파이터스는 오타니가 결국 메이저리그로 넘어갈 수밖에 없다는 점은 수긍했지만, 파이터스 구단과 프로 커리어를 시작하는 것이 메이저리그로 가는 데 도움이 되리라고 믿었다. 구단은 일본에서 시작해서 메이저리그로 건너간 선수들이 더 큰 성공을 거두었다는 사실을 통계로 보여주었다. 파이터스는 한발 더 나간 계책으로 오타니의 롤모델 중 한 명인 다르빗슈 유의 11번을 등번호로 제안하기도 했다. 자신을 끌어들이려는 온갖 시도가 펼쳐지는 내내 오타니는 별 감정을 드러내지 않고 듣기만 했다. 오후치는 "고등학생이 아니라 어른과 협상을 하는 기분이었다. 그런 쪽에서 보면 그는 정말로 똑똑하다"8라며 그때를 회상했다. 5년이 지난 후 오타니는 메이저리그에 가기로 한 결정에 앞서서 파이터스와 인연을 맺었던 것이 감사하다고 말했다.

야마다와 오후치를 비롯한 파이터스의 대표단이 오타니와 인연을 맺기 위해 기울인 노력 말고도 구단은 비장의 카드를 들고 있었다. 메이저리그를 비롯해 다른 일본 프로야구 리그 팀들 모두 오타니가 투수만 해야 한다는 주장을 굽히지 않았던 반면에, 파이터스는 두 포지션 모두 뛰게 해줄 의지가 있었다. 사실 오타니 자신은 파이터스가 협상 테이블에 제안으로 내놓기 전까지 정작 투타 겸업은 떠올리지도 않았다고 한다. 그는 어느 프로 팀이든 그가 마운드에서만 특화되기를 바란다고 생각했다. 그러나 다시 통념을 뒤집은 파이터스는 오타니가 일을 해낼 방도가 있다고 생각했다.

태평양을 사이에 둔 두 나라의 프로야구에 종사하는 말 그대로 모든 사람들이, 그것도 가장 높은 수준의 야구판에서 시간을 나누어 타격과 투구를 다 한다니, 그런 일은 성공할 리 만무하다고 믿었다. 오후치도 같은 생각이었다. 그런 그였지만 오타니를 본 뒤 생각을 바꾸기 시작했다.

"다 해낼 가능성을 가진 사람이 있다면, 그 재능을 눈여겨보면서 동시에 그의 실력을 끌어내야 한다. 마치 미켈란젤로나 아인슈타인과 같다. 예술과 과학을 막론하고 온갖 걸 할 수 있었던 사람들 말이다." 오후치가 말했다. "스카우터로서 나는 그라는 사람과 그의 능력을 알아보고, 이 고등학생 선수가 정말 해낼 수 있는지 알아볼 필요가 있었다. 오타니는 내 사고방식을 바꾼 선수다."9

오후치와 파이터스는 불가능에 가까울 만큼 어려운 일이라 사람들이 시도조차 하려 들지 않는 일을 그가 해내리라고 믿었다. 파이터스는 오타니에게 타자와 투수로 모두 서게 함으로써 역사를 만들어낼 의지에 차 있었다.

오타니는 설득되었다. 메이저리그는 아직 기다려야 할 일이었다.

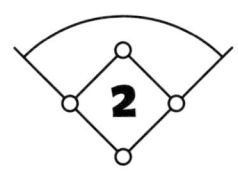

증명하다

닛폰햄 파이터스가 오타니의 드래프트에 걸었던 도박은 5년 후에 확실하게 보상을 받았다. 그는 2017년 시즌이 끝났을 때 한 번의 MVP 수상에, 올스타게임은 다섯 번을 출전했다. 각각의 포지션에서 최고의 선수들에게 부여되는 베스트 나인에 2015년, 2016년 이름을 올렸다. 2016년에는 투수와 지명타자 두 부문에서 동시에 상을 받았다. 실제로 마운드와 타석 둘 다에서 경기를 호령할 수 있다는 것이 분명해지자, 그는 '일본의 베이브 루스'라는 별명을 얻었다.

오타니의 위업에 대한 스토리는 브랜던 레어드에게도 미쳤다. 그로서는 일본에서 선수 생활을 이어나가려 미국을 떠나기 전의 일이었다. 남캘리포니아 태생의 레어드는 마이너리그에서 버스터 포지와 앤드루 맥커친 같은 미래의 메이저리그 스타 선수들과 함께 뛰었다. 그의 형 제럴드 레어드는 메이저리그에서 13년의 커리어를 쌓았다. 레어드는 2016년 시즌에 앞서 파이터스와 계약하기 전에는 오타니를 두고 쏟아지는 갖은 호들갑에 회의적이었다.

"잘해봤자 얼마나 잘하겠어, 라고 생각했다." 몇 년 후에 레어드는 이렇게 말했다. "어떻게 하는지 그냥 한번 보자, 하는 마음이었다." 첫 팀 내 대항전에서 레어드는 오타니가 시속 145킬로미터짜리 공을 가뿐히 던지는 장면을 목격했다. 타격 연습에서는 반대 방향 펜스로 공을 툭툭 밀어 쳐서 넘기는 모습을 보았다. 그러고 나서 그는 오타니 최고의 시즌을 지켜보았다. 이름값에 딱 걸맞은 시즌이었다. "그는 증명해냈다." 레어드가 말했다. "내가 함께 플레이하거나 상대했던 모든 선수 중에 최고는 아니었을지 모르지만 그는 그 나이에 벌써 최고 반열에 올랐다." 레어드는 오타니에 대해 말하면서 흔히 '5툴tool'이라고 일컬어지는 것을 거론했다. 즉 타격, 장타력, 주루, 송구, 수비다. "그로 말하자면 10툴을 갖춘 선수라고나 할까. 투수와 타자로서 모든 기술을 다 구사할 수 있는 선수 말이다."

레어드는 필드에서 믿을 수 없는 재능을 맘껏 증명해 보이는 오타니와 필드 바깥에서도 스타가 되는 오타니를 모두 지켜보았다. 일본 프로야구 리그에서 가장 키가 큰 축, 굳이 따지자면 일본 전체에서도 가장 큰 축에 속하며, 소년스럽고 잘생긴 외모를 장착한 오타니는 굉장한 셀러브리티가 되었다.

하지만 오타니는 그 모든 법석에도 들뜬 모습을 보이지 않았다. 그의 전 팀 동료들이나 주변 인물들에 따르면, 유명인사라는 위치는 위대한 야구 선수가 되고야 말겠다는 그의 단 하나의 집념을 결코 가로막지 못했다. 어마어마한 돈과 명성, 기자들이 털끝만 한 스캔들이라도 찾아내려 달라붙는 상황에서도 오타니는 필드를 벗어나는 일이 좀처럼 없었으며 항상 경기가 끝나면 숙소에 가서 휴식을 취하고 다음 날 경기를 다시 준비했다. "그는 세상과 퍽 동떨어진 사람이라고 할까?" 2016년에 파이터스에서 오타니와 함께 뛰었던 미국인 투수 앤서니 배스의 말이다. "가장 감탄스러운 점은 슈퍼스타라는 위치와 좋은 동료로서의 위치를 구분하는 능력이다. 그는 매우 현실적인 사람이다. 세상의 이목을 그토록 받으면서도 그토록 흔들림 없이 일관된 퍼포먼스를 보여준다는 것은 내게는 그저 상상의 영역에서만 일어나는 일이다. 그것도 자신을 내리누르는 엄청난 압박 속에서 보여주는 능력이 아닌가."

압박은 기대감의 부산물이다. 압박은 미국에 가서 그 거대한 재능을 펼치겠다는 계획을 뒤집고 일본에 남아 있기로 한 바로 그 순간부터 오타니를 깊게 내리눌러 왔다. 파이터스를 소유한 닛폰햄이 자사 구단 선수들을 회사가 생산하는 식품 홍보에 이용하지 않을 리가 없었다. 닛폰햄은 2013년 스프링 트레이닝을 시작조차 하기 전에 한 행사에서 열여덟 살의 오타니를 선보였다. 오타니가 행사장 이곳저곳을 끌려다니면서 햄과 소시지를 입에 밀어넣는 사이에, 카메라는 사진을 찍어대고 약 3000명의 팬은 조금이라도 더 가까이서 어린 스타를 보려는 소망으로 운집해 있었다. 오타니는 팀 동료에게 빌린 잘 맞지도 않는 회색 양복을 입고서 편안하게 보이려고 최선을 다했다. 어쩌면 고등학교 시절 내내 화장실을 청소했던 것이 그의 심지를 굳게 만들어주었는지도 모르겠다. 오타니는 처음에는 "긴장했다"고 인정하더니 행사가 진행될수록 사람들의 이목에도 한층 편안해졌다고 말했다. "좋은 경험이었다." 행사가 끝난 후 오타니가 말했다. "나는 프로 선수로서 스폰서들과 마찬가지로 팬들과도 사이좋게 지내야 한다는 걸 잘 알고 있다."[1]

오타니로서는 당연하게도 카메라 앞에서 소시지를 먹는 것보다는 야구공을 쥐고 있는 편이 훨씬 마음이 편했고, 곧 생애 첫 스프링 트레이닝의 시작이 다가오고 있었다. 오타니는 파이터스에서 다르빗슈의 11번을 저지에 달고서 2군 팀에서 봄을 시작했다. 하지만 시즌이 시작하기 전에 1군으로 승격했다. 그가 처음으로 불펜에서 몸을 푸는 장면은 미디어에서도 대대적으로 보도하고 팬들도 지켜보는 일종의 이벤트가 되었다. 파이터스는 그를 라인업에 완벽하게 끼워 넣을 방법을 고심했다. 심지어 고등학교 시절 외에는 맡아본 적이 없는 유격수까지 뛰어보게 했다. 구단은 유격수 수비가 잘되지 않자 외야로 그를 내보냈다.

오타니가 프로 커리어를 시작하면서 일본 프로야구 커뮤니티에서는 그가 과연 '이도류二刀流'로서 성공을 거둘 수 있을지 상당한 회의론이 일었다. "대부분의 사람들이 안 될 거라는 쪽에 걸었다." 일본의 일간 스포츠 신문 《스포츠호치》의 야구 전문기자 고타니 마사야가 말했다. "사람들은 그가 해낼 수 있다고 생각하지 않았다. 그를 믿었던 사람들은 오로지 구리야마 히데키 감독을 비롯한 파이터스의 사람들뿐이었다. 사람들은 그렇게 쉽게 될 일이 아니라고들 말했다."

오타니가 파이터스에서 투수 겸 타자에 대한 통념에 도전하기 약 한 세기 전에 베이브 루스가 보스턴 레드삭스에서 그 일을 해냈다.

　오타니와 루스가 세계 최고의 야구판에서 던지고 달리는 데 둘 다 성공했다고는 하지만, 그들이 가는 길은 완전히 달랐다. 오타니는 일본에서나 미국에서나 투타 겸업을 단호하게 원했다. 하지만 루스는 특급 타자로 자리 잡고 나자 투구에는 흥미를 잃었다.

　루스는 메이저리그에 데뷔하고 몇 시즌은 투수만 했고, 그다음으로 딱 두 시즌을 투수와 타자로서 뛰었다. 그 후 16시즌 동안 야구 역사에서 가장 압도적인 타자 중 한 명으로 자리매김하고 난 뒤 은퇴했다. 그사이에 마운드에 올라가는 일은 가뭄에 콩 나듯 했다.

　1914년 레드삭스에 처음 발을 들여놓았을 때 루스의 나이는 열아홉 살이었다. 그는 1915년에 레드삭스 최고의 투수 대열에 올랐다. 32경기에서 공을 던졌고, 대타로 10경기에 더 나갔다. 그는 그 시즌에 단 103번 타석에 올랐지만 무려 네 개의 홈런을 쳐냈다. 그 시절에 홈런이란 너무도 귀한 것이어서 레드삭스에서 한 시즌에 두 개 이상의 홈런을 친 선수가 없었다. 그것도 타석에 600번 오른 선수들이 낸 기록이었다.

　1915년 시즌에 루스는 0.315(리그 평균 타율은 겨우 0.248이었다)를 쳤고, 폴 이튼은 그의 활약을 보며 그해 여름 《스포팅 라이프》에 루스를 가리켜 '야구라는 경기가 배출한 최고의 천부적인 장타자'라고 썼다. '그는 마운드에 서기보다는 경기에 매일 들어갈 수 있는 포지션에서 더 가치를 발할 것이다. 빌 캐리건 감독에게 격의 없이 던지는 제안이다.'

기자들 사이에는 베이브 루스가 매일 경기에서 뛰어야 한다는 생각이 계속 팽배했고, 그가 한 많은 인터뷰에 따르면 그 역시 분명 같은 생각이었지만, 그 시절 레드삭스를 거쳐 간 감독들은 그가 마운드에 서지 않는 날이면 라인업의 어떤 자리라도 주저 없이 내보냈다.

1918년 시즌 전에 레드삭스의 감독이 된 에드 배로우는 루스를 타자로만 써야 한다는 생각을 단호하게 배격했다. "메이저리그 최고의 좌완을 외야로 보낸다면 나는 야구계의 웃음거리가 되고 말 것이다."2 시즌 초반에 배로우가 한 말이다. 어쨌거나 루스는 1917년 시즌까지 총 67승 34패에 2.07의 평균자책점을 기록했으니 말이다.

하지만 루스는 타자로 뛰기를 원했다. 곧 그 기회가 다가오는데, 그것은 야구장 바깥의 사정 때문이었다. 1918년에 너무 많은 빅 리그 선수들이 제1차 세계대전에 참전했고 구단들은 로스터를 채우느라 허둥거렸다(루스는 입대할 요건이 되었음에도 징집되지 않았다). 거기에다가 레드삭스의 주전 1루수인 딕 호블리첼이 아칸소주 핫스프링스에서 열린 스프링 캠프에 늦게 도착했다. 그 바람에 배로우는 브루클린 다저스(현 LA 다저스의 전신—옮긴이)를 상대로 한 첫 시범경기에서 루스에게 1루수로 뛰어볼 기회를 주었다. 스물네 살이던 루스는 젊은 선수 생활을 이어나가는 사이에 지금이 최고의 몸 상태라고 캠프에 보고했다. 매사추세츠 시골집에서 나무를 패며 겨울을 보낸 결과라고 했다. 전설로 이어져 내려오는 얘기다. 그는 지체 없이 힘을 과시했다.

1루수 데뷔를 했던 스프링 트레이닝에서 루스는 두 개의 홈런을 걷어 올렸는데, 여러 신문 기사에 따르면 오른쪽 담장을 넘어간 두 번째 홈런은 어찌나 멀리 날아갔는지 양 팀 선수들이 하나가 되어 이 슬러거에게 박수를 보냈다고 한다. 공은 장외로 나가 길을 건너고서는 악어 양식장에 떨어졌다. 2011년에 일단의 공학자들이 옛날 사진을 토대로 홈플레이트의 위치를 확인하고 공의 착지점을 계산한 결과, 공은 약 152미터를 날아간 것으로 측정되었다. 이 스프링 캠프에서 루스는 단 21번 타석에 들어서서 네 개의 홈런을 만들어냈다.

두어 달 후인 1918년 5월 6일에 배로우는 당시 슬럼프와 부상에 시달리던 호블리첼을 대신해 '자신을 웃음거리로 만들 것'이라고 얼마 전에 말했던 일을 단행했다. 뉴욕 양키스와의 경기에 루스를 1루수로 출장시킨 것이다. 빅 리그에서 루스가 투수 외의 다른 수비 포지션을 맡은 것은 그때가 처음이었다. 그날 루스는 홈런 하나를 포함해서 두 개의 안타를 쳤다. 보스턴 레드삭스의 구단주 해리 프레이지가 《보스턴 헤럴드 앤 저널》에 말한 바에 따르면, 양키스 구단주 제이콥 루퍼트가 자신과 나란히 앉아 경기를 관람했는데, 루스를 15만 달러에 당장 사겠다는 농담을 던졌다고 한다.3 두 사람 다 웃음을 터뜨렸다. 그러나 루퍼트의 말은 예언과도 같았다. 바로 이듬해에 레드삭스가 12만 5000달러에 루스를 양키스에 팔아넘겼기 때문이다. 스포츠 역사에 길이 남을, 오명으로 얼룩진 거래였다.

루스가 타자로서 성공을 거두자 감독과의 사이에 마찰이 일어났다. 배로우는 루스를 계속 투수로 두고 다른 야수 자리에는 드문드문 나가기를 원했지만, 루스는 이를 거부했다. 한번은 손목에 염증이 생겨 투구를 할 수 없다고 공언한 적도 있었다. 《베이브 루스와 1918년 레드삭스》의 저자 앨런 우드는 루스가 그때 정말로 다쳤는지는 알 길이 전혀 없거니와, 정황상 단지 투구를 하고 싶지 않아서 둘러댔을 것이라고 추측한다. 루스는 7월에 팀을 잠깐 이탈했고, 두 포지션을 모두 소화한다는 조건에 프레이지가 1만 달러의 보너스를 주기로 합의한 후에야 돌아왔다.

루스는 1918년에 20경기, 1919년에는 17경기에 투수로 나섰다. 당시 선발투수의 평균적인 출장 횟수의 반이 안 되는 수치였다. 반면 1918년 시즌에 1루수와 외야수로는 72경기를, 1919년에는 116경기를 뛰었다. 엄밀히 말하면 투수이긴 했지만 루스가 마운드로 되돌아가고 싶어 하지 않는다는 사실은 점차 분명해졌다.

"올해는 배로우 감독이 나더러 두세 개 포지션에서 뛰어달라고 하지 않을 것으로 생각한다. 나는 한 포지션에서만 플레이하고 싶다." 1919년 시즌에 앞서 루스가 말했다. "나는 매일매일 경기에 나가는 게 좋다. 주자들이 나가 있을 때 타석에 서서 힘차게 스윙하는 것만큼 내가 가장 좋아하는 일은 없다."[4]

루스는 단지 타격을 더 좋아하는 문제는 아니라고 했다. 그는 투수와 타자를 모두 소화하기 위한 육체적인 도전이 한 사람이 해내기에는 역부족인 일이라고 믿었다.

"차례를 돌아 정기적으로 투수로 서고, 그 밖의 거의 모든 게임에서는 다른 포지션에서, 그걸 여러 해 동안 해낼 수 있는 사람은 없다고 생각한다." 1918년에 루스는 이렇게 말했다. "이번 시즌에는 어찌저찌 괜찮게 해낼 수 있고 그렇게 힘들게 느껴지지도 않는다. 젊고 강하니까 둘 다 해도 별 문제가 되지 않기 때문이다. 하지만 앞으로 계속해서 같은 일을 할 수 있을지는 장담하지 못한다."5

아닌 게 아니라 투타 겸업 플레이어로서의 루스는 오래가지 못했다. 그를 손에 넣은 양키스는 이후 15시즌에 걸쳐 그를 단 다섯 차례만 마운드에 올렸다. 그중 세 번은 양키스에서 맞이한 첫 두 시즌에서였다. 나머지 두 번은 그의 커리어가 끝나갈 무렵인 1930년과 1933년에 던진 것이었다. 두 게임 다 레드삭스가 상대였다. 우드는 "그냥 홍보성 이벤트 차원에서 벌인 일 같다"고 말했다.

양키스는 그가 투수보다는 타자로서 더 가치 있다고 생각했기 때문에 그를 마운드에 내보내지 않았을 것이다. 현대 야구 통계는 투수와 타자에 대해 100을 평균으로 잡고 각각 ERA+와 OPS+로 선수의 성적을 매긴다. 1914~1919년 레드삭스 시절, 베이브 루스가 158경기에 투수로 나와 거둔 ERA+는 125였다. 그러니까 평균적인 투수보다 25퍼센트를 더 잘해냈다는 뜻이다. 레드삭스 시절 1332번을 타석에 들어선 베이브 루스의 OPS+는 190이었다. 타자로만 뛴 양키스에서는 OPS+가 209였다. 투수로는 견줄 만한 선수들이 있었을지 모르나, 타자로서 그는 독보적이었다.

몇 년 동안 투수를 겸하고 선수 생활의 대부분을 타자로 보낸 베이브 루스와 달리, 오타니는 파이터스에서 거의 곧장 투타 겸업으로 쓰였다. 그는 2013년 루키 시즌 개막전에 우익수로 나가 2안타 1타점을 올렸다. 아침에는 가까이 있는 2군 팀에서 투구 훈련을 하고, 야간 경기에서는 외야수로 플레이했다. 첫 39타수에 0.307을 기록했으니 타격은 훌륭했다.

5월 23일, 파이터스는 드디어 그를 마운드에 올릴 준비가 되었다. 파이터스는 장차 역사적으로 기록될 경기의 기념품으로 간직하라는 의미에서 팬들에게 증명서를 내주기까지 했다. 무승부로 끝난 야쿠르트 스왈로스전에서 오타니는 6피안타 2실점을 기록했다. 비록 대단히 훌륭한 퍼포먼스라고 보기는 어려웠지만, 그는 마운드에 선 자체만으로 역사를 만들었다. 고등학교에서 드래프트된 첫 시즌에 투수와 타자를 겸했던 선수는 1951년의 도쿠나가 기쿠오가 마지막이었다.

오타니는 13경기에서 61과 3분의 2이닝을 던져 3승 무패에 4.23의 평균자책점을 기록하며 시즌을 마쳤다. 타석에서는 189타수에 타율 0.238, 홈런 세 개에 20타점이었다. 부상의 여파가 심했던 시즌이었다. 4월 중순에는 발목 인대 부상으로 몇 주를 놓쳤다. 그 후 타격 훈련 중에 외야를 뛰다가 날아온 타구에 얼굴을 맞아 광대뼈에 금이 가기도 했다.

부상과 다소 평범한 성적에도 팬들은 그에게 올스타의 자리를 주었다. 신인상 투표에서는 233표 가운데 4표를 받아 2등으로 마쳤다. 신인상은 15승 8패에 평균자책점 3.34를 기록한 라쿠텐 골든이글스의 투수 노리모토 다카히로에게 돌아갔다.

두 번째 시즌에 이르러 오타니는 파이터스에서 풀타임을 뛸 만큼의 실력 향상을 이루었다. 2군에서의 아침 훈련은 더 이상 없었다. 그래도 구단은 그를 소진시켜버리거나 다치지 않게 하면서 투수와 타자로서 최고의 성과를 내게 할 묘안을 궁리해내야 했다. 그는 루키 시즌 77경기에 출전해 54번을 외야에서 플레이하고 나머지는 지명타자나 대타자로 섰다. 두 번째 시즌에서는 87경기 중 외야수로 나간 것이 단 여덟 번이었다. 외야수까지 플레이하는 것은 "그의 몸에 과도한 짐이 되었다."《스포츠호치》 기자 고타니의 말이다. "오타니는 팀이 원하기만 한다면 뭐든지 할 선수다. 외야수는 그의 의지가 아니라는 얘기다. 외야는 그의 자리가 아니다." 파이터스는 또 그가 투수로 나서기 전후 며칠씩을 확실히 쉬게 했다. 오타니는 이런저런 실험 끝에 일요일마다 마운드에 오르는 루틴에 안착했는데, NPB에는 월요일 경기가 없으므로 딱 알맞은 결정이었다.

오타니는 그해에도 올스타 선수로 뽑혔고, 시속 163킬로미터에 이르는 강속구를 꽂아 넣으며 팬들을 열광시켰다. 2014년 시즌에 오타니가 투타에서 공히 성공을 거둘 능력이 있음은 묻고 따질 필요도 없이 증명되었다. 그는 212타수에 타율 0.274, 홈런 10개, 155와 3분의 1이닝을 마운드에 서면서 11승 4패에 평균자책점 2.61의 성적을 거두었다. 일본 프로야구 리그 역사상 한 시즌에 10개의 홈런을 치고 동시에 투수로서 10승을 거둔 초유의 일이었다. 메이저리그에서도 1918년의 베이브 루스 이래로 사례가 없다. 짐작할 수 있듯이 '일본의 베이브 루스'는 메이저리그 구단들의 관심을 하루하루 더 끌게 되었다. 스카우터들은 오타니를 보기 위해 태평양을 가로질렀다. 2014년 시즌이 끝났을 때 오타니의 나이는 겨우 스무 살이었다.

비시즌에 오타니는 실제 메이저리그 선수들을 상대로 한 시합에서 장기를 과시했다. 11월, 일본 프로야구 리그 올스타 팀에 뽑혀 메이저리그 올스타로 이루어진 라인업을 상대로 대결을 펼친 것이다. 오타니는 구원으로 한 번 나오고, 선발투수로 한 번 출장했다. 그는 선발로 나온 경기에서 4이닝을 던져 일곱 개의 삼진을 잡았다. 메이저리거들에게 진 이 경기에서 2실점을 했으나 비자책이었으므로 패를 기록하지는 않았다.

어쨌거나 오타니는 메이저리그 선수들에게 눈도장을 확실히 남겼다. 훗날 LA 에인절스의 팀 동료가 되는 투수 맷 슈메이커도 이 친선 경기에 온 빅 리거였고, 오타니를 상대로 공을 던졌다. "기억나는 건 스무 살짜리 친구가 시속 161킬로미터의 공을 던졌다는 것이다." 슈메이커가 말했다. "모든 사람이 온통 그 얘기뿐이었다." 슈메이커는 매 피치마다 관중이 보인 반응도 기억했다. 사람들은 오타니가 161킬로미터를 찍으면 뒤집어졌고, 조금만 미치지 못해도 탄식을 내뱉었다. 시속 160킬로미터와 161킬로미터를 나누는 마법의 선이 있는 것도 아니련만, 팬들에게 그 차이는 초미의 관심사였고, 160킬로미터에서 161킬로미터로 뛰면 몹시 감탄하는 것이었다.

2015년 오타니의 겸업 플레이는 두 가지 방향으로 갈라졌다. 투수로서는 계속 번창했다. 22경기에 나와 160과 3분의 2이닝을 던지고 15승 5패에 ERA 2.24를 기록했다. 안타는 100개밖에 내주지 않았으며 196명을 삼진아웃시켰다. 스물한 살이 되던 시즌에 거둔 압도적인 성적이었다. 그는 선발투수로 올스타전에 또 나갔다. 시즌이 끝나고는 베스트 나인 팀 투수 부문에 이름을 올렸다. 반면 타격은 하향곡선을 그렸다. 지명타자로서만 공을 친 첫 번째 시즌이었고, 109타수에 0.202의 타율에 홈런 다섯 개에 그쳤다.

2015~2016년 겨울에 파이터스는 오타니를 비롯한 몇몇 선수들과 호흡을 맞춰보라는 뜻에서 전 파이터스 투수이자 오타니의 우상이던 다르빗슈 유를 초빙했다. 다르빗슈는 오타니가 고등학교에서 마지막 해를 보내고 있던 2012년에 메이저리그로 떠났다. 메이저리그에 입성하기가 무섭게 성공을 거둔 다르빗슈는 텍사스 레인저스에서 첫 세 시즌 연속 올스타 팀에 들어갔다. 하지만 2015년 겨울에 이 레인저스 투수는 토미 존 수술을 받고 재활을 하는 중이었다. 팔꿈치 재건 수술인데, 재활에 12개월에서 18개월이 걸린다. 그 기간에 다르빗슈는 오타니와 함께 운동을 하고, 식단과 몸 만들기에 대해 가르쳐주었다. 이 비시즌 동안에 오타니는 근육량을 거의 10킬로그램 정도 늘렸고 훈련 방식도 달라지기 시작했다. 몸집을 키우는 데 쏟았던 신경을 돌려 폭발력을 키우는 데 더 집중했다. 식단에서 당분을 제거했고, 흰 쌀밥 대신 현미밥을 먹기 시작했다. "어떤 음식을 언제 어떻게 먹어야 하는지에 대해 아주 많이 배웠다."[6] 다르빗슈로부터 영감을 받아 새로운 루

틴을 실행한 지 1년쯤 후에 오타니가 말했다. "상당히 힘들지만 매우 중요한 일이었다. 나는 해마다 더 흥미로운 것들을 배운다. 몸무게가 늘어났고, 뭘 해도 파워가 더 생긴 것이 느껴진다."

오타니의 새로운 운동법과 영양을 맞춘 식이요법은 즉각 결과로 나타났다. 2016년 2월 파이터스가 애리조나로 스프링 트레이닝을 갔을 때였다. 일본 프로야구 팀이 미국으로 훈련을 오는 일은 드물기 때문에 메이저리그 스카우터들에게는 오타니를 가까이서 볼 수 있는 좋은 기회였다. 오타니는 타격 연습 시간에 불방망이를 휘둘렀고, 파이터스를 위해 일하던 미국인 스카우터 맷 윈터스는 그의 실력이 부쩍 향상됐음을 바로 알아챘다. "그는 1년 전보다 훨씬 좋아진 듯 보였다." 윈터스가 말했다. "접근 방법이 개선됐다. 배팅 연습을 두 번 더 했는데 그게 또 대박이었다. 스카우터들의 입이 떡 벌어졌다. 다른 날 스카우터들과 단장들 등 약 50명이 그의 경기를 보러 왔는데, 그가 두 번째 타석까지만 나오고 경기에서 빠지자 다섯 명씩 짝을 지어 자리를 뜨기 시작했다. 경기가 끝날 무렵에는 불과 세 명 정도만 남아 있었다. 그들이 여기에 온 이유는 누구라도 알 수 있었다."7

2016년 정규 시즌이 돌아오자 오타니는 파이터스에서 최고의 한 해를 보내게 된다. 투수로서는 전해와 조금도 다름없이 압도적이었다. 물집 때문에 공을 던지지 못한 기간이 두 달이 있었는데도 10승 4패에 ERA 1.86을 기록했다. 140이닝을 던져 피안타는 단 89개에 삼진 174개를 잡아냈다. 하지만 진정한 변화는 타격에 있었다. 323타수에 0.322로 전년보다 타율을 1할 넘게 올렸고, 홈런 22개를 쏘아 올렸다.

타석에 선 그가 너무도 위협적이었기 때문에 상대 팀이 좋은 공을 주지 않았고, 결과적으로 54번을 걸어 나갔다(프로 생활 첫 3년 동안에는 557타석에 들어서서 전부 합쳐 41번밖에 사사구로 나가지 못했다). 팀은 이제 오타니가 마운드에 서는 날에도 이따금씩 지명타자를 내지 않고 그를 타석에 내보내기 시작했다.

오타니의 활약에 힘입어 파이터스는 일본시리즈 우승을 차지했다. 정규 시즌 후반에 그는 꼭 승리해야 했던 세이부 라이온스와의 경기에서 단 한 개의 안타만을 허용하고 삼진 15개를 잡으며 완봉했다.

2016년에 파이터스에서 함께 뛰었고, 후에 레인저스와 애틀랜타 브레이브스에서 든든한 활약을 펼친 구원투수 크리스 마틴은 오타니 나름대로 경기를 관리하는 방식에 찬사를 보냈다. 그에 따르면 오타니는 대개 잔잔한 물 위에서 순항하는 배처럼 별로 힘들이지 않고 플레이하는 듯하다가도, 상황이 엄중해질 때면 한껏 능력을 끌어올릴 수 있었다. "그가 일단 흐름을 타기 시작한 경기는 흥미진진해진다." 마틴이 말했다. "그는 새로운 시도를 좋아하고, 그러다가 약간 어려움을 겪기도 한다. 그럼에도 그는 새로운 시도에 늘 전력을 기울인다. 그러다 보면 '세상은 정말 불공평하구나' 싶은 결과가 나오는 것이다. 곁에서 퍽 재미있게 그런 모습을 지켜보았다."

2016년 파이터스에 입단한 미국인 내야수 브랜던 레어드도 엄중한 순간에 빛을 발하는 오타니의 재능을 되짚었다. "그는 일본시리즈행 티켓이 걸려 있던 경기에 마무리투수로 나와 담판을 지었다. … 기세가 잔뜩 올라 있었다. 시속 165킬로미터짜리 공을 던지는가 하면,

브레이킹볼은 한없이 고약했다. 그가 한번 올려보자 마음먹으면 보는 사람은 그것을 모를 수가 없다."

일본 프로야구 리그 전 구장에서 때려낸 몬스턴 홈런들을 포함해 타격에서 세운 위업도 전설감이었다. 오타니는 2016년 11월, WBC 대비 평가전에 일본 국가대표로 나섰다. 네덜란드 국가대표팀을 상대로 하는 두 번째 평가전에서 그가 때린 공이 도쿄 돔 천장을 뚫고 사라져버렸다. 그라운드 룰에 따라 비록 2루타에 그쳤지만, 언론 기사는 공이 천장에 가로막히지만 않았다면 162미터를 날아갔으리라고 분석했다. 이 장면은 유튜브에서 바이럴되었다.

오타니가 필드에서 거둔 성공은 그 바깥에서의 명성에도 한껏 불을 지폈다. 그는 야구 선수로서의 재능과 더불어 유일무이한 투수 겸 타자라는 점에서 어마어마한 인기를 누렸다. 까놓고 말하면 그의 외모도 인기에 한몫했다. 2016년에 오타니의 유명세는 그야말로 폭발적이었다. "모든 옥외 광고판, 모든 기차, TV 광고에 그가 있다." 어느 겨울 미국으로 돌아온 레드가 말했다. "일본에서 오타니는 슈퍼스타다. 원정경기를 하러 갔다가 외출이라도 하려고 치면 사람들이 구름 떼같이 몰려들었다. 오타니가 시내를 걸어 다니면 사람들이 몇 킬로미터를 늘어서서 사진을 찍으며 따라다닌다. 우는 소녀들도 있었다. 오타니를 보고서 감정이 격해진 것이다."

오타니는 그럼에도 여전히 유일한 관심사는 야구뿐인 '이름 없는 야구소년'으로 살려고 노력했다. 광고 개런티를 빼고도 1년에 200만 달러를 넘게 벌었지만, 어머니에게 한 달에 1000달러씩 용돈을 받아

살았다. 오타니는 무슨 대학생처럼 그때까지도 팀 숙소에서 살았다. 숙소를 나가고 싶으면 구리야마 감독이나 다른 팀 관계자의 허락을 받아야 했다. 일본 프로야구 리그의 젊은 선수들이 대체로 그렇게 살긴 하지만 빅 스타라면 보통 한층 호화로운 자기 집을 따로 갖기 마련이다.

그러나 오타니는 최대한 단순하게 살기를 원했고, 그래서 대부분의 시간을 구장이나 숙소에서 보냈다. 일본 미디어가 스캔들이나 구장 밖의 그가 어떤 사람인지 담아보려고 집요하게 쫓아다녔지만 늘 빈손만 남았다. "그가 무슨 일을 하든 사람들이 알게 되어 있다."《저팬타임스》의 제이슨 코스크리의 말이다. "어떤 스캔들도, 어떤 논란도 없다. 평범해도 그렇게 평범할 수가 없다. 겸손하고 온화하며 세상에 휘둘리지 않고 감정 기복이 없다."

그가 야구 말고는 아무 관심 없는 고요한 삶을 영위하는 사이에 커리어는 절정을 향해 가고 있었고, 이제 메이저리그 스카우터들은 그를 온전히 알아보게 되었다. 2016년 시즌이 끝나고 메이저리그의 한 고위 관계자는 "오타니는 세계 최고의 야구 선수다"라고 선언했다.[8] 일본의 베테랑 야구 기자 나가쓰카 가즈시는 말했다. "의심의 여지 없이 말할 수 있다. 그는 내가 본 최고의 선수다. 오타니를 볼 때마다 그가 한 번도 본 적 없는 일을 저질러낼 것이라고 생각하게 된다. 다르빗슈 유, 스즈키 이치로, 노모 히데오, 그 누구를 갖다 붙여도 그와는 비교할 수 없다. 그 선수들과 비교하는 것은 공평하지 않다. 왜냐하면 오타니는 아무도 하지 않은 일을 하고 있기 때문이다."

이 모든 것이 합쳐지다 보니 오타니의 필연적인 메이저리그행에 관한 토론에 불이 붙는 것은 당연했다. 일본 프로야구 리그에서는 선수들이 대개 9년 동안 뛰는 계약으로 묶여 있다. 하지만 파이터스는 오타니가 요청하면 보내주겠다고 동의한 상태였다. 그 경우에 오타니를 데려가려는 메이저리그 팀은 파이터스에 2000만 달러를 주어야 일본 프로야구 리그 계약에서 오타니를 빼내 올 수 있었다.

센세이셔널했던 2016년 시즌을 거쳐 오타니의 주가는 하늘을 뚫을 만큼 치솟았지만 오타니는 1년 더 일본에 머무르기로 결정했다. "메이저리그에 갈 준비가 되어 있지 않다는 느낌을 떨칠 수 없었다. 아직은 아니었다." 그해 겨울에 내린 결정을 회상하며 그가 한 말이다. "작년에 우리는 우승을 했지만, 나로서는 승자 같다는 기분이 들지 않았다. 준비가 됐다는 느낌을 가질 수 없었다. 설명하기가 어렵다. 메이저리그에 가기 전에 더 이루고 싶은 성취가 있는 것도 아니었다. 그냥 느낌이다. 때가 되면, 준비가 되면 그냥 알게 될 것이라는 그런 느낌 말이다."9

2016년 시즌 MVP를 차지하고 일주일 후 오타니는 237만 달러의 연봉을 받고 2017년 파이터스에 돌아오기로 합의했다. 그때 오타니는 빠르면 2018년에는 미국으로 떠나고 싶다는 뜻을 팀에 전했다. "(언제 옮길 것인지) 뚜렷한 기준은 없다. 2017년 시즌을 치르다가 가고 싶은 마음이 들 수도 있고, 그래서 그런 순간이 오면 일을 어떻게 진행할지 그 얘기를 나누었다. 우선은 이번 시즌에도 파이터스가 다시 일본 최고가 되도록 100퍼센트를 다 쏟아부을 것이다. 영혼을 끌어모을 생각

이다."¹⁰

풀타임 메이저리거가 되기 전에 적어도 1년은 더 기다리겠다는 결정을 내렸지만 빅 리거들과 맞설 기회는 그보다 앞서 예정되어 있었다. 메이저리그 사무국이 주관하는 국제대회 WBC가 2017년 3월에 열릴 예정이었다. 4년마다 열리는 WBC는 세계 최고 선수들의 경연장이다. 일부 메이저리거들도 소속 팀을 잠시 내려놓고 각자 자국을 대표하여 뛴다. 오타니는 초대 대회인 2006 WBC에서 일본이 이치로의 맹활약에 힘입어 우승하는 장면을 TV로 지켜봤던 기억을 생생하게 간직하고 있었다. 그 후 메이저리그에 진출한 투수 마에다 겐타와 다나카 마사히로가 2013 WBC에서 일본 국가대표로 뛴 바 있다.

오타니는 2017 WBC에서 뛰겠다는 바람을 가지고 겨울 동안 다시 다르빗슈와 함께 훈련을 했다. 하지만 그는 10월 일본시리즈에서 1루 베이스를 헛디뎌 생긴 발목 부상에 시달리고 있었다. WBC가 열리기 바로 몇 주 전, 오타니는 결국 일본 대표팀 명단에서 빠지고 말았다. 오타니 자신을 비롯해 전 세계의 팬들, 국제무대에서 뛰는 그를 보고 싶었던 팬들에게는 몹시 실망스러운 일이었다. "WBC에서 뛰지 못하게 되어 안타깝다." 결정이 내려진 후 오타니가 말했다. "처음에는 나아질 거라 생각하고 준비를 하려고 했다. 하지만 그렇게 되지가 않았다."¹¹

대신 오타니는 파이터스의 다음 시즌 대비에 집중했다. 하지만 2017년 시즌이 시작되었을 때도 부상은 여전히 그의 발목을 붙잡고 있었다. 예전처럼 이도류 스타로서 활약을 펼칠 수 없는 상태였다. 시즌 초반에는 타격만 하도록 제한되었고, 심지어 전속력으로 주루를 하지 말라는 지시를 받았다. 그러고는 4월 초에 내야 땅볼을 막으려다 왼쪽 허벅지 근육을 다쳤고, 6월까지 경기에 나갈 수 없다는 판정을 받았다. 투구는 7월까지 하지 못했다.

그렇게 영 감을 잡지 못하고 헤매던 오타니는 시즌 중반까지 내내 슬럼프를 겪다가 여름이 끝나갈 무렵 마침내 본연의 경기를 펼치기 시작했다. "나는 내가 그렇게 특출하게 잘한다고 생각하지 않는다. 나는 매 게임마다 나아지려고 노력할 뿐이다."12 8월 한 시합이 끝나고 나서 오타니가 한 말이다.

새롭게 적응해야 하는 점도 있었다. 투수들은 그를 다르게 다루고 있었다. 그를 지켜본 사람들에 따르면, 일본 프로야구 리그의 많은 투수가 오타니에게 몸 안쪽 공을 던지지 않고 있었다. 그는 대단한 스타였고, 일본에는 상대방을 존중하는 어떤 문화가 있어서 투수들은 그의 몸에 공을 맞혀 부상을 입히는 위험을 무릅쓰고 싶어 하지 않았다. 그런데 오타니는 바깥쪽 코너로 오는 투구를 왼쪽으로 밀어내서 홈런으로 연결하는 데 비상한 성공을 거두고 있었기에, 투수들도 그에 맞추어 적응하는 수밖에 없었다. 앞서 밝혔듯이 밀어쳐서 반대편 펜스로 공을 넘기는 능력은 소년 시절 공을 오른쪽 담장 너머의 강물에 빠뜨리지 않으려고 연마했던 기술 덕분이었다. "그는 별 힘쓸 일도 아니라는 듯이 좌중간 담장 너머 장외로 공을 날려버렸다. 그래서 투수들은 그에 맞서 안쪽으로 세게 들어가는 공을 던지기 시작했다." 오타니의 미국인 팀 동료 앤서니 배스의 회상이다. "그는 전광석화 같았다.

투수들이 안쪽으로 공을 던진다는 것을 깨닫기 시작하자마자 작전을 바꾸어 오른쪽 외야석으로 공을 때려냈다. 그는 그때그때 상황에 적응하는 능력이 정말이지 뛰어나다."

그런 빠른 적응 능력이 오타니를 보기 위해 지구 반대편을 건너온 빅 리그 스카우터들을 더욱 들뜨게 했다. 일본보다 투수들의 수준이 훨씬 높은 메이저리그에서 그가 제대로 피칭을 할 능력이 있는지 회의적인 시각을 갖는 사람도 있었다. 하지만 동시에 그는 어떤 변수에도 적응할 능력이 있다는 믿음이 야구계에 깔려 있었다. 그 믿음은 수개월 후 시험에 들 터였다.

시즌이 흘러가는 동안 오타니가 2018년에 메이저리그로 가기로 벌써 결심했다는 추측이 들불처럼 퍼졌다. 오타니는 아직 마음을 정하지 못했다고 주장했다. "나는 그저 시즌이 끝날 때까지 최선을 다하고 싶을 뿐이다."[13] 시즌 후반쯤 질문을 받았을 때 그는 이렇게 말했다.

시즌 초반에는 부상 때문에 플레이에 제한이 있었고, 따라서 마운드에는 고작 다섯 번밖에 오르지 못했다. 성적은 25와 3분의 1이닝을 던져 3승 2패에 평균자책점 3.20이었다. 하지만 타격에서는 65경기에 출장해 202타수에 0.332를 기록하며 홈런 여덟 개를 쳐냈다.

오타니와 스카우터들에게는 그만하면 충분했다. 개중 많은 스카우터가 이미 고등학교 시절부터 오타니를 지켜봐왔기 때문이다.

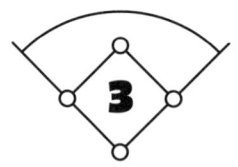

스카우트 전쟁

무슨 일을 해낼 능력이 있는지 십분 증명하며 일본 프로야구 리그에서 5년의 시간을 보낸 끝에 오타니 쇼헤이에게 드디어 운명의 시간이 다가왔다. 1년 전 뜻을 드러낸 그대로, 2017년 11월 오타니는 이제 메이저리그에서 날개를 펼 수 있도록 계약을 풀어주었으면 한다는 뜻을 구단에 전했다.

오타니와 팀 관계자들은 11월 10일에 만나 약 30분간 미래에 관한 논의를 나누었다. 팀의 입장에서는 그다지 힘든 결정도 아니었다. 파이터스는 오타니가 열여덟 살이었을 때 메이저리그로 향한 그의 마음을 돌리기 위해 언젠가 메이저리그에 갈 때 도와주겠다는 말로 설득했던 것이다. 오타니가 5년간 필드에서 해낸 일이 있기에 파이터스는 오타니가 갈 준비가 되었음을 이해했다. 도쿄의 한 호텔에서 열린 기자회견에서 구리야마 히데키 감독은 말했다. "구단 구성원 전원이 그의 생각을 받아들였다."

엄격하게 야구 실력만을 생각하면 오타니가 메이저리그에 갈 준비가 되어 있다는 데는 이견이 거의 없었지만 걸림돌이 되는 요소들이 있었다. 바로 1년 전에 메이저리그 사무국이 해외 선수들에 대한 계약 규정을 바꾸었던 것이다. 바뀐 룰에 따르면, 아무런 제한 없이 계약을 맺을 수 있는 해외 선수의 나이가 스물세 살에서 스물다섯 살로 올라간다. 2017년 시즌이 끝났을 때 오타니는 스물세 살이었다. 2년만 기다리면 연봉 2000만 달러가 확실한 계약을 맺을 수 있었다. 반면에 스물세 살에 가면 500만 달러 이하로 계약을 해야 했다.

"개인적으로 돈은 문제가 되지 않는다." 최종적으로 결정을 내리기 몇 달 전에 오타니는 이렇게 말했다. "하지만 이것은 단지 나만의 문제가 아니다. … 나로서는 어려운 결정이 될 것이다. 나는 새로운 시스템과 새로운 규정 아래 메이저리그에 가는 첫 번째 선수가 될 것이다. 이 결정은 일본에서 플레이하는 모든 선수에게 영향이 갈 일이다. 개인적인 차원에서 결정을 내릴 수 있는 문제가 아니다."[1]

하지만 2017년 11월 파이터스 관계자들과의 만남에서 이 문제가 거론되었을 때, 오타니는 금전적인 문제나 선수들에게 장차 어떤 선례가 될지에 대한 관심은 미뤄두기로 했다. 오타니는 세계 최고의 선수가 되기를 꿈꾸며 필드에서 높은 목표를 세우고 또 세워왔다. 오타니는 가장 높은 수준의 경기에서 밀고 나가는 것이 목표에 다다르는 유일한 길임을 알았고, 일본에서는 자신이 할 수 있는 모든 일을 진작에 다한 터였다.

거기에다 오타니는 일본에서 찍는 광고 수입이 부가적으로 있었고, 메이저리그로 가게 되면서 광고료도 올랐다. 로스앤젤레스에서 운동선수들의 광고 계약을 전문적으로 다루는 에이전트 할란 워너에 따르면, 오타니에게는 야구로 버는 수입에 더해 만만치 않게 큰돈을 벌 수 있는 기회가 있었다. 워낙 인기가 하늘을 찌르고 있었으니 말이다. "정말 몹시도 특별하고 그 어디에서도 없었던 상황이 펼쳐지고 있다." 워너는 오타니가 연봉 말고도 1년에 1000만 달러를 버는 최초의 야구 선수가 될 것이라고 덧붙였다. "어쩌면 광고만으로 2000만 달러를 벌어들이는 최초의 선수가 될지 모른다. 관건은 그가 이 오타니 현상에 부응하는 실력을 발휘하는 것이다."[2]

오타니는 기대를 만족시킬 수 있음을 증명하려고 열심이었다. 그의 목표는 한결같이 세계에서 가장 뛰어난 야구 선수 대열에 드는 것이었고, 메이저리그행은 그 목표로 가기 위해 피할 수 없는 일이었다. "나는 아직 완성된 선수가 아니다. 나는 내가 쉬지 않고 발전할 수 있는 환경으로 가고 싶다." 파이터스가 그를 놓아주겠다고 발표하고 하루 뒤 열린 기자회견에서 오타니는 이렇게 말했다. "고등학교를 졸업했을 때와 비슷한 기분이다. 그리고 그것이 지금 바로 가고 싶은 가장 강력한 이유다."

오타니는 준비가 되어 있었다. 하지만 메이저리그로 가기 위해 그가 선택할 경로는 확실치 않았다. 나이로 인한 돈 문제 외에도 지난 50년 넘게 진화해온 계약 과정에 최근 또 다른 변화가 생겼기 때문이다.

무라카미 마사노리는 1964년에 일본 최초로 메이저리그에 진출한 선수였다. 난카이 호크스가 이 스무 살의 좌완투수를 샌프란시스코 자이언츠에 임대해서 이루어진 일이었다. 더 수준 높은 상대와 경쟁함으로써 그를 성장하게 해주려던 전례 없는 계약이었다. 무라카미는 영어도 할 줄 모르고 통역사도 없는 채로 미국에서 화려한 활약을 펼쳤다. 처음에는 자이언츠의 마이너리그 팀에서 뛰다가 승격한 뒤 아홉 경기에서 구원 등판해 1.80의 평균자책점을 기록했다. 자이언츠가 다음 시즌에도 그를 잡아두고 싶어 했을 만큼 좋은 성적이었다. 하지만 호크스 역시 그를 되돌려 받고 싶어 했다. 두 리그는 몇 달에 걸쳐 협상을 했고 1965년에는 자이언츠에서 뛰고, 그다음에 일본으로 돌아가는 것으로 합의를 보았다.

그 일이 있고 난 뒤 두 리그는 서로의 선수들을 예고 없이 낚아채 가지 않겠다는 합의를 맺었다. 일본 프로야구 리그의 팀이 계약을 팔기로 합의하면 선수는 미국으로 넘어갈 수 있다. 프리 에이전트들도 일본이나 미국으로 리그를 갈아탈 수 있다. 많은 미국인 선수들이 벌이가 시원찮은 마이너리그를 전전하느니 큰돈을 벌기 위해 일본으로 갔던 반면, 무라카미 이래로 30년 동안 메이저리그에 진출한 일본 선수는 한 명도 없었다. 일본 프로야구 리그의 규정상 일본에서 의무적으로 9년을 뛰어야 해외 리그로 넘어갈 수 있었기 때문이다. 대부분의 선수들로서는 9년이면 전성기를 지났을 때인데, 그때쯤이면 메이저리그에서도 반길 만한 요인이 줄어든다.

그러던 1994년, 우완 노모 히데오는 이 규정에서 구멍을 찾아냈다. 그는 스물여섯 살 때 일본 프로야구 리그에서 다섯 번째 시즌을 마치고 NPB 선수로서 형식적인 은퇴를 했다. 그렇게 그는 메이저리그에

갈 수 있는 자격을 만들었고 LA 다저스가 이듬해 2월 그와 계약을 맺었다. 노모는 1995년 시즌에 올해의 신인상을 받았고, 한 번의 올스타전 출전과 두 번의 노히트노런을 기록하며 12년간 메이저리그 커리어를 이어갔다. 그로부터 2년 후인 1997년 1월에 샌디에이고 파드리스가 지바 롯데 마린스의 우완투수인 이라부 히데키의 계약을 사들였다. 하지만 이라부는 파드리스에서 뛸 생각이 전혀 없었다. 그는 명망 높은 전통의 강자 뉴욕 양키스가 아니면 갈 생각이 없다고 버텼다. 결국 파드리스는 이라부에 대한 권리를 양키스에 팔았고 양키스는 4년간 1280만 달러에 그와 계약을 맺었다. 비슷한 무렵에 도미니카공화국 출신의 알폰소 소리아노가 노모의 형식적 은퇴 전략을 활용하여 히로시마 도요 카프와의 계약에서 벗어나기를 꾀했다. 도요 카프는 노모가 메이저리그에 간 이래로 규정을 바꾸었다며 거부했다. 당시 MLB 총재 버드 셀릭은 NPB 규정에서 새롭게 바뀐 점을 발견하지 못했다며 미국의 클럽들은 소리아노와 자유롭게 계약을 맺어도 된다고 밝혔다. 그렇게 소리아노도 양키스와 계약했다.

논란이 일었던 이 세 개의 계약 후에 메이저리그와 일본 프로야구 리그는 일본에서 뛰던 선수들이 메이저리그에 가는 문제를 두고 두 리그 다 공평하다고 믿을 만한 과정을 마련했다. 바로 '포스팅 시스템 posting system'이다. 일본 선수가 의무연한인 9년을 채우기 전에 메이저리그로 가고 싶다면, 소속 구단이 해당 선수를 내놓고 메이저리그 구단들이 선수에 대한 권리를 입찰할 수 있게 해주는 제도다. 가장 높은 입찰 금액을 적어낸 팀이 해당 일본 프로야구 리그 팀에 그 비용, 즉 이적료를 지불한다. 그러고 나서 메이저리그 구단은 짧은 몇 주 안에 해당 선수와 따로 계약을 맺는 과정을 거친다. 만약 구단이 선수와 합의에 이르지 못하면 이적료는 반환된다.

새로운 시스템을 통해 메이저리그에 입성한 최초의 선수가 바로 스즈키 이치로다. 시애틀 매리너스는 오릭스 블루웨이브(현 오릭스 버펄로스의 전신—옮긴이)에 1312만 5000달러를 주고서 이치로에 대한 권리를 사들였다. 스즈키 이치로는 성이 아닌 이름으로 불리게 되었다. 그러고 나서 매리너스는 3년 1400만 달러에 이치로와 계약을 맺었다. 이치로는 2001년에 올해의 신인상과 MVP를 동시에 거머쥐었다. 그가 장차 메이저리그에서 3000개가 넘는 안타를 쌓아올리게 되는 출발점이었다.

시간이 흐르는 동안 여남은 명의 선수가 같은 방법을 거쳐 일본에서 메이저리그로 갔고, 이적료도 점점 커졌다. 보스턴 레드삭스는 2006년 우완 마쓰자카 다이스케를 5110만 달러에 사들였고, 텍사스 레인저스는 2011년에 다르빗슈 유를 영입하는 데 5170만 달러를 썼다. 점점 커져가는 이적료에 대처하기 위해 메이저리그 사무국은 2012년 협상을 통해 새로운 합의를 이끌어냈다. 메이저리그 구단들이 가격을 적어내는 것이 아니라 일본 프로야구 구단들이 상한선을 2000만 달러로 해서 각 특정 선수에 대한 이적료를 정하기로 한 것이다. 일본 구단에서 부르는 금액을 지불할 의사를 밝힌 팀은 선수와 협상할 권리를 갖게 된다. 구단은 선수와 합의에 이른 다음에야 일본 소속 구단에 이적료를 지급한다.

2017년에 오타니가 일본 프로야구 리그를 떠나겠다고 발표했을 시점에 이적에 대한 합의가 또 퇴장을 앞두고 있었다. 오타니가 메이저리그로 가겠다고 발표한 약 3주 후에 메이저리그와 일본 프로야구 리그는 또다시 새로운 이적 시스템에 합의했다. 새로운 규정에 따르면 이적료는 해당 선수가 받을 돈을 기반으로 해서 정해진다. 다만 이 시스템이 2018년 겨울까지는 발효되지 않기에, 2000만 달러를 파이터스에 내면 오타니를 데려갈 수 있었다. 그것이 오타니에게 투자를 하려는 메이저리그 팀들에게 가장 중요한 부분이었다. 또 하나 처리할 점, 즉 오타니에게 가는 돈은 철저하게 제한되었다. 오타니가 스물세 살밖에 되지 않았기 때문이다.

마쓰자카와 다르빗슈처럼 이름난 선수들이 메이저리그에 가던 시절에는 이적료와 선수 계약금 둘 다에 제한이 없었다. 말인즉슨 양키스나 레드삭스같이 거금을 척척 내놓을 수 있는 팀들과 달리 수입원의 규모가 작은 메이저리그 팀들은 경쟁에서 불리했다는 의미다. 하지만 2017년에 새로 맺은 공동협약에 따라 해외 선수들의 분류에도 변화가 생겼다. 예전에는 미국 이외의 해외 리그의 선수들은 스물세 살 이상이면 프로 선수로 분류가 되었고, 그러므로 계약 금액에 어떤 제한도 받지 않았다. 이 선수들은 자유시장의 원리에 따라 부르는 대로 계약 금액을 합의할 수 있었다. 하지만 새로운 협약에 따르면 그 연령 기준이 스물세 살에서 스물다섯 살로 올라간다. 스물다섯 살보다 어린 선수는 아마추어로 취급되었다. 그렇게 일본에서 5년간 스타로 빛나던 스물세 살의 오타니가 갑자기 도미니카공화국에서 온 열여섯 살짜리 아마추어 선수와 동일한 급으로 묶이게 된 것이었다. 오타니 같은 선수가 돈을 더 벌지 못하게 억누르는 지출 한도, 해외 아마추어 선수들에 대한 지출 한도는 예전보다 더 엄격해졌다. 메이저리그의 모든 팀은 전년도 순위를 기준으로 해서 미국 외 아마추어 선수들에게 쓸 수 있는 사이닝 보너스signing bonus가 정해졌다. 그전에는 금액 상한선을 넘어도 되었지만 이제는 규정을 어기면 불이익이 따르게 되었다. 초과한 금액에 대한 세금을 물고, 규정을 어긴 구단은 다음 두 번의 해외 선수 계약 기간에 어떤 선수에게도 30만 달러 이상을 주지 못하게 하는 불이익이었다. 그렇게 2017년을 기점으로 구단들은 상한선을 넘어가지 못하게 되었다.

구단들에게 유리한 이런 변화들이 쌓이고 거기에 오타니의 어마무시하고 유일무이한 재능이 합쳐지다 보니, 오타니는 야구 국제시장 역사상 가장 치열한 모셔오기 경쟁이 벌어지는 선수가 되었다. 당시 이적료 최대치는 2000만 달러였고, 그 정도면 메이저리그의 어느 팀이라도 감당할 만한 액수였다. 게다가 어떤 팀과 계약하느냐에 따라 오타니가 받을 수 있는 보너스 최대치도 약 350만 달러로 제한됐다. 거기에서 끝나는 것이 아니었다. 일단 계약을 하고 나면 오타니는 여느 루키와 다름없이 3년간 메이저리그 최저급여를 받을 것이며, 6년이 지나야 프리 에이전트가 될 수 있었다. 결과적으로 자유시장의 원리에 따랐더라면 오타니 같은 스타 플레이어를 데려가는 것 같은 일은 꿈에서조차 바라지 못했을 팀들도 도전장을 내밀 수 있게 되었다. 모든 팀이 오타니를 데려갈 수 있을 만한 재정 상태는 되었다. 말 그대로 모든 팀이 마음만 먹으면 오타니를 데려갈 수 있었던 것이다. 그를 차지하기 위한 전투가 막 시작될 참이었다.

파이터스가 오타니를 보내주기로 정식으로 합의해주기 전부터도, 그의 메이저리그행에 도움을 주려는 일단의 사람들이 있었다. 오타니는 크리에이티브 아티스트 에이전시(CAA)의 네즈 발레로를 고용했다. 이 회사는 운동선수과 연예인을 고객으로 한 가장 이름난 곳 중 하나였다. 전직 마이너리거로서 2003년에 에이전트가 된 발레로는 업계에서 두각을 나타내며 일약 스타로 떠오른 인물이었다. 그는 라이언 브론, 버스터 포지, 애덤 존스, 안드레 이디어 같은 메이저리그 스타들을 대리했으며, 아오키 노리치카와 다자와 준이치 같은 일본 선수들도 대리했다. 다자와는 오타니보다 거의 10년 전에 일본 프로야구 리그를 퇴짜 놓고 레드삭스와 사인한 바 있다.

발레로는 오타니가 일본을 떠나기 전에, 그리고 메이저리그에 정식으로 포스팅되기 전부터 기초 작업에 돌입했다. 발레로는 오타니가 후보 목록을 줄여나갈 수 있도록 메이저리그 30개 전 구단에 질문지를 돌리기도 했다. 그는 가장 큰돈을 제시할 수 없는 팀들은 다른 면에서 차별점을 보여주기를 원했다. 이 질문지 사본을 입수한 AP통신에 따르면, 각 구단은 오타니의 투수와 타자로서의 능력을 평가하고, 선수를 성장시키기 위한 방법, 의료적 지원, 선수의 퍼포먼스에 관한 철

학과 시설에 대해 답해야 했다. 질문지는 오타니가 마이너리그와 스프링 트레이닝 시설과 연고 도시에 문화적으로 잘 적응하려면 어떤 자원이 필요한지 설명하고, 오타니가 팀과 조직 문화에 잘 융화되도록 할 비전을 증명하게 했으며, 왜 자신들의 구단이 오타니가 플레이하기에 이상적인 팀인지도 물었다. 프레젠테이션은 영어와 일본어로 준비하게 되어 있었다. 이 요청은 추수감사절 바로 즈음에 이루어졌는데, 대부분의 미국인들이 칠면조 다리를 뜯고 가족을 찾아가고 쇼핑을 하는 그때 구단들에게 엄청나게 중요한 숙제를 떠안긴 셈이었다.

빌리 에플러는 만반의 준비가 되어 있었다. LA 에인절스의 단장이었던 그는 전에도 이런 일을 해본 적이 있었고, 가장 최근으로는 양키스의 부단장으로 있을 때 다나카 마사히로와 계약을 맺는 과정에서 비슷한 일을 한 바 있었다. 에플러는 오타니와 일본 야구에도 꽤 해박했다. 매년 일본으로 스카우트 여행을 갔고, 특히 오로지 오타니만 콕 집어서 보려고 세 번을 방문하기도 했다. "그는 경이로운 자질을 갖추고 있었다." 에플러는 그때의 여행이 아직도 생생히 기억난다며 이렇게 말했다. 그러나 야구계 대부분의 사람들이 오타니를 둘러싼 경쟁에 진지하게 참여할 후보로 에인절스는 적격이 아니라며 깎아내렸다. 양키스와 매리너스, 혹은 다저스 같은 팀들이 명문이며 일본 선수들과의 역사도 그들이 더 깊다는 게 이유였다. 포기를 모르는 데다가 오타니의 능력에 흠뻑 빠져 있던 에플러는 오타니를 스카우트하기 위해 열 일 제치고 전심전력을 기울였다. 에인절스의 프런트 오피스는 발레로의 프레젠테이션 요청을 받고 나서 최대한 빨리 결과물을 내기 위해 똘똘 뭉쳤다. 프런트 오피스의 직원 몇 명이 추수감사절에 가족을 방문하러 떠나 있었는데, 에플러는 주말 동안 일이 산더미처럼 쌓여 있으니 애너하임의 사무실로 돌아오기를 요청했다. "새벽 3~4시가 되도록 쉬지 않고 일했다." 에플러는 말했다. "다른 많은 구단도 마찬가지였으리라 생각한다." 에플러와 직원들은 일하는 내내 서로 자료들을 주고받으며 내용을 수정하고 뜯어고치고 편집했다. 에인절스의 마사지 치료사인 데라다 요이치는 모든 자료를 일본어로 번역하는 일을 맡았다. 또 구단은 직접 대면 미팅을 할 기회가 주어질 때를 대비해 오타니에게 보여줄 13분짜리 영상을 만들기도 했다. 에플러는 추수감사절 연휴를 통틀어 세 시간 반쯤 잔 것 같다고 고백했다. 그는 마침내 완성한 자료를 11월 27일 월요일 아침 CAA에 보냈다. 사실 프레젠테이션 제출 마감기한은 일주일 뒤였지만 에플러는 일찍 낼수록 더 유리할 것이라고 믿었다.

메이저리그 30개 팀 중 27개 팀이 오타니의 마음을 사기 위해 프레젠테이션을 만들어냈다. 몇 안 되는 예외가 애틀랜타 브레이브스였는데, 해외 선수 연봉 규정을 위반한 죄로 징계를 받고 있었기 때문이다. 브레이브스 단장 존 코포렐라는 MLB에서 영구제명되었고(후에 해제되었다—옮긴이), 구단은 해당 규정을 어긴 대가로 12명의 마이너리그 선수를 잃었다. 이런 사건들이 오타니의 협상에 어두운 전망을 드리우는 요소가 되었다. 어떻게 편법을 써서라도 오타니에게 재정적으로 달콤한 제안을 해볼까 유혹을 느껴봤자, 팀들도 가혹한 페널티를 면치 못할 것임을 알았다.

돈은 여러 가지 고려사항 가운데 작은 부분에 지나지 않는다는 것이 분명했지만, 그럼에도 어떻게든 쥐어 짜내서 끌어모으면 가능한 최고의 재정적 제안을 만들어낼 여지가 있었다. 모든 구단이 사이닝 보너스에 써도 된다고 미리 결정된 금액을 가지고 해외 선수 계약 기간에 임했다. 해외 선수에게 쓸 수 있는 국제 계약 보너스 풀은 팀당 475만 달러에서 575만 달러 사이였다. 이 차이는 전해에 가장 나쁜 성적을 기록한 팀이 가장 큰돈을 쓸 수 있기 때문에 생긴다. 해외 선수들과의 계약 기간은 매해 7월 2일에 시작되는데, 그 말인즉 11월에 이르면 많은 팀이 대부분의 상한 금액을 이미 써버리고 난 뒤라는 얘기다. 거기에 예전 제도에서부터 내려온 페널티를 여전히 치르는 중인 구단이 12개가 있었다. 이 페널티에 따르면 한 선수당 쓸 수 있는 금액은 최고 30만 달러다. 오타니가 시장에 나왔을 무렵에는 텍사스 레인저스가 353.5만 달러를 풀에 남겨놓아 가장 큰돈을 제안할 수 있는 팀이었다. 양키스도 쓸 수 있는 돈이 300만 달러 넘게 남아 있었다. 에인절스가 가용할 수 있는 돈은 전 구단을 통틀어서도 가장 적은 축에 속하는 10만 달러밖에 되지 않았다. 입찰 과정이 시작되면서 에인절스에 기회가 주어지리라 생각한 사람이 거의 없었던 이유도 바로 여기에 있었다.

하지만 이 규정에도 남은 돈을 팀들끼리 바꾸는 것은 허용한다는 조항이 있었다. 간단하게 말하면 한 팀이 자기 구단 풀에 남아 있는 돈을 어떤 조건과 맞바꾸어 다른 팀에게 넘기는 것이다. 브레이브스에는 사용 가능한 돈이 121만 달러가 있었으나 지난번 규정 위반 때문에 그 돈을 쓸 수 없는 상황이었다. 말하자면 그들에게는 있어도 소용이 없는 돈이었다. 브레이브스에는 베테랑 구원투수 짐 존슨이 있었다. 그는 2017년에 실망스러운 활약을 보였는데, 2018년에도 여전히 450만 달러가 보장되는 계약 아래 있었다. 에인절스는 오타니를 위한 프레젠테이션을 완성하고 며칠 후인 11월 30일에 브레이브스와 거래에 나섰다. 에인절스는 브레이브스가 해외 선수에게 쓸 수 있으나 쓰지 못하는 돈을 모두 갖고, 짐 존슨과 그에게 묶인 브레이브스의 계약을 가져오기로 했다. 에인절스는 또 별 평가를 받지 못하던 마이너리그 투수 저스틴 켈리를 브레이브스에 보냈다. 이 거래의 의미는 에인절스가 오타니 쟁취 경쟁에 공식적으로 도전장을 내밀 수 있게 됐다는 것이었다. "이 거래로 얻게 된 돈은 오타니 쇼헤이를 우리 팀 선수로 영입하는 데 쓸 것이다." 거래가 이루어지던 날 에플러가 공표했다. 에인절스가 오타니와 계약을 시도하고 있음을 처음으로 공식화한 날이었다.

에인절스는 여전히 레인저스나 양키스가 내놓을 수 있는 돈의 3분의 1밖에 없었지만, 30만 달러 상한선에 걸려 있는 구단들을 포함해서 다른 메이저리그 팀들보다는 우위에 서게 되었다. "이 돈으로 우리는 경쟁자들 사이에서 약간 더 눈에 띌 수 있게 되었고, 또 다른 구단들이 쓸 수 있는 돈과 비교해서 협상의 더 높은 자리에 놓이게 되었다."

에인절스는 오타니와의 협상에 참여하기 위해 낮은 레벨의 유망주와 450만 달러를 투자한 셈이다. 그들은 오타니를 위한 서면 프레젠테이션을 작성했고, 그에게 보여주고자 영상도 만들었다. 이제 그들에게는 오타니의 답변을 기다리는 일만이 남아 있었다.

에인절스가 프레젠테이션을 완성하고 난 이틀 뒤인 11월 29일에 오타니가 LA 국제공항을 통해 미국에 도착했다. 공항에는 일본 기자 10명 남짓이 대기하고 있었다. 《스포츠 닛폰》이 오타니가 LA에 간다는 뉴스를 터뜨렸고, 공항에서 오타니를 기다리며 진을 치고 있던 기자들 중에는 LA에 주재 중인 《스포츠 닛폰》의 야구 전문기자인 오쿠다 히데키도 있었다. 과거 다나카 마사히로가 일본에서 LA 국제공항으로 도착할 때 비슷하게 죽치고 있어봤던 오쿠다에게는 새로울 것도 없는 일이었다. 그날 오쿠다와 다른 일본인 기자들은 다나카가 나오는 장면을 끝내 포착하지 못했었다. 하지만 이번에는 달랐으니, 국제 터미널에 대기 중인 심상치 않은 리무진을 포착됐기 때문이었다. 번호판에는 'O11'라고 적혀 있었다. O는 오타니, 11은 파이터스에서 달고 뛰었던 그의 등번호였다. 오쿠다는 그 리무진이 오타니를 태우러 왔음을 직감했다. 그의 생각은 들어맞았다. 오타니는 적은 수의 일행을 대동하고 나타났다. 기자들이 사진을 찍어댔지만 오타니는 어떤 질문에도 답하지 않고 그들을 서둘러 지나쳐갔다. 기자들은 다음 날에도 CAA의 사무실과 심지어는 오타니의 신체검사가 이루어질 곳으로 짐작되던 의료기관까지 찾아갔지만 끝내 그를 만나지 못했다고 오쿠다는 말했다.

오타니와 발레로를 비롯해서 에이전시 직원들에게는 검토해야 할 것이 넘쳐나는 한 주였다. 프레젠테이션을 제출한 팀만 27팀이었다. 그 모든 팀과 대면 미팅을 하는 것은 별 소용이 없는 일이므로, 만나볼

만한 팀들의 수를 좁혀야 했다. 그들은 또 메이저리그 구단주들이 입찰 합의를 공식적으로 비준하는 12월 1일 금요일까지 기다려야 했다. 그 과정 후에 포스팅될 수 있었고, 포스팅이 되고 나면 구단을 고를 21일간의 시간이 오타니에게 주어지는 것으로 일이 진행되었다.

    오타니와 발레로가 구단을 고르는 기준에 대해 어떠한 이야기도 하지 않았기 때문에, 과연 그가 어느 팀을 선택할지 야구 관련 미디어들의 무성한 추측이 쏟아졌다. 어떤 기자들은 일본과의 근접성을 들어 오타니가 미국 서부 해안에 있는 팀을 원할 것이라고 추측했다. 일본인 스타 플레이어가 없는 구단에 들어가고 싶어 한다고 믿는 사람들도 있었다. 자신만의 길을 홀로 환하게 밝히고 싶다거나, 다른 현역 선수들의 스포트라이트에 끼어들고 싶지 않기 때문이라거나 등 이유도 제각각이었다. 그가 투타 겸업 선수가 되기를 원한다고 생각하지 않는 사람은 없었지만, 그것은 그가 아메리칸리그에서 뛰느냐, 내셔널리그에서 뛰느냐에 따라 당연히 달라질 터였다. 오타니는 일본에서 두 번째 시즌 다음부터는 외야수로서 다시는 뛰지 않았다. 지명타자로서만 타격을 했기 때문이다. 지명타자 제도가 없는 내셔널리그에서 뛴다면, 그리고 타석에 나서고 싶다면 마운드에 서는 날 말고는 다른 포지션에서 플레이해야 한다는 의미였다. 그에게 그렇게 할 뜻이 있을까? 외야수로 뛸 수 있을까? 일본에서 한 번도 해본 적이 없는 1루수는? 심지어 내셔널리그 팀이 오타니를 정규 외야수와 마무리 투수로 뛰게 할 수 있지 않느냐는 가설도 떠돌았다. 재정적인 상황도 불꽃 튀는 논쟁 주제였다. 30만 달러밖에 쓸 수 없는 팀이 300만 달러를 넘게 쓸 수 있는 팀과 경쟁 상대나 되겠는가? 그러나 대부분의 전문가들은 오타니에게 돈은 문제가 아니라고 보았다. 만약 그랬다면 스물다섯 살이 될 때를 기다려 메이저리그로 갔을 것이라고 말이다.

상황이 분명해지기까지는 오랜 시간이 걸리지 않았다. 12월 3일 일요일, 그러니까 오타니가 공식적으로 포스팅된 지 48시간밖에 지나지 않았고 LA 국제공항에 내린 지 일주일이 채 되지 않은 시점에 첫 번째 관문을 넘은 구단들이 발표됐다. 결승 진출자들에 관한 소식은 뉴욕 양키스의 단장 브라이언 캐시먼의 인터뷰에서 처음 공개됐다. 그는 한 크리스마스 행사에서 기자들로부터 양키스가 탈락했다는 얘기를 들었다고 전했다. 이 뉴스는 야구계에 충격적인 파문을 일으켰다. 오타니가 계약할 가장 좋은 팀 중 하나로 여겨지던 양키스가 겨우 1차 관문에서 떨어진 것이었다. 캐시먼은 자신이 알기로 오타니는 서부 해안에 위치하고 스몰 마켓 클럽을 선호한다고 말했다. 양키스는 물론 양쪽 다 해당하지 않았다. 소식이 전해지자 미 전역의 야구기자들은 각자 담당하는 구단들이 오타니 사단에게 기별을 받았는지 확인하느라 야단이 났다. 그렇게 그날 하루 동안 첫 관문을 통과한 구단과 탈락한 구단이 속속 드러났다.

24시간이 지나지 않아 일곱 개 팀으로 이루어진 리스트가 떴다. LA 에인절스, LA 다저스, 샌디에이고 파드리스, 샌프란시스코 자이언츠, 시애틀 매리너스, 텍사스 레인저스, 시카고 컵스였다. 이렇게 리스트가 정리되자 오타니의 마음이 어떤 팀에 기울지에 대한 분석이 완전히 새로운 국면을 맞이했다. 예견되었듯이 돈은 문제가 아님이 자명해졌다. 300만 달러 이상 쓸 수 있는 양키스 같은 구단이 탈락하고, 30만 달러 상한선에 걸려 있는 다저스, 자이언츠, 컵스, 파드리스 네 팀이 통과한 것이다. 여섯 개의 서부 해안 구단 중 오클랜드 애슬레틱스만 빼놓고 다섯 개 구단이 통과했다. 하지만 서부 해안에 속하지 않은 컵스와 레인저스도 명단에 포함되었다. 또 전·현직 일본 선수 소속 여부도 결정적인 고려사항은 아니었음이 밝혀졌다. 이치로가 속한 매리너스와 마에다 겐타가 선발 로테이션에 있던 다저스도 포함되어 있었기 때문이다. 명단에는 내셔널리그 팀들도 있었다. 그러므로 오타니는 공을 던지지 않는 날에는 다른 야수로 뛰거나, 아니면 투수로만 뛰는 것에도 적어도 얼마간은 열려 있음이 분명했다. 이 일곱 개 구단의 유일한 공통점이라고는 플로리다가 아닌 애리조나에 스프링 캠프가 있다는 것뿐이었다. 오타니는 파이터스에서 뛸 당시 애리조나에서 두 번 전지훈련을 한 적이 있어서 해당 지역에 익숙했다.

야구계가 오타니의 선택을 놓고 추측을 거듭하는 와중에, 그의 에이전시는 신속하게 미팅을 정했다. 에플러는 같은 주 일요일에, 바로 다음 날인 월요일에 두 시간짜리 미팅이 잡혔다는 소식을 전달받았다. 당시 에플러는 알지 못했지만, 오타니는 그 월요일에 에인절스를 포함해 세 개의 구단과 만나기로 약속되어 있었다. 그리고 화요일에 세 팀, 수요일에 마지막 한 팀을 보는 일정이었다. 상황이 이렇게 급진전했다는 것은 에플러와 직원들에게 또다시 밤샘 작업이 기다리고 있다는 의미였다. 시간은 제한되어 있고, 통역을 거치면 대화는 더뎌질 터였다. 에플러는 오타니에게 15분짜리 영상을 보여줄 계획을 세웠다. 남은 시간은 작성한 프레젠테이션 내용을 공들여 전달하고, 오타니에게서 피드백을 받으려는 생각이었다. 그들은 에인절 스타디움에 있는 사무실에서 '총리허설'을 가졌는데, 의도한 대로 정확하게 메시지를 전달하며 오타니가 물어볼지 모를 질문에 만전을 기했다.

다른 여섯 개 구단도 마찬가지로 정신 쏙 빼놓는 준비 과정을 부랴부랴 거쳤다. 여러 팀이 오타니의 마음을 붙들 선수들을 급하게 섭외했다. 다저스의 에이스 클레이튼 커쇼는 결혼기념일에 텍사스에서부터 날아왔고, 3루수 저스틴 터너도 힘을 보탠다고 자신의 결혼식을 준비하다 말고 왔다. 컵스는 오타니가 꼬치꼬치 캐물을 때를 대비해 아이비리그에서 교육받은 투수 카일 헨드릭스를 데려왔다. 헨드릭스라면 오타니와 접점을 찾을 수 있지 않을까 하는 생각이었다. 컵스는 또 경기 준비에 활용하는 가상현실 기술을 보여주며 오타니의 환심을 사려고 애썼다.

대부분의 경우 미팅은 구단들이 오타니에게 세일즈를 하는 형식으로 이루어졌고, 오타니와 그의 조력자들은 대체로 듣는 쪽이었다. 하지만 적어도 두 개의 구단은 미팅을 하면서 오타니가 지명타자 제도가 있는 아메리칸리그에 훨씬 마음이 기울어졌음이 분명하다는 느낌을 받았다. 외야수나 1루수로 매일 수비까지 뛰는 것보다는 지명타자로 나서는 편이 훨씬 편하기 때문이다. "외야 수비까지 하는 것보다는 지명타자로서 경기하는 편이 그에게는 훨씬 수월하다. 외야수로는 많이 뛰어보지도 않았다고 그도 인정했다."[3] 몇 달 후 샌프란시스코 감독 브루스 보치가 말했다. 커쇼가 몇 달 후 그때를 돌이키며 한 말은 좀 더 직설적이었다. 그는 미팅이 "어마어마한 시간낭비"였다고 말하며 "그가 지명타자로 뛰고 싶어 한다는 사실은 미리 정해진 것이나 다름없어 보였다. 우리의 그 모든 시간과 노력을 헛수고로 만든 그의 에이전트에게 무척 화가 났다. 15개 팀은 애초부터 애쓰지 않아도 됐던 것 아닌가"라고 덧붙였다.4 발레로는 오타니가 미팅을 잡기 전부터 내셔널리그 팀은 이미 제외했다는 의혹을 부인했다. LA 다저스의 사장 앤드루 프리드먼은 상황이 여의치 않음을 이해한 상태에서 미팅에 임했다고 했다. "그를 내셔널리그로 데려온다면 부담은 오히려 우리의 몫이 된다." 프리드먼은 말했다. "힘겨운 싸움이 되리라는 건 우리도 잘 알았다. 하지만 노력해볼 만한 가치는 충분히 있었다."5

에인절스에게는 그런저런 문제가 없었다. 에플러 또한 자기 구단에 몇 가지 유리한 요소가 있음을 알고 있었다. 팀이 아메리칸리그 소속이며, 연고지에 일본 사람이 많고, 세계에서 가장 뛰어난 야구 선수와 뛸 수 있는 기회가 그것이었다. 구단은 당시 스물여섯 살이던 슈퍼스타 마이크 트라웃이 오타니와의 미팅 자리에 함께해주었으면 했지만 트라웃은 결혼식을 준비하느라 그전 주말에 뉴저지로 돌아간 상태였다. 아쉬운 대로 에인절스는 페이스타임으로 트라웃을 연결했고, 그는 에인절스에서 뛰는 것이 얼마나 즐거운 일인지를 설파하며 몇 분에 걸쳐 오타니에게 세일즈를 펼쳤다. 그 밖의 시간에는 에플러가 대부분의 이야기를 맡아서 했다. 그가 말하기를 한 시간 반 만에 끝나버린 미팅이었다. 아르테 모레노 구단주가 미팅의 시작을 열었고, 마이크 소샤 감독이 몇 가지 자기비하적인 농담을 했는데, 에플러가 말하기를 오타니가 웃음을 터뜨렸다고 한다. 에플러와 스태프는 조심스러운 낙관을 안고서 미팅을 끝냈다.

다음 날에는 매리너스가 오타니와 만났다. 매리너스는 최종 남은 일곱 개 팀 중 또 다른 강력한 후보처럼 보였는데, 역시 아메리칸리그에 속해 있고, 일본 인구가 많은 도시가 연고지이며, 이치로라는 역사가 숨 쉬고 있었기 때문이다. 매리너스는 미팅이 시작될 때 일곱 개 구단 중 두 번째로 많은 155만 달러를 협상 테이블에 들고 나왔다. 매리너스와 오타니의 만남이 있고 다음 날, 매리너스와 에인절스는 미네소타 트윈스를 상대로 한 거래에 참전했다. 각 팀당 100만 달러씩 여분의 금액을 확보할 수 있는 거래였다. 거래가 성사되면 에인절스는 231.5만 달러, 매리너스는 255만 달러로 껑충 뛴 금액을 내놓을 수 있게 될 터였다. 그다음 날 매리너스는 마이애미 말린스와의 트레이드를 통해 베팅 금액을 한 번 더 올렸다. 매리너스는 발 빠른 2루수 디 고든을 데려오는 과정에서 가용한 돈의 풀을 100만 달러 더 늘렸다. 즉, 레인저스가 제시한 353.5만 달러보다 약간 더 많은 총액을 갖게 된 셈이었다. 매리너스에게는 이미 올스타 2루수 로빈슨 카노가 있었는데도 팀의 가장 전도유망한 선수 두 명을 말린스에 보내고 고든을 데려온 것이었다. 고든의 계약에는 3800만 달러의 잔금이 남아 있었다. 그러니까 매리너스가 이 거래를 왜 했는지 말이 되려면, 거래를 통해 더 확보한 100만 달러로 오타니를 데려올 수 있어야 한다는 것이 세간에 떠도는 추측이었다(매리너스는 오타니를 잡으려는 것이 거래의 이유 중 하나였다고 인정했지만, 고든이 중견수로 뛰기를 바란 것도 있었다).

매리너스가 오타니를 데려올 터를 잘 닦아놓고 있다고 야구계가 웅성거리고 있는 사이에, 오타니가 애너하임(LA 에인절스의 연고지)으로 가는 중이었음을 아는 사람은 거의 없었다. 에인절스에 입단한다는 상징적인 뜻이 아니라 문자 그대로 애너하임으로 가고 있었다는 말이다. 매리너스가 고든의 트레이드를 막 마친 그때는 발레로가 에플러에게 전화를 걸어 오타니가 LA의 CAA 사무실을 나와 고속도로 건너의 애너하임으로 가고 싶어 한다고 전한 뒤였다. 발레로는 오타니가 에인절 스타디움을 보고 싶어 한다고 했다. 에인절스는 오타니에게 세일즈를 할 기회가 또 생긴 것에 미친 듯이 흥분될 법도 했지만 문제가 하나 있었다. 바로 그때 NFL의 필라델피아 이글스가 에인절 스타디움을 사용하고 있었던 것이다. 이글스는 이전 주 주말에 시애틀에서 경기를 한 후 LA 램스와의 경기를 앞두고 미 대륙의 끝과 끝을 두 번 왔다 갔다 하느니 LA에 머무는 편이 낫다는 판단하에 에인절스의 스타디움을 빌려 훈련을 하고 있었다. 에플러는 오타니의 방문을 철저히 비밀에 부치려 했는데 풋볼 구단 하나가 떡 버티고 있는 상태에서는 절대 불가능한 일이었다. 거기에 구단을 챙기는 직원들과 기자들까지 있는 판이었다. "193센티미터의 일본 남자가 눈에 띄지 않기란 어려운 일이었다." 에플러가 후에 그때를 회상하며 말했다. "그가 로스앤젤레스에 있다는 걸 모르는 사람은 없었다. 그걸 숨길 이유는 없었다. 대신 우리는 그를 눈에 띄지 않고 스타디움으로 데리고 들어갈 방법을 찾아냈다." 그렇게 오후 5시 반경 이글스 선수들을 비롯한 기자단들이 스타디움을 비우고 나서야 오타니는 구장 투어에 나섰다.

한겨울 구장은 새로운 스코어보드 공사를 하고, 임시 풋볼 필드로 쓰려고 여기저기 손을 보느라 어수선했다. 며칠 전 미팅에서는 에인절스가 대부분의 대화를 채우는 쪽이었지만 이번에는 오타니가 더 질문을 많이 했다고 에플러는 말했다. 그들은 두어 시간 함께 시간을 보내고는 밤이 되어 헤어졌다. 이 만남 후에 발레로는 에플러에게 전화를 걸어 오타니가 언제 결정을 내릴지 전혀 모르겠다고 말했다. 오타니에게는 데드라인까지 여전히 2주일이나 남아 있었고, 발레로는 심지어 그가 결정을 내리기도 전에 일본으로 돌아갈 수도 있다고 말했다.

다음 날인 금요일은 에인절스가 오타니와 첫 대면 미팅을 한 지 나흘밖에 지나지 않았으며, 서면 프레젠테이션을 보낸 지는 11일이 흐른 시점이었다. 에플러는 아무런 기대도 품지 않고 사무실로 향하다가 차에서 발레로의 전화를 받았다. 발레로는 오타니가 언제가 됐든 간에 빠른 시일 안에 결정을 내리고 발표할 것이라고 전했다. 발레로는 에플러에게 미리 알려주었다는 사실을 확실히 하고 싶어 했다. 자신이 먼저 입을 열지 않아도 경쟁에서 패한 구단들은 언론을 통해 알게 될 것이라고 했다. 에플러는 오타니 측이 어떤 식으로 하든 문제가 없다고 발레로에게 확언을 주고 전화를 끊었다. 잠시 후 사무실에 도착하고 난 후 에플러의 전화가 다시 울렸다. 발레로였다. 에플러는 그렇게 빨리 다시 전화가 온 것에 뭔가 어리둥절했지만, 한 직원의 사무실로 들어가 문을 닫고 전화를 받았다. 발레로가 말했다.

"단장님, 아까 까먹고 하지 않은 말이 있어요."

"뭡니까?"

3. 스카우트 전쟁

"뭐냐면 오타니 쇼헤이가 에인절스에 들어가고 싶답니다."

"뭐라구요?!"

"축하합니다. 당신들이 해냈습니다. 그를 아주 잘 설득했어요."

에플러는 잠시 할 말을 찾지 못하고 뒤로 물러나 앉았다가 의자가 단단한 바닥에서 밀려나면서 그만 쾅 자빠지고 말았다. 비틀거리면서 일어나고 있는데 발레로가 하는 말이 휴대폰을 통해 또렷하게 들려왔다. "단장님! 얼른 모레노 씨에게 전화하셔야죠." 발레로는 언론에 당장이라도 성명을 보낼 생각이었기 때문에, 에플러가 에인절스 구단주 아르테 모레노에게 바로 알려주기를 원했다. 뉴스가 퍼지는 건 시간 문제였다.

CAA가 몇몇 군데로 한정해서 미 전국과 로스앤젤레스의 매체에 이메일을 보냈고, 이 뉴스는 눈 깜짝할 사이에 트위터에 퍼졌다. 에플러가 문을 열고 나와 직접 소식을 전하기도 전에 에인절스 사무실은 환호로 가득 차 있었다. 미국 반대편에서는 트라웃의 결혼식에 참석하러 가고 있던 에인절스 선수들이 환호와 축하를 보냈다.

오타니가 에인절스를 선택했다는 사실을 온 세상이 알고 나자 다음으로 떠오른 질문은 그 이유였다. 며칠, 몇 주, 몇 달이 지나면서도 그에 대한 답은 어찌 된 셈인지 모호하게 남아 있게 된다. 발레로가 처음 발표한 성명에는 "에인절스와 강력한 끈으로 이어져 있는 것처럼 느껴졌으며, 자신이 메이저리그에서 이루고 싶은 목표를 가장 잘 도와줄 수 있는 팀이라고 믿었기" 때문에 오타니가 에인절스를 고른 것이라고 나와 있었다. 발레로는 덧붙였다. "오타니가 어떤 기준으로 결정을 내릴지 갖가지 추측이 떠돌았다. 하지만 그에게 가장 중요했던 것은 시장의 크기도, 동부인지 서부인지도, 내셔널리그 혹은 아메리칸리그도 아닌, 에인절스와 진정한 유대의 끈을 느꼈다는 점이다. 그는 이 유대감을 자신이 성장하고 다음 단계에 도달하며, 선수로서의 목표를 달성하는 데 최적의 환경으로 생각한다."

다음 날 에인절스는 에인절 스타디움 밖에서 기자회견을 주최했고, 이 자리에 수백 명의 팬과 남부 캘리포니아 각지와 일본에서 온 기자들이 몰려들었다. 오타니는 TV로 생중계되는 기자회견에서 에인절스를 선택한 이유에 대한 정보를 약간 더 내비쳤다. "설명하기가 어렵다." 그가 말했다. "에인절스와는 그냥 뭔가 딱 맞는 듯한 느낌이 들었다. … 하나하나 따져보려고 한다면 무수한 요소가 있을 테지만 간단히 말하면 그냥 에인절스에서 뛰고 싶다는 기분이 들었다. 나로서는 말로 설명하기가 어려운 일이다."

지난 2012년, 오타니는 이와 비슷한 결정에 직면했던 바 있다. 파이터스와 계약을 할지, 열여덟 살 나이에 메이저리그에 가서 선수 생활을 밀고 나갈지를 놓고 결정을 내려야 했을 때의 일이었다. 그때도 그는 파이터스에서 '느낌'을 받았다고 묘사했다. 파이터스와 연결이 되어 있으며, 그가 잘되기를 바라는 파이터스의 마음이 가슴으로부터 우러나온 것이라고 믿었다. 그리고 그 결정은 훌륭한 결과로 증명되었다. 일본 프로야구 리그에서 5년간 눈부신 활약을 펼치며 메이저리그 구단들 사이에 주가를 높였기 때문이다.

오타니를 둘러싼 경쟁이 시작되었을 때 에인절스에 승산이 있다고 생각한 사람은 아무도 없다시피 했지만, 돌이켜 생각해보면 몹시 놀랍기만 한 일도 아니었다. 아메리칸리그가 오타니에게 훨씬 잘 들어맞는 선택임은 따질 필요도 없었고, 에인절스의 연고지는 일본 인구가 대단히 많은 서부 해안의 도시였으니까 말이다.

하지만 뭐니 뭐니 해도 에플러라는 인물이 큰 요소로 작용하지 않았을까 싶다. 오타니와의 계약을 성사시킬 당시 그는 마흔두 살이었다. 스물네 살부터 1년에 5000달러를 버는 스카우트 일을 틈틈이 하며 야구계에서 일해온 그는 어떤 사람의 말에도 귀를 기울이고 각기 다양한 그룹의 생각을 잘 버무려내려는 의지 덕분에 크게 출세한 인물이었다. 현대 야구에서 구단 관리가 진화하면서 각 구단의 임원진에는 프로 선수로 뛰었거나 경제학이나 통계학, 경영학을 전공한 고학력자들이 대거 포진하게 되었는데, 에플러는 그 어느 쪽에도 속하지 않았다. 야구 선수로서의 커리어는 어깨 부상 때문에 일찌감치 대학에서 끝났고, 그 후 부동산 회사에서 금융 분석가로 일했다. 그에게 가장 밑바닥에서부터 시작하는 원동력이 된 것은 야구에 대한 사랑이었다. 그는 꽃 배달을 하고 어머니와 함께 살면서, 스카우터로서 하찮은 수입을 올렸다. 그럼에도 그는 16년 동안 착실하게 계단을 밟아 올라간 끝에 2015년 10월 에인절스의 단장으로 고용되면서 정점에 서게 된다. 고용되고 몇 주가 지났을 무렵에 그는 사람들에게 벌써 좋은 인상을 주고 있었다. "빌리는 에너지가 펄펄 넘친다." 에인절스의 전 사장인 저스틴 홀랜더가 말했다. "그는 정말로 긍정적인 사람이다. 아주 품이 넓다. 그의 사무실에는 프런트 오피스 직원이 없을 때가 없다.

그는 금방 호감이 가는 사람이고 편하고 사이좋게 지내기 쉬운 사람이다."

매력 있고, 활력이 넘치고, 넉넉하게 포용할 줄 알며, 마음이 열린 그 에플러가 오타니를 에인절스로 이끈 장본인이었다. 오타니의 결정이 보도된 후, 한 에이전트가 야구 기자인 켄 로젠탈에게 이렇게 말했다. "이게 다 에플러가 해낸 일이다. 100퍼센트 그의 공이다. 그는 오타니가 고등학생일 때부터 관심을 두었고, 프레젠테이션도 씹어먹었을 것이라고 절대적으로 확신한다. 오타니를 데려온 것은 모두 그의 공이다."[6]

후에 에플러는 그런 찬사에 대해 영광이지만 결코 자신이 아니라 에인절스 팀이 오타니의 마음을 산 것이라고 강조했다. "오타니는 이곳에서 가족 같은 분위기를 느꼈다고 말했다. 앞으로도 오랫동안 일원으로 남고 싶은 그런 분위기 말이다."

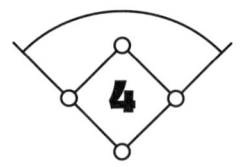

축복과 저주

미국 야구팬들의 입장에서만 보자면, 2017년 12월 9일이 되기까지 오타니 쇼헤이는 거의 신화 속 존재나 다름없었다. 그들은 오타니가 친 공이 도쿄 돔 천장을 뚫는 유튜브 클립이랄지, 하이라이트 정도만 간간이 본 터였다. 오타니가 미국 매체와 나눈 몇 안 되는 인터뷰를 본 사람도 없지는 않았을 테지만 아무것도 본 것이 없는 쪽이 대부분이었을 것이다. 빅 리그 유니폼을 입기에는 아직 멀었기 때문에 대다수 팬들의 뇌리에서도 먼 곳에 있었다. 하지만 애너하임의 어느 화창한 토요일 오후에 오타니 쇼헤이는 메이저리거가 되었다. 에인절 스타디움 바로 밖 에인절스의 상징적인 거대한 두 헬멧 모양 조형물 사이에 세워진 연단에서, 오타니는 쨍한 빨간색의 에인절스 저지를 입었다. 등번호는 고등학교 때 달았던 17번이었다. 그는 그곳에 모인 팬들과 태평양을 사이에 둔 TV 시청자들을 향해 미소를 지어 보였다. 그러고는 완벽한 영어로 말했다. "안녕하세요, 제 이름은 쇼헤이 오타니입니다." 군중이 우레와 같이 환호했다. 오타니는 통역사를 곁에 두고 일본어로 말을 이어나갔다. "이렇게 많은 분 앞에서 얘기하는 것은 처음이어서 무슨 말을 하려고 했는지 까먹은 것 같네요." 그가 말했다. "여러분이 저를 긴장하게 만들고 있어요." 인터뷰에서 자기 모습을 여간해서는 드러내지 않는 오타니가 농담까지 몇 마디 해가며 미국 팬들과 매체에 자기소개를 이어나갔다. 왜 17번을 골랐느냐는 질문에 그가 답했다. "사실 27번을 달고 싶었는데요. 하지만 누군가 벌써 그 번호를 달고 있지 뭡니까." 27번은 모두가 알다시피 에인절스의 슈퍼스타 마이크 트라웃의 번호다. 오타니는 첫 경기에서 투수로서 첫 승을 거두는 것과 타자로서 홈런을 치는 것 중에 어느 쪽이 더 신나겠냐는 질문에 한 경기에서 둘 다 해낼 수 있으면 좋겠다고 말했다.

오타니를 유일무이한 존재로 만드는 바로 그 이유를 수면 위로 끌어올리는 발언이었다. 숱한 스타 선수들이 일본에서 왔지만 오타니가 몰고 온 가능성, 혹은 물음표를 가지고 온 선수는 여태껏 없었다. 가장 당연한 질문은 에인절스의 진심이었다. 메이저리그에서 투수와 타자를 모두 하겠다는 그의 꿈을 밀어붙이게 허용할 것인가 하는 문제가 있었다. "우리는 그를 투타로 뛰게 할 계획이 결단코 있다. 묻고 따질 필요도 없다." 마이크 소샤 감독이 말하자 군중이 기쁨의 환호성을 내질렀다. "지금은 그의 쓰임새를 무궁무진하게 그려볼 수 있다. 하지만 첫 투구와 함께 시즌이 시작되면 모든 것이 달라지기 마련이다."

투타 겸업 선수를 팀에 둔다는 것도 그렇지만 그를 어떻게 훈련시킬 것이냐는 또 다른 문제였다. 지난 1세기 동안 의미를 둘 만한 투타 겸업 선수가 전혀 없었던 데는 다 이유가 있었다. 대단한 육체적인 노력과 시간이 들기 때문이다. 오타니의 역할을 저울질하는 것은 복잡한 일이 될 터이고, 에인절스는 어떻게 할 계획인지 털어놓을 준비가 되어 있지 않았다. 부분적인 이유로 말하자면 계약이 성사되는 바로 그날까지 오타니가 프로젝트와 연관된 일원이 아니었다는 점이다. "우리는 오타니와 자리를 잡고 앉아서 한 가지 안을 보여주었다." 에플러가 기자회견이 끝나고 말했다. "그 계획이 통째로 내쳐지면 마음이 좀 그렇겠지만 조정하고 다듬어야 할 부분이 많다는 것은 안다. 그 계획은 우리 쪽에서 일방적으로 나온 것이니까 말이다. 이제 우리에게는 오타니가 있다. 가장 중요한 주체가 합류했다."

에플러는 오타니의 용도에 관한 몇 가지 가이드라인에 동의했다. 그는 에인절스가 통상 다섯 명으로 이루어진 투수 로테이션을 여섯 명으로 구성할 의사가 있다고 밝혔다. 이렇게 하면 일본에서 한때 7일마다 공을 던지던 이 투수를 세상에 소개하는 데 도움이 될 뿐 아니라 최근 몇 년간 부상으로 피폐해진 에인절스의 투수진에게도 이득이었다. 에플러의 말에 따르면 에인절스는 오타니가 투구를 하지 않는 날, 즉 타석에만 서는 날에는 외야든 1루든 그를 뛰게 할 계획이 없었다. 그는 지명타자로만 뛰게 될 것이었다. 그것은 곧 오타니가 오기 전 2년간을 대부분 지명타자로 경기에 출장했으며 훗날 명예의 전당에 추서될 것이 확실시되는 서른여덟 살의 알버트 푸홀스가 1루 수비를 맡는 일이 상당히 많아질 것이라는 의미였다. 푸홀스는 3년 만에 수술을 받지 않고 한겨울을 나는 중이었고, 따라서 에인절스는 그가 야수로서 일이 조금 많아지더라도 감당할 수 있으리라고 낙관했다. 다른 문제도 숱하게 남아 있었다. 오타니를 지명타자로 얼마마다 내세울 것인가? 등판하는 날에도 타격을 할 수 있을까? 선발 투구한 다음 날은 어떻게 되는가? 대주자로 쓸 수도 있을까? 투구 이닝에 제한을 두어야 할까? 에인절스는 이 모든 문제를 미뤄두었다. 많은 경우에서 답을 찾아낼 시간이 아직 없었기 때문이다. "앞으로 할 일이 태산인 가운데, 우리가 할 일은 오타니같이 투타를 하는 선수의 재능을 필드 위에 펼칠 방법을 정확히, 다각도로 궁리하고 있다." 소샤 감독이 말했다. "그리고 우리를 우승으로 이끌 충분한 재능을 끌어낼 방법을 찾는 것이다."

　우승을 목표로 하지 않는 팀은 없다. 하지만 에인절스로서는 약간 더 급한 사정이 달려 있었다. 오타니 쇼헤이가 입단했을 무렵 에인절스는 이도 저도 못 하는 상태에 있었고 압박은 가중되고 있었다. 1961년에 창단한 에인절스는 1979년까지 플레이오프에 한 번도 진출하지 못하고 근근이 명맥을 이어왔다. 잘나가는 LA 다저스에 비하면 늘 하찮은 팀 취급을 받았다. 정체성을 세우는 과정의 일환으로 구단 이름도 자주도 바꿨다. 로스앤젤레스 에인절스에서 캘리포니아 에인절스로, 또 애너하임 에인절스로, 로스앤젤레스 에인절스 오브 애너하임으로 갔다가 다시 로스앤젤레스 에인절스로 돌아왔다. 구단 역사의 대부분에서 가장 좋았던 시절조차도 실패가 몸에 밴 약체로 규정되는 팀이었다.

두 번째로 포스트시즌에 진출한 1982년에 에인절스는 밀워키 브루어스를 상대로 한 5연전에서 2승을 먼저 거두었다. 한 경기만 더 이기면 아메리칸리그 우승이었다. 하지만 에인절스는 다음 세 경기를 내리 졌다. 1986년 보스턴 레드삭스와 대결한 아메리칸시리즈에서는 4차전까지 3승 1패였고, 다섯 번째 경기의 9회까지도 5 대 2로 리드를 잡고 있었다. 하지만 그 후 4점을 내주면서 연장전에 들어갔고 결국 패했다. 그리고 다음 두 경기에서 지며 아메리칸리그 우승컵을 차지하지 못했다. 그 후 에인절스는 15년을 쭉 플레이오프에 진출하지 못했다. 거기에는 재앙과도 같았던 1999년 시즌이 포함된다. 팀이 어찌나 엉망진창이었는지, 테리 콜린스 감독이 기자회견을 열고 눈물까지 보이며 시즌 종료를 한 달 남긴 시점에서 사퇴해버렸다. 이때가 에인절스 프랜차이즈의 역사에서 가장 바닥을 찍었을 때였다고 할 수 있다.

하지만 그러한 폐허의 잿더미 속에서 에인절스는 마이크 소샤를 감독으로 고용하면서 팀에 일대 변화를 주게 된다. 소샤는 필라델피아 근교에서 자랐고, 1980년 스물한 살의 나이에 LA 다저스의 포수로서 빅 리그에 데뷔했다. 그는 그때부터 최고의 포수 대열에 올라서며 승승장구했고, 홈플레이트를 잘 방어하고 투수들을 잘 다루는 능력으로 명성을 얻었다. 소샤는 1981년과 1988년 다저스의 월드시리즈 타이틀에 힘을 보탰다. 특히 1988년에는 야구 역사에서 가장 위대한 연속 기록 중 하나로, 오렐 허샤이저가 59이닝 무실점을 이어나가는 동안 그의 공을 받았다. 소샤의 선수 인생은 1993년 샌디에이고 파드리스 스프링 트레이닝 기간에 회전근개가 파열되면서 종말을 맞이했다. 그렇게 코치로서의 경력을 시작하는데, 많은 사람이 그가 감독의 길을 걷는 것은 따놓은 당상이라고 여겼다. 그는 트리플 A 감독을 포함해 다저스의 마이너리그에서 몇 년을 보냈다. 감독으로 명예의 전당에 입성한 토미 라소다를 이을 계승자로 손꼽혔던 소샤는 다저스가 예상 외로 유격수 출신 빌 러셀을 감독으로 지명하는 바람에 고배를 마셨다.

다저스에게 그가 받은 수모는 에인절스에게는 득이 되었다. 에인절스는 1999년 시즌이 끝난 뒤 소샤를 고용했고, 그는 에인절스 역사상 가장 큰 성공을 구가한 시기를 이끌게 된다. 소샤가 감독직을 맡고 세 번째 시즌인 2002년에 에인절스는 7차전까지 가는 드라마틱한 승부 끝에 샌프란시스코 자이언츠를 물리치고 팀 최초의 월드시리즈 타이틀을 따냈다. 소샤는 향후 7년 동안 에인절스를 다섯 번이나 가을야구로 이끌었다. 이런 성공가도를 달린 끝에 소샤 감독은 10년 연장계약을 따냈다. 감독들이 한 팀에 머무는 유통기한이 네댓 시즌이 고작인 시대에 그야말로 파격적인 계약이었다. 소샤는 10년 동안 탁월하게 감독직을 수행하며 팬들과 선수들의 사랑을 한 몸에 받았다.

하지만 2009년 아메리칸리그 챔피언십 시리즈 진출을 끝으로 소샤의 시대가 저물기 시작했다. 2014년에 겨우 한 번 플레이오프에 진출했지만 캔자스시티 로열스에게 세 경기를 내리 패하며 좌절했다. 2016년과 2017년에는 소샤의 지휘하에서 처음으로 패가 더 많은 루징 시즌을 겪었다. 소샤는 시대에 적응하기를 꺼려 한다는 비판을 받왔다. 프런트 오피스 간부들은 경기를 치러가면서 발달되는 본능보다는 숫자에 점점 더 기대어 결정을 내리고 있었다. 상관들의 지시에 열린 마음으로 대하지 않는다는 지적에 소샤가 발끈했다고는 하지만 아예 없는 말도 아니었던 것 같다. 2015년 시즌 한복판에 제리 디포토 단장이 난데없이 사퇴하는 일이 벌어졌기 때문이다. 소샤와 견해 차이를 좁힐 수 없다는 것이 이유였다. 팬들은 영광의 나날로 되돌아가지 못해 안달이었다. 특히 이 쇠락의 시기가 메이저리그에 데뷔하기가 무섭게 한 세대에 한 명 나올까 말까 하는 선수의 출현과 겹치기 때문에 더욱 그랬다.

에인절스는 2009년 드래프트 25번으로 뉴저지의 밀빌에서 마이크 트라웃을 빼내왔다. 트라웃이 드래프트에서 그렇게 오래 남아 있었던 데는 많은 구단이 미 동부 해안 출신의 젊은이가 따뜻한 날씨 덕분에 1년 내내 야구 기술을 갈고 닦을 수 있는 캘리포니아나 플로리다, 혹은 텍사스 출신의 선수들과 견줄 만한 실력이 있는지 의구심을 가졌기 때문이다. 그런데 에인절스는 트라웃 집안과 인연이 있었다. 에인절스의 스카우터인 그레그 모하트가 트라웃의 아버지 제프 트라웃과 함께 마이너리그에서 잠깐 뛴 적이 있었던 것이다. 모하트는 어린 트라웃이 플레이하는 모습을 수년간 지켜보면서 그가 스타가 될 재목임을 일찌감치 확신했다. 모하트와 스카우팅 디렉터인 에디 베인이 트라웃에 대한 화려한 보고서를 올렸고, 보고서의 한 마디 한 마디가 조금도 틀리지 않았음이 금세 증명되었다.

트라웃은 빠른 발에 누구도 따라오기 힘든 파워로 2012년 스무 살의 나이에 메이저리그에 굳건히 뿌리내리게 되는데, 만장일치로 올해의 신인상을 수상하며 일약 스타가 된 것이다. 많은 사람이 그가 신인상뿐 아니라 MVP도 탔어야 했다고 믿었다. 하지만 같은 시즌 디트로이트 타이거스의 슬러거 미겔 카브레라가 트리플 크라운(타격에서 타율, 홈런, 타점이 리그에서 모두 1위를 거둔 성적)을 차지하면서 MVP는 도리 없이 그에게 돌아갔다. 트라웃은 2013년에도 눈부신 시즌을 보냈지만, 미겔 카브레라에게 또 한 번 고배를 마시며 MVP를 빼앗겼다. 메이저리그의 첫 2년에 MVP 투표 2등을 차지한 것은 트라웃이 2014년 시즌을 앞두고 따낸 6년 1억 4500만 달러 계약에서 충분한 가치를 발휘했다. 2014년 시즌 트라웃은 MVP를 수상했고, 에인절스가 메이저리그 전 팀 가운데 정규 시즌 최다승(98승 64패)을 올리는 데 견인차 역할을 하며 계약에 보답했다. 그는 2015년 MVP 투표를 또다시 2위로 마감했고, 2016년에 두 번째로 MVP가 되었다. 팀 성적은 74승 88패로 고전을 면치 못했지만 그럼에도 훨훨 날아다니며 따낸 MVP였다.

바야흐로 이런 양태는 에인절스와 트라웃의 고착된 테마가 되어 가고 있었다. 트라웃은 역사적인 기록을 써 내려가고 있었지만 그의 성공은 팀의 성공으로 연결되지 못했다. 트라웃 입단 후 에인절스의 플레이오프 진출은 2014년이 유일했으며 그마저도 세 경기 스윕으로 무릎을 꿇는 실망스러운 결과로 끝났다. 에인절스는 2015년에 아깝게 플레이오프를 놓쳤지만, 2016년과 2017년에는 패한 게임이 이긴 게임보다 많았다.

게다가 팀 내 또 다른 스타인 알버트 푸홀스도 내리막길을 걷고 있었다. 그는 2017년에 통산 홈런 600개라는 금자탑을 세우며 명예의 전당 입성을 예약하는 이력을 계속 쌓아가고 있긴 했지만 확실히 예전만은 못했다. 왕년의 날리던 자신에게 가려질 수밖에 없는 성적을 내고 있었다. 엎친 데 덮친 격으로 투수진의 부상까지 잇따르면서 포스트시즌 진출 기회가 번번이 어그러지고 말았다. 팀의 에이스 개릿 리처즈는 두 번의 팔 부상을 겪으며 2016년과 2017년을 합쳐 마운드에 단 12번밖에 오르지 못하며 두 시즌 대부분을 놓쳤다.

대부분의 야구팬들은 에인절스가 '마이크 트라웃을 낭비한다'며 비난했다. 2017년 시즌 중에 스물여섯 살이 된 트라웃은 전성기를 보내고 있었고 당시 그가 세계에서 가장 뛰어난 야구 선수라는 데 동의하지 않는 사람은 거의 없었다. 또 그 시점에 그의 계약 기간은 3년밖에 남지 않은 상태였다. 트라웃이 구단 유니폼을 입고 있는 동안에 에인절스가 우승을 향한 활로를 찾을 조짐은 어디에도 보이지 않았다. 에인절스 팬들은 구단이 승리를 위해 무엇이 됐든 특단의 조치를 내놓지 못하면 2020년 마이크 트라웃과의 재계약 기회는 요원할 것이라고 걱정했다.

야구계 최고의 거물들이 팀을 옮기는 겨울마다 에인절스는 손놓고 앉아 있는 것처럼 보였다. 에인절스는 2012년 12월 조시 해밀턴과 맺었던 재앙과 같은 계약에 여전히 허우적대고 있었다. 드래프트 1번 지명을 받았다가 약물 문제로 몇 년간 야구를 떠나 있던 해밀턴은 삶을 바로잡고 텍사스 레인저스에서 부활하여 MVP가 되기에 이르렀다. 에인절스는 그와 5년 1억 2500만 달러의 계약을 맺었고, 해밀턴은 에인절스에서 실망과 부상으로 얼룩진 두 시즌을 보냈다. 그러고는 약물 문제가 재발했고 그 후부터 에인절스에서 다시는 경기에 나오는 일이 없었다. 에인절스는 남은 계약으로 줘야 하는 돈을 거의 다 줘가면서까지 그를 트레이드해버렸다. 팀에서 뛰지도 않는 선수에게 1년에 약 2500만 달러를 계속 줘야 한다는 사실에 상심한 아르테 모레노 구단주는 다음 몇 년간 에인절스 팬들이 흡족해할 만큼의 돈을 쓰지 않았다.

에인절스는 라인업에 트라웃을 뒷받침해줄 만한 장타자가 간절했다. 또 투수진에는 진정한 에이스가 될 만한 선수가 필요했다. 2017년 12월에 오타니 쇼헤이가 에인절스 유니폼을 입었을 때, 팬들은 어쩌면 한 선수에게서 이 두 가지 소망을 다 실현할 수도 있겠다는 꿈을 꾸게 되었다.

화창한 오후, 에인절 스타디움 앞에서 오타니를 소개하는 기자회견에 마이크 소샤 감독이 단상에 올랐다. 마이크 앞에 선 그는 오타니에게 찬사를 보내고서는 구단주 아르테 모레노와 빌리 에플러 단장을 향해 할 일을 주었다.

"마운드와 타석 모두에 설 수 있는 이 친구의 능력은 저절로 이루어질 수 없는 일입니다. 정말이지 결코 쉽게 이루어질 수 있는 일이 아닙니다." 왼편에 앉아 있던 오타니를 가리키며 소샤가 말했다. "우리는 정말로 잔뜩 흥분해 있습니다. 앞으로 나아가는 우리의 항해에서 이번 겨울에 에플러와 모레노의 할 일은 아직 끝나지 않았습니다. 우리 팀을 최대한 잘 다듬는 일이 아직 남아 있습니다."

오타니의 기자회견으로 한바탕 법석을 치른 다음 날, 에플러와 야구 운영부서의 임원들은 윈터 미팅에 참석하기 위해 플로리다주 올랜도 근처의 레이크부에나비스타로 날아갔다. 12월마다 열리는 이 연례행사가 트레이드와 프리 에이전트 계약의 장 역할을 하던 시절은 옛날이야기가 되었다. 전화 통화나 심지어 문자로 대부분의 비즈니스를 하게 된 시대에 임원들이 한 장소에 모여 거래를 할 필요가 없어졌기 때문이다. 하지만 언론에는 여전히 윈터 미팅이 메이저리그 구단들과 그들의 주요 과제를 집중적으로 취재할 만한 가장 활발한 장이다. 많은 기자가 디즈니 월드의 스완 앤 돌핀 리조트 도처에서 기삿거리가 될 만한 스토리나 루머가 없는지 눈에 불을 켜고 돌아다닌다.

에인절스는 불현듯 대화의 인기 주제가 되어 있었다. 오타니와의 계약은 '마이크 트라웃의 낭비' 같은 의견을 단숨에 잠재웠다. 모든 사람이 이제는 '오타니 쇼헤이도 낭비'하지 않기 위해 에인절스가 어떤 전략으로, 어떤 대책을 세우려는지 궁금해했다. 에플러는 발등에 불이 떨어진 두 가지 문제, 즉 프리 에이전트 잭 코자트를 3루수로 데려오는 계약을 맺고 2루수 이언 킨슬러를 데려오는 트레이드로 라인업의 큰 구멍을 마저 막으려고 동분서주하고 있었다. 그런데 화제를 뜻밖의 방향으로 틀게 만든 일이 터졌다.

12월 12일 오후 8시경, '야후! 스포츠'가 '최근 신체검사에서 에인 절스의 오타니 쇼헤이의 팔꿈치 인대가 손상되었음이 드러나다'라는 헤드라인으로 기사를 터뜨렸다. 나흘간 열리는 윈터 미팅의 두 번째 날이었다. 사실 오타니는 포스팅되기 전인 11월 하순에 신체검사를 받았고, 그의 신체검사 보고서는 이미 메이저리그의 전 구단에 이미 공유된 상태였다. 그런데 이 보고서의 사본이 기사를 쓴 야구 기자 제프 파산에게 흘러 들어간 것이다. 기사에 따르면 오타니는 척골 측부인대에 1급 염좌가 생겨 10월에 자가혈 주사 치료를 받았다. 기사는 이 부상이 더 심각한 인대 파열로 이어질 위험이 있으며, 때문에 토미 존 수술을 받아야 할 수도 있다고 적었다. 윈터 미팅이 두어 시간 잔뜩 술렁였다. 에인절스가 실수를 한 것일까? 에인절스 유니폼을 입은 오타니가 시속 164킬로미터짜리 공을 던지는 장면을 보는 꿈은 벌써부터 뭉개지고 마는 것일까?

에인절스는 곧장 수습에 나섰다. 에플러는 기사가 너무 과장됐고 오도한다며 논란의 진화를 시도했다. 에플러는 에인절스도 다른 모든 메이저리그 구단들과 다름없이 오타니의 신체검사 보고서를 받아보 았으며 12월 7일에 따로 MRI 검사 결과도 봤다고 했다. 오타니가 에 인절스와 계약하기 전날이었다. 에플러는 다음과 같이 성명을 발표했다. "우리는 투수와 계약을 할 때 항상 정밀검사를 실시한다. 오타니 역시 MRI 스캔을 통해 팔꿈치와 어깨 모두 철저한 검사를 거쳤다. MRI에 근거하면, 오타니의 팔꿈치에 극심한 상처가 있다는 징후는 없다. 그 나이대 선수들의 팔꿈치와 다름이 없어 보인다. 우리는 신체검사 결과에 만족하고, 오타니 쇼헤이를 우리 팀에 데려오게 되어 매우 기쁘게 생각한다."

기사가 나오고 하루 뒤 부상 분석 프로그램을 운영하는 전 메이저리그 트레이너 스탠 콘트가 오타니의 검사 보고서를 검토한 결과 별 문제가 없다는 해석을 내놓았다. 1급 염좌라는 것은 그저 인대가 늘어났다는 것을 의미할 뿐, 파열된 것은 아니라는 얘기였다. 그는 염좌가 투수들 사이에 퍽 흔한 증상으로 수술까지는 필요하지 않다고 말했다.

하지만 오타니의 팔꿈치를 두고 벌어진 소동으로 에인절스가 그를 관리하는 방식에 더 날카로운 관심이 쏠리게 되었다. 세월이 흐르면서 메이저리그 투수들의 부상은 점점 더 잦아지고 있다. 에인절스도 그런 투수를, 그런데 참으로 독특한 투수를 한 명 추가할 참이었다. 시속 164킬로미터의 공을 던질 능력이 있을 뿐 아니라 타격도 하겠다는 선수를 말이다. 강속구는 투수가 부상을 입는 전형적인 원인이다. 더구나 일본에서 일주일에 한 번씩 던지다가 선발투수들이 통상 5일 로테이션으로 마운드에 오르는 미국에서는 과도기를 겪을 것이 자명했다.

이즈음에 이르렀을 땐 닷새마다 마운드에 세우는 시도 자체가 오타니를 팀에 융합시키는 방식이 못 된다는 점이 점점 더 분명해졌다. 에플러는 오타니와 계약을 하기 전부터 여섯 명으로 선발투수 로테이션을 가져가는 것이 모든 투수의 건강을 지키는 최선의 선택이 될 것이라는 의견을 밝힌 터였다. 그렇게 가닥이 확실히 잡혔다.

"우리의 임무는 선수들의 건강에 최선이라고 여겨지는 조치를 다 하는 것이다. 장기적인 관점에서 임해야 한다." 에플러가 말했다. "이 일을 하면서 그보다 더 중요한 일은 없다. 선수들을 위험에 빠뜨리는 짓은 내 계획에 없다. 나는 선수들을 도울 수만 있다면 발 벗고 나서서 실행에 옮길 생각이다. 내게는 그렇게 해야 할 도덕적인 책임이 있다."

하지만 트레이너 콘트의 생각은 조금 달랐다. 과학에 따르면 일이 그렇게 단순 명백하지가 않다는 얘기였다. "딱 보기에는 나흘보다 닷새를 쉬는 편이 더 낫다고 생각되기 마련이다. 하지만 그게 반드시 맞는 가설이라고는 할 수 없다. 여섯 명 선발 로테이션에 관해서는 아무것도 증명된 것이 없다. 물론 투수들이 하루를 더 쉬는 게 꼭 해가 된다고는 생각하지 않는다. 이렇게 많은 투수가 부상으로 무너지고 있는 걸 감안하면 대안을 찾을 때가 되기는 했다. 여섯 명 로테이션이 그중 하나다. 딱히 더 나은 방법을 찾을 수도 없다. 선발투수들을 다치지 않게 하려면 약간 색다른 방법을 찾아봐야 한다."

오타니의 부상을 막자면 그의 과거에 대해 최대한 많이 알 필요가 있었다. 그리하여 에플러는 일본으로 날아갔다. 에플러는 이 출장에 전 메이저리거 에릭 차베스를 특별히 대동했다. 또 트레이닝과 피트니스 전담 스태프도 두 명 데려갔는데, 스포츠과학 및 퍼포먼스 관리자면서 물리치료 담당 팀의 수장인 버나드 리와 마사지 치료사 데라다 요이치가 그들이다.

그들은 가장 잘 아는 닛폰햄 파이터스 프런트 오피스 및 트레이너들과 며칠간 미팅을 가지고 상세한 이야기를 나누려는 계획이었다. 에인절스는 파이터스가 오타니를 훈련시켰던 방식, 투수와 타자를 둘 다 할 수 있게 그의 건강을 유지했던 방법에 대해 샅샅이 알고자 했다. 구리야마 히데키 파이터스 감독은 오타니는 지치거나 어디가 아프다고 미주알고주알 얘기하는 부류의 선수가 아니기에, 그를 항상 지켜보면서 피로도를 관리하는 것은 에인절스의 책임이라고 주의를 주었다.

스프링 트레이닝을 불과 몇 주 앞둔 시점에서 오타니를 다룰 때는 신중해야 한다는 사실이 분명해졌다. 본인 스스로 컨디션이 좋다고 말하고 더 뛰고 싶어 할 때도 속도 조절을 하며 가라앉힐 필요가 있었다. 조심에 조심을 더하는 것은 아무리 강조해도 지나치지 않을 일이었다.

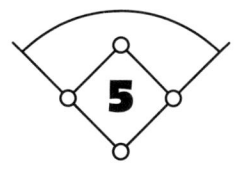

"시간이 필요해"

2018년 시즌의 스프링 트레이닝이 예전과 다를 것이라는 첫 번째 신호는 카메라를 들고 몰려드는 일본 기자들을 쫓아내기 위해 홍보부 직원들이 애리조나주 구단 연습장 펜스 너머 선인장 밭으로 달려가야 했던 것이다. 일본 기자들은 팬 무리와 함께 스프링 캠프가 언론에 공식적으로 문을 열기도 전에 오타니가 운동하는 모습을 보려고, 또 무엇이라도 기삿거리로 건질까 싶어 필드에 나타났다. 오타니의 메이저리그 첫 스프링 트레이닝이었고, 공식 언론 공개일 전에 도착한 선수들 사이에 그도 있었다. 오타니가 에인절스 유니폼을 입은 첫 나날들의 영상은 태평양 건너 일본에서는 그 어느 매체에서 나온다고 해도 큰 값어치를 할 것이었다. 에인절스는 언론이 밀려들 것을 예상했고 오타니를 최대한 보호하려고 노력했다. 종종 실패로 돌아가긴 했지만 말이다. 스물세 살의 오타니에게 메이저리그의 삶에 적응하는 일은 만만치 않을 테고, 구단은 그의 행동 하나하나, 실수 하나하나를 세상이 다 지켜보고 있다는 압박감까지 그 과정에 더해지기를 바라지 않았다.

첫 스프링 트레이닝에서 오타니는 아닌 게 아니라 실수도 많았다. 처음에는 메이저리그 야구공에 적응하는 데 애를 먹었다. 그는 공을 던질 때는 최고 구속으로 끌어올리지 않았는데, 아무래도 사람이 드문드문한 관중석의 스프링 트레이닝에서는 정규 시즌만큼의 아드레날린이 분출되지 않아서였을 것이다. 오타니는 메이저리그 구단들의 배팅 연습 방식도 낯설어했다. 장시간 진행되는 일본의 배팅 연습에 비해 훨씬 짧았기 때문이다. 난생처음 마주해보는 타자들과 투수들을 상대하는 것도 힘겨운 일이었다. 새로운 나라에 와서 살면서 이 모든 것을 해결할 방법을 찾고 새로운 언어도 배우고 있으니 고충을 겪을 수밖에 없었다.

에인절스는 다르게 받아들였으나, 스프링 캠프의 결과는 많은 사람에게 실망과 우려를 안겼다. 오타니가 마운드나 타석에서 썩 좋지 못한 모습을 보일 때마다 빌리 에플러 단장이나 마이크 소샤 감독은 기자들에게, 더 나아가 팬들에게 걱정할 일은 전혀 없다며 틈나는 대로 안심을 시켰다. 지금은 스프링 트레이닝일 뿐이고, 그의 재능과 잠재력에 대해 알아야 할 것은 오타니가 일본에서 지난 5년간 펼친 활약이 다 보여주고 있다고 말하면서 말이다.

3월 말 시즌이 개막했을 때, 오타니는 과연 에인절스가 옳았음을 증명해냈다. 그의 플레이는 비상했다. 스프링 트레이닝에서 보여준 모습은 아무 의미가 없다는 세간의 이론을 입증하는 사례를 추가한 경기력이었다. 선인장 밭에서 동영상을 찍어대던 팬들과 그 모든 일본 기자들은 애리조나에서 일어났던 일을 그냥 묻어두었더라면 욕을 좀 덜 먹었을 수도 있었을 것이다. 하지만 그런 영상이 오타니가 어떤 선수인지 보여주는 증거 자료가 되기는 했다. 무서울 정도로 빠르게 적응하고 향상되는 능력, 두어 해 후에 선수 경력의 전환점을 맞으며 스타덤에 오르게 해준 그 능력의 출발점을, 그것도 더 드라마틱하게 만들어주는 영상들이었던 것이다.

다시 2018년 2월로 돌아가자면 그때 우리가 알고 있었던 것이라고는 오타니 쇼헤이에게서 뭔가 다른 것이 보인다는 게 전부였다.

메이저리그 최고 선수라는 데 이견이 없는 마이크 트라웃, 명예의 전당 입성감 커리어의 후반기를 보내고 있던 알버트 푸홀스와 클럽하우스를 같이 썼지만 스프링 캠프에 도착했을 때 구단이 근처 호텔의 연회장에서 기자회견을 마련해준 선수는 오타니가 유일했다. 봄에 열린 이 기자회견에서 지구촌 양쪽에서 온 약 200명의 기자가 배팅 연습 때 스윙하는 느낌이 어땠는지부터 밸런타인데이에 어떤 계획을 세웠는지까지 오만가지 질문을 던졌다.

오타니는 템피 디아블로 스타디움 오른쪽 펜스 뒤 주차장에 세워진 천막에서 봄 내내 기자회견을 지속했다. 이틀에 한 번씩 일본과 미국 기자 열몇 명이 천막으로 모여들어 배팅 연습에서부터 단순히 캐치볼을 한 것까지 오타니가 필드에서 한 모든 일을 시시콜콜 캐물었다.

오타니의 출현으로 에인절스 홍보부에 추가된 인원이 있었다. 남부 캘리포니아에서 태어났지만 어린 시절을 일본에서 보낸 경험이 있는 그레이스 맥너미였다. 그녀는 양쪽 나라 말을 다 할 줄 아는 능력으로 구단과 일본 미디어를 연결하는 연락 담당자 역할을 맡게 되었다. 그녀는 노모 히데오의 스타 시절인 1990년대 중반 LA 다저스에서도 같은 일을 한 적이 있었다. 2018년 봄 이래로 맥너미는 기자들을 모아 오타니가 불펜에서 몇 개의 공을 던졌다거나, 다음 기자회견은 언제라거나 자주 소식을 전달해주었다. 오타니가 너무 바빠서 기자들을 상대할 시간이 없거나 그냥 내켜 하지 않을 때면 맥너미가 그날의 토픽에 대해 그에게 몇 가지 질문을 한 다음 영어와 일본어로 그의 대답을 들려주었다.

오타니는 미국 매체와 직접 상대할 때는 그의 전담 통역사인 미즈하라 잇페이의 도움을 받았다. 미즈하라는 일본에서 태어났고 자라기는 에인절 스타디움에서 차로 25분쯤 걸리는 캘리포니아 다이아몬드 바에서 자랐다. 그는 어린 시절에 노모를 보며 야구에 대한 사랑을 키웠다. 후에 일본으로 돌아가 오타니의 팀 닛폰햄 파이터스에서 영어를 쓰는 선수들의 통역사로 일하기도 했다. 그는 오타니와의 인연과 남캘리포니아라는 배경 덕분에 자연스럽게 오타니 전담 통역사가 되었다. 오타니 이야기를 하면서 그는 빼놓을 수가 없는 인물인데, 인터뷰를 돕는 것 이상으로 훨씬 많은 역할을 했기 때문이다. 미즈하라는 에인절스가 오타니의 독보적인 재능을 메이저리그에서 어떻게 활용할지 모색하는 동안에 오타니가 느끼는 기분을 코치진과 트레이너, 구단 관계자들에게 정확하게 중계해야 했다. 그는 오타니가 스카우팅 보고서를 잘 이해하도록 지원하고, 오타니와 포수들이 투구 계획을 짜는 과정에 도움을 주었다. 때로는 오타니와 캐치볼을 하기도 했다. 오타니가 자신의 루틴을 따르다 보면 모든 투수들이 다른 볼일을 보고 있는데 운동을 해야 하는 경우가 있었기 때문이다. 미즈하라는 한 술 더 떠서 비시즌 불펜 연습 때 포수로 공을 받아주기도 했다. 미즈하라는 스프링 트레이닝에서 오타니가 가는 곳이면 어디든 그림자처럼 따라다니며 늘 눈에 띄는 고정 인물이 되었다. 그는 무엇이 들어 있는지 모를 일이지만 오타니가 그날 필요한 것을 잔뜩 넣은 백팩을 메고서 그를 따라다녔다.

오타니는 에인절스에서 통역사를 쓰는 유일한 선수였고 일단의 기자들에게 늘 추적을 받았지만, 그럼에도 새로운 팀 동료들과 잘 섞이려고 최선을 다했다. 몇몇 동료와 어울려 골프를 치고 농구를 하기도 했다. 동료 선발투수인 앤드루 히니와 함께 피닉스 코요테스의 NHL 경기를 보러 가기도 했다. 그는 미국 생활 초기에 비디오 게임을 통해 친목을 쌓았다. '클래시 로얄'이라는 게임이 주 종목이었는데, 플레이어가 병력을 모아 가상의 탑을 공격하는 게임이다. 게임에 진심인 구원투수 블레이크 파커가 오타니와 영어, 일본어 2개국 욕설로 완성되는 라이벌 관계를 형성했다. "원래 늘 나쁜 말부터 배우기 마련이니까." 파커가 오타니와 서로 상대방 언어에서 몇 마디 말을 배운 사실을 언급하며 이렇게 말했다. "그는 그저 한 팀이 되고 싶어 할 뿐이다. 내가 느끼기로는 그렇다. 그는 팀과 잘 어울리고 싶어 한다. 재미있게 지내기를 원하고 느긋한 기분을 유지하고 싶어 한다. 필드에서는 두말할 것도 없이 강하게 경쟁심을 불태우지만 평상시에는 농담도 잘하고 즐거움을 만끽하려고한다." 오타니의 파이터스 시절을 담당했던 일본 기자 군단은 오타니가 일본에서보다 이 새로운 환경에서 더 편안하고 장난기 있게 행동하는 것 같다고 했다. "다른 사람들은 어떻게 느끼는지 몰라도 나는 내가 잘 녹아들고 있다고 생각한다." 스프링 캠프 초기에 오타니가 말했다. "경기 외의 생활에 어떤 어려움도 없다. 모든 것이 다 좋다."

오타니가 에인절스 안에 자연스럽게 녹아들었음을 가장 두드러지게 보여준 순간이 있었다. 한 시범경기에서 타석에 들어서는 그에게 장내방송이 메이저리그 야구 선수보다는 열세 살짜리 소녀에게나 어울릴 만한 발랄하기 그지없는 일본 대중음악을 틀었을 때였다. 캬리 파뮤파뮤의 〈패션 몬스터〉라는 노래였는데, 오타니의 팀 동료들이 종종 스키니 진을 입고 구장에 오는 그를 농담 삼아 골려먹으려고 고른 곡이었다. 더그아웃의 에인절스 선수들은 웃겨서 뒤집어졌고, 오타니는 노래를 듣고서 싱글벙글 웃어 보였다. 그는 구단 사람들과 함께 있을 때 종종 그런 환한 미소를 발사했다.

이를 두고 투수 개릿 리처즈는 "그의 얼굴에는 미소가 떠나는 법이 없다. 즐겁지 않아 보이는 때가 없다, 랄까"라고 말했다. 외야수 콜 칼훈은 오타니의 유쾌함이 꼭 새롭게 사귄 '비디오 게임 적수'들 때문만은 아니라고 추론했다. "내가 그 친구라도 행복했을 것이다. 시속 160킬로미터짜리 공을 던지고, 150미터가 넘게 날아가는 타구를 칠 수 있다면 말이다."

오타니의 팀 동료들은 그가 바쁘게 돌아가는 나날 속에서도 에인절스의 스프링 트레이닝 단지 내 이 구장, 저 구장을 넘나들며 노력을 기울이는 모습에 감탄했다. 그는 보통 투수들과 먼저 훈련을 했다. 투구 연습을 하거나 투수로서 수비 기술을 단련한다. 그러고는 포지션 플레이어들과 더불어 배팅 연습에 들어간다. 오타니의 매일의 루틴이 어땠는지 보여주는 정확한 도표는 없다. "정말이지 누구도 가보지 못한 영역이나 다름없지 않은가 말이다. 마지막으로 그걸 했던 사람이 베이브 루스였으니까." 에인절스의 타격 코치 에릭 힌스케의 말이다.

에인절스가 오타니의 입단 초기에 투구에 치중하기를 바랐다는 점은 분명하다. 그리고 배팅 연습은 여력이 닿는 만큼 끼워넣었으면 했다. 에인절스는 오타니가 바짝 투구 훈련을 하는 날에는 스윙을 아예 하지 못하게 했다. 불펜에서 투구 연습을 하거나 타자들을 상대로 실제 투구 연습을 하는 날이 그랬다. 지난 몇 년간 투수력은 에인절스의 고질적인 약점이었다. 그렇기에 구단은 마운드에서의 성장에 더 방점을 두기를 원했다. 최근 몇 년 일본에서 오타니를 지켜본 많은 스카우터들이 투수가 그에게 더 맞는 역할이라고 본 점도 있었다.

"그는 투수로서 더 돋보일 것이다." 마이크 소샤 감독이 말했다. "자신의 역량대로만 공을 던질 수 있다면, 타격을 하는 것보다 팀에 더 큰 영향을 줄 것이다. 하지만 그는 공격 면에서도 여전히 중요한 역할을 할 것이다."

하지만 마운드에서 훈련을 시작할 때부터 문제가 드러났다. 일본에서 쓰는 공인구와 메이저리그에서 쓰는 공인구는 서로 다르다. 일본 공이 둘레가 1센티미터가 안 되게 약간 더 작다. 촉감은 상당히 다르다. 일본에서 쓰는 공은 '미즈노'가 만드는데, 표면이 끈적거려서 단단한 그립감을 가질 수 있다. 반면 메이저리그에서는 '롤링스'가 제조하는 공을 쓰는데, 이 공은 표면이 더 부드럽고 미끄러워서 제대로 쥐려면 따로 뭘 발라야 한다. 마운드 뒤편에 반드시 올려놓는 로진 백으로는 부족한 감이 있어서 투수들은 자신이 원하는 대로 회전을 가하고 제구를 용이하게 하기 위해 선크림, 땀, 파인 타르, 아니면 갖가지 제품을 혼합한 물질을 바르곤 했다. 2021년에 메이저리그에서 이 문제가 초미의 관심사로 떠올랐다. 메이저리그 사무국은 그런 물질들의 사용을 엄중 단속하기 시작했다. 손에 착 달라붙는 물질을 글러브, 벨트 등에 숨겨서 마운드에 올라가지 않는지 투수들을 확인하기 시작한 것이다. 어쨌거나 지금 우리가 이야기하는 중인 2018년 봄으로 돌아가면, 야구공은 오타니로서는 새롭게 직면한 문제였다.

스프링 트레이닝에서 타자들을 상대로 처음 투구를 했을 때 그의 브레이킹볼은 들쭉날쭉했다. 미끌거리는 야구공과 애리조나 사막의 건조한 공기가 합해진 결과였다. "그는 이 날씨 때문에 스프링 트레이닝 내내 그런 경험을 피하지 못할 것이다." 베테랑 포수 마틴 말도나도의 말이다. "제아무리 커브볼을 잘 제구하는 투수들이라도 여기서는 제대로 구사하기가 힘들다. 싱커볼을 투수들의 수난도 이만저만이 아닌데, 여기 날씨는 진짜 너무도 건조하기 때문이다. 정규 시즌에서 던질 때처럼 공이 뜻대로 브레이크되지가 않는다." 그날 천막 기자회견장에서 기자들을 대면한 오타니는 그해 봄에 바야흐로 익숙해질 주제를 처음으로 꺼내들었다. 대략적으로 말하자면 자기가 방법을 다 찾아낼 테니 뭐가 잘못될지 걱정하지 말라는 얘기였다. "좋은 점도 있고, 나쁜 점도 있었다. 하지만 30개까지 공을 던지면서 느낌이 좋았다. 다음번 마운드에 오를 때 해결해야 할 부분도 있다."

머지않아 그의 메이저리그 야구공 적응기는 에인절스 연습구장 펜스에 늘어선 기자들뿐만 아니라, 온 야구팬들의 관심사가 되었다. 2월 24일 열린 '선인장리그'(매년 애리조나주에 스프링 캠프 훈련장을 차린 15개 팀이 치르는 시범경기 리그―옮긴이) 경기에서 오타니는 밀워키 브루어스를 상대로 처음으로 투수 마운드에 섰다. 에인절스의 여느 스프링 트레이닝 경기들과 마찬가지로 남캘리포니아에 TV 중계된 경기였는데, 이번에는 일본에서도 방송되었다. 에인절스 역사상 가장 열렬한 기대감을 등에 업은 시범경기였고, 이를 반영하듯 이 경기는 6019명의 관중을 끌어모았다. 에인절스의 봄 야구에서는 보기 드문 수였다.

오타니는 브루어스 타선의 단 일곱 타자, 그것도 저명한 빅 리거들은 거의 없는 타선을 상대했다. 두 개의 삼진을 포함해서 아웃카운트 네 개를 잡았는데, 삼진 중 하나는 밀워키의 외야수 브렛 필립스가 그의 스플리터에 맥없이 방망이를 휘두른 대가였다. "그의 스플리터는 대단하다." 필립스가 말했다. "정말 잘 해낼 수 있을 것 같다. 안 봐도 그냥 훤히 다 보인다." 패스트볼은 시속 156킬로미터를 찍었다. 2실점에 한 점은 비자책이었고, 한 점은 외야수 키언 브록스턴이 2회에 친 홈런으로 내준 점수였다. 포수 말도나도는 "가운데로 몰리는 패스트볼, 그 기회를 놓치면 빅 리그 타자가 아니다. 그는 앞으로도 그런 홈런을 맞을 것이다"라고 지적했다. 그날 오타니의 투구는 분명 그다지 대단하지는 않았지만 그렇다고 스프링 캠프 초반에 어떤 적신호가 될 만한 모습이 나타난 것도 아니었다. 말도나도가 덧붙였다. "내가 본 바에 따르면 그의 투구는 좋았다. 다음 선발 때 한 단계 더 좋아질 것이라고 생각한다." 야구를 평생 하면서 스프링 트레이닝에서 헤매는 선수를 숱하게 지켜본 소샤 감독은 고무되었다. "그의 투구를 보면서 우리가 무엇을 해결해야 할지 확실히 알게 되었다. 그와 말도나도는 몇몇 문제를 해결하기 위해 노력하고 있다. 다음번에는 그가 한 걸음 더 내디딜 것으로 생각한다. 그는 그가 가진 모든 공을 던졌다. 우리가 기대했던 대로 던진 공도 있었고, 릴리스 포인트를 그냥 놓쳐버린 공도 있었다. 하지만 한 걸음 진전된 것만큼은 확실하다." 첫 출장을 마치고 천막을 가득 채운 기자들 앞에 섰을 때 오타니 역시 말도나도나 소샤만큼 개의치 않는 모습이었다. "결과는 아쉬웠지만 재미있는 경기였다." 오타니가 말했다. "괜찮았다고 생각한다. 원래 매년 이 무렵에는 리듬을 잡기가 쉽지 않다. 이곳에 왔다고 여느 해와 특별히 다른 느낌은 없다. 적응해나갈 수 있을 것 같다."

그의 다음번 출장은 B게임(시범경기 중에 열리는 비공식 연습 경기—옮긴이)이었는데, 이번에도 밀워키 브루어스가 상대 팀이었다. 스프링 트레이닝에서 B게임을 하는 팀들은 티켓을 사서 들어오는 관중과 TV 시청자를 앞에 둔 보통의 선인장리그 경기에 비해 좀 더 편안한 환경에서 뛸 수 있다. 투수들은 긴 이닝을 던져야 한다는 압박에서 자유롭다. 아웃카운트 몇 개나 잡았든 상관없이 투수가 너무 많은 공을 던졌다 싶으면 팀들끼리 그냥 해당 이닝을 거기에서 멈추기로 합의하면 된다. 오타니가 2회에 20개의 공을 던지자 에인절스는 이닝을 끝냈다. 12명의 타자를 상대로 총 52개의 공을 던져 여덟 명을 스트라이크 아웃으로 잡았다.

다음 선발 등판은 멕시칸리그의 팀 토로스 데 티후아나를 상대로 한 시범경기였다. 여기서 오타니는 메이저리그 수준에는 발치에도 못 미치는 선수들에게 두들겨 맞으며 6점을 허용했다. "좋은 공도 많이 던졌고 나쁜 공도 꽤 있었던 것 같다." 오타니는 말했다. "이번 등판에서 얻은 교훈은 주자가 있을 때의 대처 방법이다. 세트 포지션에 대해 다시 생각할 기회였다."

그때까지 오타니는 총 6이닝을 던져 10점을 내주고 있는 중이었다. 하지만 삼진을 16개 잡았다는 사실은 고무적이었다. 오타니는 곧 큰 부담이 없는 B게임의 편안한 세계를 떠나 통제된 선인장리그에서 다시 메이저리그 팀을 상대하게 되었다. 3월 16일, 그는 템피 디아블로 스타디움의 9616명 유료 관중 앞에서 콜로라도 로키스를 상대로 마운드에 올랐다. 원래 5이닝까지 던지기로 계획되어 있던 이 시합에서 그는 7점을 내주고 아웃카운트는 네 개밖에 잡지 못했다. 첫 이닝은 깔끔하게 마무리하더니 두 번째 이닝에서 연달아 일곱 명을 출루시켰다. 올스타 3루수 놀런 아레나도와 노장 이언 데스몬드의 홈런도 포함된 결과였다.

로키스전 후에 오타니가 빅 리그 투수로서 준비가 되었냐는 의구심은 자연스럽게 정점에 이르렀다. 오타니는 메이저리그에 갈 준비가 되었냐는 단도직입적인 질문을 받았고 이에 명쾌한 답변을 내놓지 않았다. "지금으로서는 그 문제를 별로 생각하고 있지 않다. 나는 그날그날, 매 경기에서 할 수 있는 일을 고민하고 있다. 그렇게 해서 나온 결과에 따라 감독님과 프런트 오피스가 결정해야 할 일이다." 소샤는 또다시 긍정적인 면에 눈길을 주기로 했다. 시속 157킬로미터의 패스트볼도 그중 하나였다. "그는 전율이 일 정도의 공을 던지다가 이내 들쭉날쭉한 모습을 보인다." 소샤가 말했다. "하지만 그는 지금 자신의 강점을 끌어올리고 있고 그것은 우리에게 좋은 징조다. 어떻게 그의 강점을 잘 붙들어 맬지, 그것이 우리의 연구 과제다."

오타니는 타석에서도 여지없이 수난을 겪었다. 스프링 트레이닝 초반에 그가 타석에서 보여준 가장 두드러진 점은 힘이었다. 배팅 연습을 할 때, 끝 간 데 없이 날아가는 공은 코치들과 선수들의 경탄을 자아냈다. 에인절스는 보통 첫 시범경기가 열리기 전에 연습 필드에서 템피 디아블로 스타디움으로 훈련 장소를 옮긴다. 스타디움에서의 첫 훈련 날, 오타니는 필드 중앙으로 날아가는 공을 걷어 올렸다. 홈플레이트에서 128미터 지점까지 9미터 높이로 날아가는 공이었다. 최고 수준의 파워 히터들만이 그 정도 홈런을 때려낼 수 있다.

하지만 타격 연습과 실전은 많이 달랐다. 오타니는 빅 리그 투수들에게 꼼짝 못하는 것처럼 보였다. 그는 선인장리그 첫 시합에서 1루타 하나를 치고, 두 번 걸어 나갔다. 그만하면 분명 희망을 가질 법했다. 그러더니 첫 20타수에 고작 안타 두 개를 치며 끝없는 수렁 속에 빠져들고 말았다. 좌완타자는 보통 좌완투수와 브레이킹볼에 특히 약한 경향을 보인다. 팀 동료이자 좌완투수인 타일러 스캑스가 공을 던져준 시뮬레이션 경기에서 오타니는 커브볼에 헬멧이 벗겨질 만큼 크게 방망이를 휘둘렀다. 오타니는 선인장리그에서 연속 14타석을 안타 없이 채운 것을 포함해, 28타수 3안타로 내려앉으며 속절없이 고전했다.

스프링 트레이닝이 반밖에 지나지 않은 시점에 저명한 전국구 야구 기자가 오타니에 대해 혹평을 쏟아냈다. 스카우터들은 애초에 그가 메이저리그에 갈 준비가 되지 않았다고 생각했다는 것이었다. '오타니 타격에 대한 판결이 내려지다, 형편없음.' '야후! 스포츠' 최상단에 제프 파산이 쓴 기사의 헤드라인이 요란하게 나부꼈다. 파산은 여덟 명의 스카우터들이 오타니가 애리조나에서 이제까지 보인 플레이에 근거해서 그에 대한 심각한 의구심을 공유하고 있다고 보도했다. 스카우터들이 보기에 가장 큰 쟁점은 오타니가 지금 메이저리그에서 마주한 것과 같은 수준의 투구를 일본에서는 생전 본 적이 없다는 점이었다. 특히 브레이킹볼이 그랬다. "그는 지금 고교생 타자나 다름이 없다. 좋은 커브볼이라고는 한 번도 본 적이 없기 때문이다." 한 스카우터가 파산에게 말했다. "패스트볼과 체인지업이야 상대해보았을 것이다. 그런데 고등학생 타자를 메이저리그로 월반시켜달라고?" 또 다른 스카우터의 말이다. "메이저리그는 타격을 배우는 곳이 아니다. 그건 말도 안 되는 일이다."

파산의 기사는 3월 9일에 실렸고, 오타니는 그로부터도 며칠간 타격이 부진했다. 일주일 후에는 콜로라도 로키스전에 선발투수로 나왔는데, 2회에 7점을 빼앗기며 무너져 내린 악몽과도 같은 경기였다.

그 지경이 되자 에인절스로서는 비록 실망이 크겠지만 오타니가 메이저리그에 있기에는 실력이 미흡하다고 결론 내리는 것이 완벽하게 합리적인 행보처럼 보였다. 23세 규정과 국제 '아마추어 선수' 규정에 바탕을 둔 계약 덕분에 오타니는 에인절스의 돈을 꽤 아껴주었을 뿐 아니라, 운신의 폭도 늘려주었다. 첫 스프링 트레이닝에서 그는 여전히 마이너리그 계약 아래 있었기 때문에 에인절스는 그를 메이저리그로 올려야 할 의무가 없었던 것이다. 더 나아가 장기적인 면에서 에인절스는 오타니를 마이너리그에서 시작하게 함으로써 뽑아낼 수 있는 또 다른 이득이 있었다. 메이저리그 선수는 6년 동안 서비스 타임, 즉 메이저리그 의무 등록일수를 다 채우고 나서 맞이하는 첫 겨울에 프리 에이전트 자격을 얻게 되는데, 오타니는 단 2주만 마이너리그에서 뛰어도 2018년에는 메이저리그 서비스 타임을 다 채우지 못하게 된다. 즉 에인절스가 얻는 이득이란 오타니가 프리 에이전트 자격을 얻는 시기가 1년 미루어지리라는 점이었다. 가장 공공연하게 알려진 사례가 그보다 몇 년 전에 있었다. 시카고 컵스가 당시 앞날이 창창하던 크리스 브라이언트를 정규 시즌 첫 두 주 동안 마이너리그에 있게 한 경우였다. 그것이 그를 팀에 더 오래 붙잡아놓으려고 부린 계책임을 모르는 사람은 없었다. 브라이언트의 에이전트가 불만 사항을 접수했지만, 질질 끌다가 2020년에 가서야 결론이 났다. 결론은 컵스에게 브라이언트를 마이너리그로 내려 보낼 권리가 있었다는 것이었다. 컵스는 메이저리그에서 뛸 준비가 차고 넘치는 브라이언트를 마이너리그에서 시작하게 했다는 죄로 대대적으로 욕을 얻어먹었다. 반면에 에인절스는 같은 이유로 비난받을 일이 없었다. 오타니가 스프링 트레이닝에서 워낙 죽을 쒔기 때문이다. 일본 기자들이 점점 미국 기자들에게 에인절스의 트리플 A 팀인 솔트레이크는 어떨 것 같으냐고 묻기 시작했다.

하지만 에인절스는 오타니를 솔트레이크시티에 보낼 의사가 없었다. 오타니가 빅 리그에 갈 준비가 되지 않았다고 말하는 모든 스카우터들, 기자들, 팬들은 상관없었다. 그가 충분한 실력이 된다는 증거가 산처럼 쌓여 있다고 믿었기 때문이다. 가장 명백한 증거는 오타니가 일본에서 플레이한 5년이었다. 그는 마이너리그 더블 A에서 뛰다 온 고만고만한 스물세 살짜리가 아니었다. 오타니는 세계에서 두 번째로 수준 높은 야구를 하는 일본 프로야구 리그의 스타였다.

빌리 에플러 단장은 뉴욕 양키스 부단장 시절에 일본에서 오타니가 경기하는 모습을 숱하게 보았다. 그는 그 시합들에서 오타니의 퍼포먼스를 보았을 때 느낀 경이로움을 묘사했다. 그는 고작 좋지 않았던 스프링 트레이닝 몇 주를 빌미로 오타니를 내려보낼 생각이 전혀 없었다. 공기가 희박하고 건조한 장소에서 치른 경기들이고, 그것도 정규 시즌 성적에는 들어가지도 않는 경기들이었다. "그가 일본에서 쌓은 실적을 보면 그를 투타 겸업으로 밀고 나가도 된다는 굳은 확신이 든다." 3월 17일에 에플러는 오타니가 마이너리그에서 시작할 수도 있다는 소문을 일축하며 이렇게 말했다. 에플러는 오타니가 일본에서 거둔 성적 때문에 굳히게 된 확신도 확신이지만, 애리조나에서 펼친 실력도 그가 잘해낼 것임을 보여주는 실질적인 지표가 있다고 했다.

"우리는 볼넷 허용 비율, 스트라이크 수, 타자들을 헛스윙을 하게 만드는 능력을 본다. 우리는 이런 능력을 토대로 가치를 매기는 방법론을 세운다. 오타니에게 그런 능력은 어디 가지 않고 잘 있다." 타격을 놓고 말하자면, 오타니가 20타수 2안타의 성적을 내는 가운데서도 에플러는 좋은 징후를 보았다. "오타니가 지금 스스로 원하는 결과 그리고 바깥사람들이 보고 싶어 하는 결과를 내지 못하고 있음을 잘 알고 있다. 아직 익숙하지 않은 리그의 타석에서 좀 더 어려워하는 것 같고, 꽤 잘하는 투수들과 상대했다는 점도 있다. 그러나 그는 공을 힘껏 치며 스트라이크 존 바깥으로 벗어나는 투구는 쫓아가지 않는다. 그는 우리가 중요하게 생각하는 일을 잘해내고 있다. 그는 겉으로 보이는 성적보다 더 잘하고 있다는 것이 내가 하고 싶은 말이다."

에인절스는 또 오타니가 정규 시즌의 시작과 더불어 솟구치는 아드레날린에 힘입어 더 좋아질 수도 있다고 생각했다. 스프링 트레이닝 경기는 성적에 들어가지 않는다. 이를 모르는 사람은 없다. 구장에 관중들이 드문드문 있다는 사실을 제외하면 선수들은 스프링 트레이닝 경기를 평소보다 사치스러운 환경에서 하는 훈련 정도로 생각한다. 선수들은 경기 스케줄에서 빠지는 날이 있으면 오전에 훈련을 하고 오후 경기가 시작될 무렵에는 골프 코스에 나가 있기도 한다. 그날 경기하게 될 상대 팀이 어디인지도 모르고 클럽하우스에 발을 들여놓는 일도 심심치 않게 일어난다. 이는 스프링 트레이닝 동안 선수들이 운동을 열심히 하지 않는다는 뜻이 아니다. 다만 개인의 타율이나 평균자책점에 더 관심을 두기 마련이라는 얘기다. 바로 이것이 에인절스가 오타니에게 유리한 해석을 내리고 기회를 주어야겠다는 뜻을 가지게 된 배경이었다.

"하나 말해줄 것이 있다. 라이트가 켜지고 나면 다른 게임이 펼쳐질 것이다." 토로스 데 티후아나와 가진 시범경기에서 오타니와 호흡을 맞추었던 베테랑 포수 르네 리베라가 말했다. 그날 야구장은 사실상 텅 비어 있었다. "여기서 투구하기란 녹록지 않은 일이다. 팬들도 없고 아드레날린도 없다. 메이저리그 구장의 라이트가 들어오고 '플레이 볼'이라는 소리가 울려 퍼지면, 그때는 다른 모습을 보게 될 것이다. 더 빠른 구속, 더 날카로운 피치를 과시하는 오타니를 보게 될 것이다. 지금 그에게 필요한 것은 시간이다."

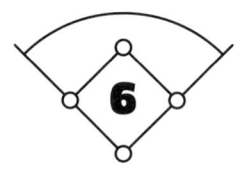

상상 그 이상을 상상하라

 오타니가 메이저리그 첫 10번의 경기를 마쳤을 무렵에 스프링 트레이닝에서 일어난 일은 언제냐는 듯 잊혀졌다. 오타니는 두 경기에 선발로 나와 두 번 다 승을 거두었고, 그중 한 경기에서는 7회까지 퍼펙트 게임을 펼쳤다. 홈런은 세 개를 쳤는데, 그중 두 개는 사이영상을 두 번 수상한 투수(2014년과 2017년 아메리칸리그에서 사이영상을 수상한 투수 코리 클루버—옮긴이)를 상대로 때려낸 것이다. 한 스포츠 도박업체는 오타니를 가장 가능성 높은 아메리칸리그 MVP로 점쳤다. 스프링 트레이닝에서 그의 모습을 보고 그가 빅 리그에 입성할 준비가 되지 않았다고 떠벌이던 모든 사람들이 일거에 잠잠해졌다.
 오타니는 이 기막힌 반전을 일으키고 비관론자들에게 실력을 증명한 기분에 대해 말을 아꼈지만, 팀 동료 중 적어도 한 명은 오타니가 그의 플레이를 비평하는 사람들을 대하는 반응을 보고 즐거워했다. "그의 플레이에 대해 반가울 것도 없고 별 의미도 없는 의견이 참 많기도 하다." 베테랑 2루수 이언 킨슬러의 말이다. "오타니는 스프링 트레이닝에서 자신의 능력을 증명할 기회를 갖지 못했다. 거대한 스포트라이트를 받는 선수에게 그런 일이 벌어지고 있는데 정작 당사자는 신경도 쓰지 않았다. 보고 있으면 아주 즐겁다. 그는 시즌 첫 주에 극도로 잘해냈다. 보는 것만으로도 흥분되지 않을 수 없었다."

오타니가 세상을 놀라게 한 출발을 알리기 전부터도 빌리 에플러 단장은 오타니를 신뢰하겠다는 결정이 어렵지 않았다고 설명한 바 있다. 에인절스의 시즌 개막전이 열리기 몇 시간 전에 에플러는 오클랜드 콜로시엄 원정 팀 더그아웃에서 애리조나에서의 6주보다 일본에서의 5년에 훨씬 큰 가치를 매긴다고 말했다. "메이저리그와 가장 가까운 수준이라고 할 만한 리그에서 거둔 성과에 대한 우리의 평가, 그리고 과거 선수 생활에 대한 평가와 그가 거둔 기록들은 이 친구에게 그의 능력을 보여줄 기회를 주는 방향으로 가라고 말하고 있다. 우리가 하려는 일이 바로 그것이다."

알고 보니 메이저리그에서 뛸 기회를 줄지 말지 여부는 애초에 문제가 아니었다. 더 풀기 어려운 문제는 그를 '얼마만큼 사용해야 하는지'를 결정하는 것이었다. 여느 최상급 선발투수들은 5일마다 한 번씩 등판한다. 거의 전 경기에 라인업에 들어가는 최상급의 공격수는 이런저런 때 하루쯤 쉬는 게 전부다. 하지만 두 가지 역할을 다하는 선수를 얼마나 뛰게 해야 하는지, 그 문제를 푸는 데 도움이 될 만한 설명서는 메이저리그에 없었다. 에인절스는 대략 일본에서 했던 방식을 따라하는 것으로 시작했다. 하지만 이 주제는 오타니의 메이저리그 초반 커리어 몇 년에 걸쳐 끊임없는 논쟁거리가 된다. 루키 때부터 해서 훨훨 날아오른 2021년의 그 찬란한 시즌 전까지는 그를 너무 많이 쉬게 한다는 푸념이 있었다. 그러더니 2021년에는 그를 혹사한다는 비난이 폭주했다.

하지만 2018년 4월에 구단의 접근방식이 너무 보수적인 게 아니냐는 의견을 가장 먼저 꺼낸 장본인은 다른 누구도 아닌 오타니 자신이었다. 에인절스는 오타니를 시즌 첫 13경기에서 딱 일곱 번만 출장시켰다. 다섯 번은 지명타자로, 두 번은 투수로 내보냈다. "지금은 시즌 초반이라 나를 퍽 조심스럽게 다루는 것 같다." 오타니가 말했다. "시즌이 흐를수록 힘들어지고 여름을 거치며 선수 일정을 짜는 것이 점점 곤란해진다면 나를 더 뛰게 해주었으면 좋겠다. 나는 더 뛰고 싶다. 그렇게 되지 않는다면 그건 그런 대로 어쩔 수 없다. 구단이 하라는 대로 따르는 수밖에."

에인절스는 오타니를 적극적으로 뛰게 하겠다는 고려는 고사하고, 예의 보수적인 스케줄을 유지하거나 오히려 줄여야 할 수도 있는 다양한 문제에 봉착했다. 오타니는 손가락 물집 때문에 4월 선발 등판을 마감했다. 땅볼을 내야 안타로 만들려고 하다가 1루 베이스를 헛디디는 바람에 발목을 다쳤을 때 또 한 번 선발 등판을 놓쳤다. 5월 말에 에인절스는 양키 스타디움에서 예정되어 있던 오타니의 선발 등판을 또다시 취소했다. 그의 업무량을 완화시켜줄 필요가 있다고 판단했기 때문이다. 덕분에 뉴욕 타블로이드들의 야유를 신나게 받았다. 구단은 오타니의 팔에 중대한 문제가 있을지 모른다는 티를 내지 않으려고 조심을 기울였지만, 그렇다고 이미 생긴 인대 염좌를 눈 감고 넘어갈 수도 없는 노릇이었다. 전년도 12월에 뉴스 헤드라인들을 이미 떠들썩하게 만들었던 문제였다.

뉴욕에서의 선발 출장을 건너뛰고 두어 주가 지난 후, 오타니의 좋았던 흐름은 단번에 중단되고 말았다. 결국은 측부인대가 말썽이었다.

험난했던 스프링 트레이닝과 선수 경력을 뒤집어놓을지도 모를 부상으로 실의에 빠지기 전, 그 10주 사이에 오타니는 야구의 세계에서 거의 1세기 동안 그 누구도 목격하지 못한 일을 만방에 보여주었다. 베이브 루스 이래로 아무도 보여주지 못했던 일을.

오타니는 3월 27일 오클랜드 애슬레틱스가 상대였던 개막전에서 지명타자로서 8번 타순을 부여받았다. 그는 메이저리그에서 최초로 들어선 타석에서 우완 켄들 그레이브먼의 초구를 오른쪽 필드로 받아쳐 단타를 만들어냈다. "내 평생 잊지 못할 타석이 될 것이다." 사흘 후인 일요일 오후에는 4연전 마지막 게임에 선발로 마운드를 밟았다. 오타니는 1920년 보스턴 레드삭스의 조 부시와 브루클린 다저스의 클래런스 미첼 이래로 시즌 첫 10경기 안에 선발투수로도 나오고 투수가 아닌 포지션으로도 선발 출장한 최초의 선수가 되었다. 오타니는 6이닝을 던지고 메이저리그에서의 첫 승을 따냈다. 허용한 3점은 3루수 맷 채프먼의 쓰라린 홈런에서 나온 것이었다. 오타니는 채프먼에게 홈런을 맞은 후 15명의 타자를 맞이해 14명을 아웃시켰다. 애리조나 스프링 캠프에서 영 힘을 쓰지 못했던 그의 스플리터는 타자들을 압도적으로 내리눌렀다. 마이크 소샤 감독이 말했다. "모든 투수들에게 애리조나는 벗어나고 싶은 악몽이다. 그것만큼은 장담한다."

오타니의 패스트볼은 시속 160킬로미터에 달했다.

"오늘 그의 구위는 그야말로 대단했다. 제구력도 정말 좋았고 공을 안쪽, 바깥쪽, 위아래 자유자재로 구사했다. 그런 탓에 우리는 공을 맞히기만도 급급했다." 채프먼이 말했다.

오타니는 기자들로 꽉꽉 들어찬 인터뷰 룸에 서서 자신의 빅 리그 선발 데뷔를 담백하게 묘사했다. "당연히 매우 기쁘다. 투구 결과에 만족한다. 더 기쁜 건 팀이 승리를 했다는 점이다."

에인절스는 그해 첫 에인절 스타디움 시리즈를 위해 홈으로 향했다. 오타니는 방망이 역시 빅 리그에 설 준비가 됐음을 보여주기 시작했다. 익명의 스카우터가 오타니를 고등학생 타자에 비교한 지 한 달도 채 되지 않아 에인절스 루키는 그 이론을 산산조각냈다. 오타니는 클리블랜드 인디언스의 우완 조시 톰린으로부터 그의 메이저리그 첫 홈런을 뽑아냈다. 오타니가 1회에 오른쪽 펜스를 넘기는 3점짜리 폭탄을 터뜨리고 나서 에인절스 더그아웃으로 돌아왔을 때였다. 아무도 나서서 그를 반겨주지 않는 것이 아닌가? 알고 보니 첫 홈런에는 축하도 해주지 않고 모르는 척하는 것이 메이저리그의 전통이었다. 오타니는 장난을 알아먹고 미소를 지으며 상상 속의 팀 동료들과 하이파이브를 하며 더그아웃을 지나쳐갔다. 에인절스 선수들은 이내 항복하고 떠들썩하게 축하를 해주었다. 다음 날 저녁 오타니는 또 홈런을 쳤다. 이번에는 바로 전년도에 아메리칸리그 사이영상을 두 번째로 수상한 우완 코리 클루버가 상대였다. 오타니는 다음 게임이 열린 금요일 밤에도 또 홈런을 쳤다.

그 주 일요일에 오타니는 마운드로 돌아왔다. 투수로서 홈에서 치르는 첫 경기였다. 그사이 오타니 마니아들은 빠르게 형성되어 있었다. 오타니가 투구하는 모습을 보려고 4만 4742명의 관중이 에인절스타디움을 가득 메웠다. 매진이었다. 그리고 그는 팬들을 실망시키지 않았다. 일주일 전 오클랜드에서 맞붙었던 팀을 상대로 오타니는 7회에 들어갈 때까지 퍼펙트 게임을 이어갔다. 애슬레틱스의 유격수인 마커스 세미엔이 좌측으로 깔끔한 단타를 쳐내며 퍼펙트 게임은 깨졌다. 관중은 탄식했으나 곧 오타니의 눈부신 퍼포먼스에 힘찬 환호성을 보내주었다. 몇 분 후 오타니는 또 한 명의 주자를 내보냈고, 다음으로 1루수 맷 올슨을 삼진으로 잡았다. 잔루 2루였다. 이렇게 이닝을 끝내자 관중은 또다시 환호로 끓어올랐다. 오타니는 마운드를 내려오며 주먹을 휘둘렀다. 에인절스 유니폼을 입은 이래로 그가 가장 강하게 감정을 드러낸 순간이었다.

오타니는 한 점도 내주지 않은 7이닝 동안 12개의 삼진을 잡고 볼넷과 안타를 각각 한 개밖에 허용하지 않으며 더그아웃과 그리고, 솔직해지자, 온 야구 세상을 경이에 빠뜨렸다. 그가 아직 메이저리그 수준에 미치지 못한다는 수많은 말들을 결정적으로 묻어버린 일주일 중에서도 정점을 찍는 순간이었다.

6. 상상 그 이상을 상상하라

오타니는 메이저리그 입성 첫 주에 아메리칸리그 '이 주의 선수'로 선정되었다. 또 4월에 아메리칸리그 '이달의 루키'가 되기도 했다. 4월 타율이 0.341이었고 홈런은 네 개를 쳤다. 마운드에서는 2승 1패, 평균자책점 4.43이었다. 평균자책점은 첫 두 번 선발의 예리한 투구가 물집 때문에 조금 무뎌진 결과였다.

손가락 물집? 그의 물집은 일본 언론에서 연일 대서특필되며 이 세상 모든 피부질환 중에서 가장 큰 관심을 받는 피부질환이 되었다.

그레이스 맥너미는 물집에 관한 질문 세례에 어느새 익숙해졌다. 일본 기자들은 23년 전에도 LA 다저스의 노모 히데오를 둘러싸고 조그만한 화젯거리라도 찾아내려고 집요하게 달려든 전력이 있었다. 맥너미가 야구계에서 막 일을 하기 시작한 때였다. 그녀는 대학을 갓 졸업하고 1995년 시즌이 시작하기 전 다저스와 계약한 노모에 대한 대언론 담당자로 다저스에 고용됐다.

다저스는 플로리다 베로 비치에서 이루어진 스프링 트레이닝 첫날, 노모에게 따라붙는 언론의 관심을 깨달았다. 50명쯤 되는 기자들이 그의 도착을 기다리고 있었다. 기자단을 발견한 노모와 통역사는 원을 그리며 차를 천천히 몰았고 기자들은 발로 그들을 쫓았다. "차는 원을 그리며 돌았다. 기자들은 쫓아 달려가다가 결국은 지쳐 나가떨어졌다." 다저스의 대언론 담당자 데릭 홀이 회고했다. "이 소동은 30분 정도 계속되었는데, 나는 '맙소사, 이렇게나 따라붙는다고?'라는 생각이 들었다."[1]

노모는 일종의 선구자였다. 1960년대 샌프란시스코 자이언츠에서 뛴 무라카미 마사노리 이래로 메이저리그에 입성한 일본인 선수는 한 명도 없었다. 1960년의 미디어 환경은 지금과는 너무도 달라서 애초에 이런저런 걱정을 할 필요가 없었지만 1995년은 달랐다. 노모가 메이저리그에 왔을 때는 그를 취재하기 위해 수십 명의 일본 기자들이 몰려들었고, 구단은 이들을 어떻게 상대해야 하는지 몰라 애를 먹었다. 그때를 시작으로 해서 미디어 군단이 스즈키 이치로부터 마쓰이 히데키, 다르빗슈 유, 오타니 쇼헤이에 이르기까지 모든 일본 스타들을 쫓았다. 이 모든 전통이 노모와 함께 시작된 것이다. "다저스는 다른 구단들이 참고할 만한 가이드라인을 아주 많이 만들어냈다." 맥너미가 말했다.

맥너미는 1998년 시즌 이후 다저스를 떠남과 동시에 야구계를 뒤로하고 영화사 마케팅 팀에서 일하며 가정을 꾸렸다. 그렇게 20년이 흐르고 나서 그녀는 다시 야구장으로 돌아왔다. 노모와의 경험도 있었고, 또 이미 오렌지카운티 근처에 살고 있었으므로 오타니가 에인절스 유니폼을 입는 그날부터 구단이 들어설 새로운 세계에서 방향타를 잡아줄 사람으로서 그녀는 자연스러운 선택이었다. 기자들이 팩스가 아닌 이메일로 통행증을 요청하는 것 말고 노모의 시절과 오타니의 시절이 달라진 것은 거의 없다고 맥너미는 말했다.

2018년에 에인절스는 오타니의 첫 스프링 트레이닝에서 TV 제작

진을 비롯한 일본 기자들에게 80개의 통행증을 발급했다. 에인절 스타디움 인근 한 호텔에서 열린 오타니의 첫 공식 기자회견에는 어림잡아 300명쯤 되는 언론 관계자들이 몰려들었다. 정규 시즌에는 대개 일본 기자 50명 정도가 취재를 하러 오고, 그가 마운드에 서는 날에는 더 많이 왔다. 코로나19 팬데믹으로 비롯된 여행 제한과 2021년에 일본에서 열린 올림픽 때문에 그 수가 다소 줄어들었지만, 2021년이 끝날 무렵에는 오타니를 취재하려고 매일 50명 정도가 찾아오는 일이 재현되었다.

많은 기자들이 시즌이 진행되는 동안 오고 갔지만, 오타니가 메이저리그에서 보낸 네 번의 시즌을 거의 매일 기록한 기자 세 명이 있었다. 마쓰시타 유이치와 야스오카 도모히코는 일본의 가장 큰 통신사인 교도통신과 지지통신 소속이다. 사이토 노부히로는 일본 3대 스포츠 신문 중 하나인 《닛칸 스포츠》에서 일한다. 매 경기를 두고 기사를 몇 개씩이나 써내야 하는 이 세 전담 기자들의 일상은 지난하다(미국 기자들은 보통 전체 게임에서 60~75퍼센트를 담당하고, 나머지 게임들은 백업 기자들이 다룬다). 모든 에인절스 게임 때마다 오지는 않지만 일본의 유력 일간 스포츠 신문인 《스포츠 닛폰》과 《산케이 스포츠》의 기자들도 오타니를 정기적으로 취재하러 온다.

고생이 많은 일이다. 단 한 명의 선수, 종종 인터뷰도 할 수 없는 선수에 관한 기사를 쓰는 일이니 말이다. 2018년 처음 미국에 도착했을 때 오타니는 일주일에 몇 번씩 언론을 상대해주었다. 그해 봄에 그는 통역사 미즈하라 잇페이를 대동하고 보통 미국 언론과 먼저 인터뷰를 가지고, 그다음에 일본 미디어를 만났다. 이런 자리는 보통 템피 디아블로 스타디움 바로 바깥 주차장에 세워진 천막 기자실에서 이루어졌다. 시즌 중에는 에인절 스타디움 내의 인터뷰 룸에서 기자들의 질문에 응하거나 원정경기 때는 클럽하우스 바깥 복도에서 기자들을 하곤 했다. 그는 거의 매번, 그때그때 그를 후원하는 일본 회사의 로고를 배경으로 두고 섰다. 다른 선수들이 하는 것처럼 로커룸 앞에서 인터뷰하는 일은 좀처럼 없었다. 구단이 기자 무리로 클럽하우스가 북적거리는 것을 막으려고 했기 때문이다. 하지만 다음 시즌들부터는 인터뷰가 다소 줄어들었는데 처음에는 오타니가 부상에서 재활을 하느라, 나중에는 팬데믹으로 모든 인터뷰가 화상으로 하도록 제한되었기 때문이다.

"그와 이야기할 기회가 별로 없어서 일하기가 상당히 어려웠다." 2021년 시즌이 끝나고 야스오카가 말했다. "오죽하면 코치들이나 상대 팀 선수와 인터뷰를 해야 했다." 오타니가 직접 나설 때조차 여러 기자들과 함께할 때뿐이었다. 메이저리그의 거의 모든 선수들이 일대일 인터뷰에 응한다. 적어도 구단을 줄곧 마크하는 전담 기자들에게는 그렇게 해준다. 그러나 오타니는 그룹 인터뷰만 하겠다는 엄격한 원칙을 고수했다. "기자들이 모두 같은 말밖에 듣지 못했다." 마쓰시타가 말했다. "나로서는 그게 가장 답답한 노릇이었다."

어머니가 일본인이라 일본어를 할 줄 아는《로스앤젤레스 타임스》의 칼럼니스트 딜런 헤르난데즈는 오타니의 연대기를 일본에서의 삶과 미국에서의 삶 양쪽으로 다 기록해왔다. 그에 따르면 오타니는 일본에서도 인터뷰를 많이 하는 편이 아니었다. "파이터스는 그를 보호하기 위해 물불을 가리지 않았고 거기에는 언론 관련 일도 포함되어 있었다." 헤르난데즈가 말했다. "나는 그가 일본에 있었을 때 그 앞에 누군가라도 인터뷰를 했으면 그의 언론 상대 의무가 줄어든다는 것을 나중에 가서야 알게 되었다."

또 오타니는 무미건조하고 사무적인 태도로 말하는 것으로 유명했다. 좀처럼 감정이 실리지 않는 인터뷰 때문에 기자들은 그를 '로봇'이라고 부르기도 했다. 팀 동료들과 야구 말고도 좀 더 격의 없는 순간을 그와 함께하는 사람들에 따르면, 그런 태도는 그의 진짜 성격과는 조금 거리가 있다. 맥너미는 오타니가 "전염성 있는" 웃음과 미소를 가졌고, "모든 면에서 아주 좋은 친구"라고 말했다. 마쓰시타는 오타니가 파이터스에 있을 때 오타니의 진정한 면모를 살짝 엿볼 수 있었다. "일대일 인터뷰를 할 기회가 있으면 알게 되겠지만 그는 굉장히 흥미로운 사람이다." 오타니는 그런 성격을 드러낼 줄 몰라서 드러내지 않는 것이 아니다. 다만 그렇게 하고 싶다는 기색은 전혀 보이지 않는다. "한마디로 문을 닫아버렸다고나 할까." 헤르난데즈가 말했다. "그렇다고 사람들이 자신을 어떻게 바라보는지 아예 신경 쓰지 않는다는 뜻은 아니다. 하지만 그는 세상에 알려진 이미지에 만족하는 것 같다. 그의 생각은 말하자면 '내 퍼포먼스로 나를 판단해달라' 정도가 될 것이다."

여기에 기자들의 일을 더 골치 아프게 만드는 이유가 하나 더 있었다. 에인절스가 때때로 오타니에게 카메라를 들이대지 못하게 했던 것이다. 2018년에 오타니가 처음으로 에인절 스타디움의 불펜에서 공을 던지며 몸을 풀고 있을 때, 기자들은 센터 필드 너머 가짜 바위들 위로 올라가 사진과 영상을 찍었다. 하지만 에인절스는 그들을 내쫓았다. 시즌이 더 흘러 오타니가 팔꿈치 부상으로 재활을 하면서 템피 디아블로 스타디움에서 시뮬레이션 게임 투구를 하는 일이 있었다. 애리조나 다이아몬드백스와의 연전을 앞두고 경기가 없는 8월의 어느 날이었다. 일본 기자들은 그의 훈련에 원래 초청을 받았는데, 나중에 언론 취재를 막는다는 얘기가 나왔다. 그들은 구장 옆 호텔 주차장에서 그를 지켜보았다.

일본 언론과 에인절스의 관계에서는 때로 긴장이 감돌기도 하지만 대체로는 양쪽이 최선을 다해 상대방을 맞춰주자는 이해가 형성되어 있는 듯하다. "방방곡곡 그의 행보를 마지막 한 걸음까지 모조리 파고드는 나라가 있다는 사실을 기억해야 한다." 에인절스의 전 부사장이자 대외 커뮤니케이션을 담당했던 팀 미드가 2018년에 한 말이다. "우리는 그것이 가능하도록 도울 책임이 있다. 우리도 잘 알고 있다. 그리고 오타니도 알고 있다." 하지만 몇 가지 해결해야 할 문제가 있었다. 가장 시급하게는 클럽하우스나 기자석에 편안하게 수용하기에는 기자들이 너무 많다는 점이었다. 미드는 에인절스가 일본 기자들의 눈에 보이는 것의 의미를 잊지 않고 있다고 말했다. "꽤 풀기 어려운 문제다. 하지만 흥분되는 일이기도 하다." 그가 말했다. "우리는 전에 없이 많은 보도진을 맞이하면서 어떻게 대처할지 모색하고 있다. 눈 떠보니 우리 팬들이 불어나 있었다."[2]

맥너미는 오타니를 둘러싼 언론의 극성을 가라앉히는 한 가지 방편으로 다른 에인절스 선수들의 기사를 쓰면 어떻겠느냐고 권했다. "기자들은 오타니 단 한 선수만 파려고 여기 와 있는 것이지만, 다른 선수들 기사도 쓰도록 독려하고 있다. 그 과정에서 에인절스와 다른 선수들도 일본의 야구 팬들에게 소개할 수 있으면 좋겠다."

일본 기자들은 또 오타니에 대해 물어보기 위해 다른 선수들과 코치들도 만났다. 맥너미는 에인절스의 타격 코치들이나 투수 코치들, 심지어 불펜 포수들까지 인터뷰할 수 있게 주선해주었다. 스프링 트레이닝에서는 무명의 마이너리거가 일본 기자들에게 둘러싸이는 일이 생기기도 했다. 방금 전에 연습 구장에서 오타니를 상대로 타석에 섰다는 이유에서였다.

오타니의 일거수일투족에 대한 갈증이 얼마나 간절했던지, 기자들은 그가 타격 연습에서 친 홈런 개수와 외야에서 캐치볼을 하면서 공을 던진 횟수까지 하나 빼놓지 않고 꼼꼼하게 세서 기록했다. 오타니가 인터뷰에 응할 때 미국 기자들은 경기에 대한 더 전반적인 질문을 많이 던진다. 반면에 일본 기자들은 지난번 몇 경기에서는 스플리터를 15개 던졌는데 이번 경기에서는 왜 10개를 던졌는지, 왜 다른 배트를 사용했는지까지 파고든다.

"그들에게는 경기의 더 세세한 부분까지 아는 것이 중요하다." 헤르난데즈가 일본 언론에 대해 설명했다. "그들은 오타니의 투구 하나하나를 다 따진다. 그 정도 디테일까지 따져가며 경기를 보는 미국 기자들도 어딘가 분명히 있을지 모를 일이지만 우리는 대체로 취재 대상자에 관해 쓰지 않나."

일본 기자들은 오타니에게 질문을 하지 못하면 미국 기자들을 인터뷰하는 쪽으로 눈을 돌리기도 한다. 그에 대한 평가가 어떠한지, 혹은 그가 홈런을 몇 개 칠 것이라고 예상하는지, 몇 승을 거둘지, 어떤 상을 탈 것 같은지 등이 알고 싶은 것이다.

기자들에 더해 몇몇 TV 방송국 또한 오타니의 종적을 따라 쉼 없이 카메라를 들이댄다. 일본 공영 방송국인 NHK에는 오타니가 필드에 나갈 때 그의 모든 플레이를 기록하기 위해 에인절스의 모든 경기에 빠짐없이 가는 전담 제작진이 있다. NHK는 또 일본인 선수들이 있는 구단들을 중심으로 경기를 중계한다. 다르빗슈 유와 기쿠치 유세이가 나오는 경기도 일본에 중계하지만, 뭐니 뭐니 해도 오타니가 가장 주요한 관심사다. 그가 투타를 겸업하다 보니 다른 일본 투수들보다 경기에 훨씬 많이 출장하는 것도 한몫한다.

오타니가 2018년 빅 리그에 처음 모습을 드러냈을 때 그에 대한 관심은 그야말로 폭발적이었다. 그 관심은 많이 뛰지 못한 2019년과 2020년 시즌에 살짝 식었다가, 마법을 뿌린 것 같았던 네 번째 시즌에 온 힘을 다 모아서 되돌아왔다.

"일본의 토크쇼들은 더 이상 정치 얘기를 하지 않는다. 오직 오타니만을 얘기한다." 2021년에 마쓰시타가 한 말이다. "그는 바로 지금, 이 순간 특별하다. 실로 유일무이하다. 오타니만큼 특별한 선수는 아마 없을 것이다."

2018년 5월 초 시애틀에서 매리너스를 상대로 연전을 치를 때도 기자들과 팬들은 어김없이 에인절스를 맴돌았다. 오타니와 스즈키 이치로가 최초로 맞붙기로 예정된 시리즈였다. 당시에 스즈키 이치로는 일본인으로서 메이저리그 역사상 가장 큰 성취를 이루어낸 선수였다. 그는 MLB에서는 3000개가 넘는 안타를 치고, 그전에 일본의 오릭스 블루웨이브에서는 1278개의 안타를 쳤다. 이치로는 일본에서 성장한 어린 오타니에게 영웅이나 다름없었다. 두 사람을 다 아는 어떤 지인의 주선으로 그들은 가끔씩 저녁식사를 함께하곤 했지만 상대 팀으로 대결하기는 이번이 처음이었다. 하지만 에인절스가 시애틀에 도착하기 며칠 전에 전해진 실망스러운 소식이 꿈을 그르치고 말았다. 당시 마흔네 살이던 이치로가 매리너스의 주전 명단에서 빠진 것이다. 매리너스로서는 더 젊고 더 생산적인 다른 선수들이 경기를 뛰어야 한다고 생각했다. 그렇게 이치로는 시즌 나머지 기간 동안 경기에 출전하지 않았다(그는 2019년 시즌 일본에서 열린 시애틀의 개막전에 돌아와 두 경기를 뛰고 공식적으로 은퇴했다). 그래도 오타니는 시리즈 첫 경기 전에 외야에서 이치로와 담소를 나눌 기회를 가졌다.

 경기가 시작하고 이치로는 오타니가 단타와 2루타를 쳐내며 자신의 타율을 차곡차곡 쌓아나가는 장면을 보았다. 매리너스 팬들 쪽에서는 그가 아웃을 당하는 모습에 훨씬 더 즐거워하기는 했지만 말이다. 오타니는 지난 12월에 매리너스에게 퇴짜를 놓은 터였고, 팬들은 관중석에서 오타니에게 그 기억을 한껏 상기시켜주고 있었다. "나는 야유가 낯설다." 오타니가 말했다. "좀 이상하고 곤란하다고 해야 하나. 첫 타석부터 잘하려고 너무 애쓰지 않았나 싶기도 하고." 이틀 후 오타니는 마운드에서 매리너스에게 본때를 보여줄 기회를 잡았다. 6이닝 동안 2점만 내주면서 에인절스를 승리로 이끌었던 것이다. 그날 구장은 오타니와 매리너스의 에이스 펠릭스 에르난데스의 맞대결로 열광적인 분위기였다. 그날의 승리는 투수로서의 능력을 과시할 뿐 아니라, 발목을 접질러 지난번 선발에서 자존심을 구긴 후에 온전하게 건강한 몸이 되어 돌아왔음을 보여주는 의미가 있었다. 2018년 시즌에서 오타니에게 분수령이 된 이 게임은 우연히도 5월 6일에 열렸다. 정확히 100년 전, 베이브 루스가 공식적으로 투타 겸업 선수가 된 바로 그날이었다. 그의 정규 시즌 첫 경기에 다른 포지션도 아닌 투수로서 선발 출장을 했던 것이다.

현대판 베이브 루스라 할 만한 오타니의 지위는 일주일 후 새로운 고지를 밟았다. 그는 5월 13일 미네소타 트윈스전에 선발투수로 나와 6과 3분의 1이닝 동안 1점을 내주고 삼진 11개를 잡았다. 트윈스와의 시리즈 첫 경기에서 2루타와 홈런을 치고 바로 이틀 뒤의 일이었다. 트윈스의 1루수 로건 모리슨이 오타니에 대해 지금까지 길이 남을 가장 드라마틱한 평가를 하고 싶게 만든 바로 그 시합이었다.

"정말 잘했다." 모리슨은 말했다. "그는 이제 고작 스물세 살이고 앞으로 점점 더 잘할 것이다. 그는 그 누구도 해내지 못한 일을 하고 있고, 설령 그와 같은 선수를 다시 볼 일이 있다고 해도 아주 먼 훗날이 될 것이다. 에인절스 클럽하우스에는 정말로 뛰어난 선수 한 명이 더 있다. 하지만 내가 보기에 마운드와 타석에 선 모습을 보면 오타니야말로 세계 최고의 선수인 것 같다."

오타니가 당시 이미 두 번의 MVP를 수상한 마이크 트라웃을 능가했다는 모리슨의 의견은 소셜 미디어를 뒤집어놓았고, 그렇지 않아도 과열된 오타니 현상을 더 부추겼다.

몇 주 전에는 샌프란시스코 자이언츠의 투수 매디슨 범가너가 경탄에 젖어 오타니가 이룩한 일을 이야기한 바 있었다. 범가너는 메이저리그에서 타격감이 가장 좋은 투수로 정평이 나 있는데, 그래서인지 오타니가 투타 겸업 선수로서 성취해낸 일을 특별한 관점에서 바라보았다.

"나는 이게 현실에서 이루어질 거라고는 생각지도 않았다. 그리고 앞으로도 과연 가능할지 모르겠다. 그건 아무도 모른다. 시간이 좀 흘러야 알 수 있을까. 그러나 그가 그 누구도 기대조차 하지 못했던 일을, 기대 이상으로 해냈다는 것만큼은 확실하다. 그것도 특히 스프링 트레이닝을 그렇게 해놓고 말이다."[3]

오타니가 스프링 트레이닝 이후 좋아진 이유는 에인절스가 애리조나에 있었던 모든 사람을 붙잡고 하던 얘기와 정확히 맞아떨어진다. 오타니는 메이저리그의 야구공과 마운드에 익숙해져야 했다. 메이저리그에서는 둘 다 일본과 약간 차이가 있기 때문이다. 더 좋은 투구를 위해서는 애리조나의 건조한 기후에서 벗어나야 했다. 또한 팬들로 가득 찬 야구장이 촉발하는 아드레날린이 필요했다.

타격에서 예측하지 못한 한 가지 의미 있는 변화가 있었다. 이 변화는 상황에 맞추는 오타니의 비범한 적응력을 입증해 보였는데, 이 적응력이야말로 바로 최악의 시기에서 그를 끌어올려 2021년의 화끈한 전환점을 탄생시킨 주요한 이유였다.

오타니는 일본에서 레그킥, 즉 한쪽 다리를 들어올리면서 하는 스윙도 함께 가지고 왔다. 레그킥은 파워를 극대화시킬 수 있지만 중심 이동이 매끄럽지 못하면 정확도가 떨어진다는 단점을 가진다. 스프링 트레이닝 내내 메이저리그의 투구를 감당하지 못해 쩔쩔맸을 때 그가 보여준 타격은 타이밍 역시 어긋나 있었다. 에인절스는 애리조나를 떠나 정규 시즌 개막일 전, 같은 도시를 연고지로 하는 LA 다저스와의 전통의 시범경기 3연전을 치렀다. 어느 날 오후 다저 스타디움에서 에인절스의 타격 코치 에릭 힌스케가 오타니에게 레그킥을 하지 않아도 파워라면 충분하니까 레그킥 없이 스윙을 해보면 어떻겠느냐고 제안했다. 오타니는 그 말대로 스윙을 해보았고, 곧바로 다저 스타디움 관중석 깊이 공을 쳐내기 시작했다. 오타니가 힌스케에게 말했다. "레그킥 안 할게요." 레그킥은 그렇게 사라졌다.

오타니는 마치 스위치를 올리듯 중대한 타격 변화를 별 힘들이지 않고 바꾸는 능력이 있는 것 같았다. 딱 맞는 메커니즘을 유지하기 위해 끊임없이 노력하는 팀 동료들은 그의 능력에 한층 더 감탄했다. "보통은 방망이에서 손을 0.5센티미터나 1센티미터만 옮겨도 절대적으로 불편함을 느끼기 마련이다." 노장 2루수 이언 킨슬러가 말했다. "그래서 그를 보고 있자면 감탄밖에 나오지 않는다." 더더욱 기가 막힌 것이 오타니는 타격 훈련할 시간을 빼서 투구 훈련을 한다는 점이었다. 킨슬러가 말하기를, 공을 잘 치려면 타격 연습을 하루도 빠짐없이 해야 한다. 당시에 오타니는 매주 투수로 서기 위해서 배팅 케이지에서 쓸 시간을 뺐다.

레그킥을 버린 오타니의 새로운 스윙은 힌스케가 예상한 바로 그대로 효과적이었다. 오타니에게 레그킥은 꼭 필요하지 않다고 힌스케는 말했다. 비범한 파워를 타고나는 축복을 받은 덕분이다. 오타니의 파워는 힘과 유연성의 조화에서 나온다. 배트 스피드는 몸을 돌리면서 발생하는 회전력에 의해 생성된다.

"사람마다 엉덩이를 다르게 움직이는데, 어떤 사람들은 힘주지 않고도 엉덩이를 잘 움직인다." 힌스케가 말했다. "그는 몸을 회전시키는 능력이 탁월하다. 투수를 향해 순식간에 몸을 정면으로 돌리면서 회전력을 크게 배가시키는 것이다."

엉덩이는 앞쪽으로 돌아가기 시작하는데 손은 아직 뒤에 머물러 있다고 하자. 그러면 몸이 손을 끌어당길 때 훨씬 큰 힘을 생성하게 된다. 더 나아가 일부 선수들은 그런 방식으로 공을 쳐서 백스핀을 더 가할 수 있는데, 이것이 먹히면 공이 더 높이 올라가면서 더 멀리 날아가는 것이다.

"메커니즘적으로 이 모든 것이 동시에 합쳐지면 되면 말이 되나 싶을 만큼 공이 멀리 날아간다. 특히 배팅 연습을 할 때 보면 그렇다." 힌스케가 말했다. "그런 공을 보면 그냥 할 말을 잃게 된다. 그것이 바로 스카우터들이 '조명탑 파워를 가지고 있다'라고 말하는 타격이다."

오타니가 템피 디아블로 스타디움의 배터스 아이(batter's eye, 타자의 눈에 흰 공이 잘 보이도록 중견수 수비 위치 뒤에 어두운 색으로 칠해둔 곳―옮긴이) 너머로 야구공을 쾅쾅 쳐서 넘길 때면 동료들은 신기한 마음에 헛웃음을 터뜨리고 절레절레 고개를 흔들었다. 쇼는 시즌에 들어가서도 계속되었다. 경기에서도 몇몇 인상적인 홈런을 때려냈지만 배팅 연습을 할 때 치는 공을 보면 때때로 입이 떡 벌어질 정도였다. 에인절스의 타격 부코치 폴 소렌토는 오타니가 도대체 어떻게 그런 파워를 만들어낼 수 있느냐는 기자들의 물음에 손가락으로 가만히 하늘을 가리켰다. 신이 주신 능력이라는 뜻이다.

몇 주 후 에인절스는 유타주 덴버의 쿠어스 필드에 있었다. 높은 해발고도와 희박한 공기 때문에 메이저리그에서 타자에게 유리한 구장으로 알려져 있다(해발고도가 높아지면 공기의 밀도가 낮아지고 그만큼 마찰력이 적어져 공의 무브먼트가 줄어든다. 그 결과 공기 저항이 적어 타 구장에 비해 공이 더 멀리 날아가게 된다―옮긴이). 내셔널리그 구장이었고, 따라서 에인절스는 지명타자를 쓸 수 없었기 때문에 오타니는 그곳에서 치른 두 경기 모두 선발 출장하지 않았다. 하지만 타격 연습은 했다. 오른쪽 필드 멀리로 날아가는 공을 치고 또 쳤다. 공 하나가 덴버 사람들을 유독 경외심에 빠뜨렸다. 오른쪽 센터 3층 관중석 꼭대기에다 공을 메다꽂은 것이다. 어찌나 멀리 날아갔는지 로키스 TV 중계 해설을 하는 전직 메이저리거 라이언 스필보그스가 다음 날 경기 중에 공이 떨어진 부분을 찾아 카메라에 담았다. 에인절스 유격수 안드렐톤 시몬스는 "모든 사람들이 정말 감탄했다"면서 "아주 장외로 날려버렸으면 하고 기대하긴 했는데, 그것까지 바라면 과욕이 아닌가 싶다"라고 말했다.

    2주가 채 지나지 않아 에인절 스타디움에서 진행한 타격 연습에서 오타니는 기념비적인 위업을 새로 쌓았다. 이 구장의 홈플레이트에서 오른쪽 폴대까지의 길이는 106미터고 높이는 5.5미터다. 펜스 뒤로는 관중석이 41열이 있다. 그 관중석 맨 끝에는 2018년 시즌 전 겨울에 설치한 가로 40미터, 세로 22미터 크기의 최신 첨단 전광판이 있다. 야구공이 거기까지 날아와 그곳을 때릴 날이 오리라고는 설치하는 그들도 전혀 생각하지 못했을 것이다. 그 일을 5월 18일 타격 연습에서 오타니가 해냈다. 빨랫줄 타구는 쭉쭉 뻗어 스크린 밑에서 위로 6미터쯤 되는 지점을 맞혔다. 궁금해 하는 언론을 위해 에인절스가 거리 측정을 하는 데만 하루가 걸렸다고 한다. 공은 158미터를 날아갔다.

    루키 시즌의 4~5월에 장타 홈런과 마운드에서 보인 활약은 오타니의 재능이나 빅 리그 레벨에서 성공할 수 있을지에 관한 의구심을 안식에 들게 했다. 대신 논의의 주제는 '에인절스가 그를 쓰는 방식'으로 옮겨갔다.

    메이저리그는 1세기가 족히 넘는 동안의 실험과 실수를 통해 구단들과 선수들이 고된 시즌을 지나며 최상의 컨디션을 유지하는 법을 익혀왔다. 투수로서 최상의 컨디션, 타자로서 최상의 컨디션 말이다.

두 가지 다를 유지하기 위한 요령이란 여태껏 없었다.

에인절스는 오타니와 계약할 때부터 계획이 있다고 말했다. 하지만 계획의 세부사항은 스프링 트레이닝과 정규 시즌에 들어가서야 서서히 전모를 드러냈다. 오타니 자신, 일본에서 그와 함께한 관리자 들과 트레이너들이 제공한 정보와 더불어 에인절스의 코치진이 고안한 계획이었다.

에인절스는 파이터스의 구리야마 히데키 감독으로부터 오타니는 절대 제 입으로는 휴식이 필요하다는 말을 하지 않을 테니 그에게 제동을 거는 것은 구단의 몫이라는 경고를 들은 바 있다. 시즌이 시작되고 나서 확실해진 주요 가이드라인은 오타니가 최소 6일을 쉬고 마운드에 오를 것이며, 투수 등판 전날이나 다음 날은 타석에 들어서지 않는다는 것이었다. 또 투수로 나오는 날은 타격을 하지 않는다. 일본에서도 등판하는 날 간혹 타격을 했다. 그러나 이런 방식은 한 가지 전략적인 문제를 야기했다. 만약 오타니가 한 경기에서 투수와 타자로서 선발 출장을 한다면 에인절스는 지명타자 쓸 자격을 반납해야 한다. 다시 말해 오타니 후에 마운드에 올라오는 구원투수들도 타격을 해야 한다는 뜻이다.

5월 하순에 에인절스는 오타니에게 조금 더 나아간 제약을 걸었다. 브롱크스에서 열리는 뉴욕 양키스전 출장을 나흘 앞둔 날, 에인절스는 오타니의 이번 선발은 건너뛸 것이라고 발표했다. '피로도 관리'가 이유였다. 하지만 이 경기는 그가 선발로 나오는 여느 경기가 아니었다. 양키스에서 뛰는 다른 일본인 스타 플레이어인 다나카 마사히로와 처음으로 마운드를 나눠 쓰게 일정이 잡혀 있던 경기였다. 두 선수를 각각 맡은 여러 기자들과 일본의 수백, 수천만 명 야구팬들의 기대가 한껏 부풀어 있던 이벤트였다. 서로 투구 실력을 겨룰 기회는 사라졌지만 오타니는 다나카를 상대로 타격은 할 것이었다. "크게 실망하지는 않았다. 타자로서 그와 만날 기회가 있기 때문이다. 그러니까 투수로 나가든 타자로 나가든 그를 상대해야 할 것이다." 오타니가 말했다. "투수 대 투수로 만날 기회는 앞으로 또 있을 것이다. 그러니 나는 다음 게임만을 생각할 뿐이고, 너무 멀리는 내다보지 않는다." 오타니는 양키스와 맞붙은 시리즈에서 아홉 번 타석에 들어서 무안타를 기록했고 다나카와는 세 번 마주해 삼진을 두 번 당하고 볼넷으로 한 번 걸어 나갔다.

일본에 있는 팬들과 양키스의 팬들은 오타니의 선발을 건너뛰게 한 에인절스의 조치를 납득하지 못했다. 많은 팬들이 당시 메이저리그에서 가장 막강했던 타선과 오타니의 맞대결을 피하게 하려고 에인절스가 꾸민 짓이 아니겠냐고 의심했다. 《뉴욕 데일리 뉴스》는 오타니를 다시 신나게 조롱할 기회를 잡았다. 그가 양키스와 계약하지 않겠다고 한 후에 기사 헤드라인에 오타니를 '겁쟁이'로 표현했던 그 신문이었다. 이번 헤드라인은 이랬다. '쇼는 어디에? 무엇이 두려운가? 살인 타선에 맞서 마운드에 오르지 않는 오타니.' 오타니의 통역사 미즈하라 잇페이는 오타니의 클럽하우스 의자에 이 신문을 고이 올려두었다. 오타니는 신문을 볼 필요가 없다고 했지만 한편으로는 재미있어 하는 듯 보이기도 했다. 오타니는 양키스와의 시리즈에서 선수 소개

후 타석에 들어설 때마다 양키스 팬들의 야유 세례를 받았다. 투수로 등판했어도 야유받기는 매한가지였겠지만 등판을 하지 않은 것이 그를 더 먹잇감으로 만든 것이다.

예상되다시피, 에인절스는 오타니의 일정 변경은 오로지 오타니의 몸 상태 때문이지 양키스를 의식해서 한 일은 아니라고 공표했다. 빌리 에플러 단장은 뉴욕에 도착하기 이틀 전에 왜 이런 결정을 내렸는지 설명하면서 그간 짚고 또 짚었던 요점을 재차 확인했다. 구단은 사실상 유례없는 플레이를 하는 선수를 최대한, 지나치다 싶을 만큼 보호할 것이라고 말이다. "나는 투수들이 감내해야 하는 도전에 더할 나위 없는 존경심을 품고 있다." 에플러가 말했다. "경기가 끝났을 때 가장 힘든 사람은 투수다. 90, 95, 100, 105, 110, 120개의 공을 뿌려대는 투수들이 제일 고생하는 게 아니라면 누가 고생한다는 말인가. 덧붙여서 베팅 케이지 연습, 타격 연습, 실제 경기 등등 이 사람 앞에는 유독 놓인 것이 많다. 우리는 그저 그 점을 유념하고 있을 뿐이다. 시즌 일정을 감안하면서 내린 결정이다. 그렇게 단순한 문제일 뿐, 다른 뜻은 없다." 오타니의 바로 직전 두 게임의 투구 수는 103개와 110개였다. 시즌 초반에 기록한 가장 많은 투구 수였다.

5월 30일 디트로이트 타이거스를 상대로 마운드에 오르기까지 사흘의 여유 시간이 더 늘어났다. 선발 등판한 지 열흘이 되는 시점이었다. 1회에 던진 패스트볼이 시속 146킬로미터를 찍었다. 당장 빨간 불이 켜졌다. "나는 고등학교를 졸업한 이래로 146킬로미터짜리 패스트볼을 던진 적이 없다. 그러니 무언가 잘못되었다는 걸 알 수밖에 없었다.” 오타니가 말했다. 돌이켜보면 그것은 그로부터 열흘쯤 후에 내려진 진단의 전조였을 것이다. 하지만 당시 오타니는 구속이 줄어든 이유를 순진무구하게 설명했다. 디트로이트의 밤은 습했고, 프리 게임 웜업 때 하도 땀이 많이 나기에 팔이 준비가 된 줄 알았는데 실제로는 그렇지 않았다고 말이다. 오타니는 이내 안정을 되찾았고 구속도 평소 수준으로 돌아왔다. 그럼에도 그의 밤은 일찍 끝났다. 에인절스는 5회가 끝나고 그를 경기에서 뺐다. 우천순연으로 45분간을 앉아 있어야 했기 때문이다. 경기가 45분쯤 지체가 되면 그 직전에 공을 던졌던 투수는 다시 마운드에 오르지 않는 게 보통이다. 팔이 너무 오래 식어 있었는데 또다시 덥히면 부상의 위험이 커지기 때문에 그것을 예방하기 위한 일반적인 조치다. 에인절스는 또 한 번 오타니에게 신중한 태도를 취했다.

오타니는 일주일 후인 6월 6일 에인절 스타디움에서 캔자스시티 로열스를 상대로 마운드에 올랐다. 그는 1회에 시속 159킬로미터의 패스트볼을 던졌다. 2회에도 같은 구속의 공을 던졌다. 하지만 3회에 가서는 150~154킬로미터로 패스트볼 구속이 떨어졌다. 4회에 가서도 구속은 149킬로미터를 비롯해서 점점 더 떨어졌다. 같은 이닝에 오타니는 두 명을 볼넷으로 내보내고 와일드 피치를 범했다. 워낙 빗나간 공이어서 포수 마틴 말도나도로서는 막을 도리가 없었다. “그가 패스트볼을 스트라이크 존에 걸치지 못하기 시작했다. 그것을 보고서 무언가 잘못되어 가고 있음을 알았다.” 후에 말도나도가 말했다.

4회가 끝나고 더그아웃으로 돌아온 오타니는 마이크 소샤 감독에게 막 잡히기 시작한 물집을 보여주었다. 그는 4월에도 물집이 말썽이어서 선발 경기를 한 번 건너뛴 적이 있었다. 그때 오타니는 일본에서도 간혹 가다 씨름했던 문제라고 대수롭지 않게 말했다. 그러고는 다음 선발은 일정에 맞추어 마운드에 섰고 그때부터 아무 문제가 없었던 터였다.

오타니는 5회 웜업을 위해 다시 마운드로 나갔지만 소샤는 그의 모양새가 영 마음에 걸렸고 확인을 위해 트레이너 에릭 먼슨을 마운드로 보냈다. 그들은 몇 마디 주고받지도 않고 바로 오타니를 게임에서 빼기로 결정했다. 곧장은 오타니에게 무슨 문제가 생겼는지 알려지지 않았다. 게임이 끝나고서 소샤 감독은 물집이 잡혀서 더 나빠지기 전에 빼낸 것이라고 기자들에게 말했다. 그날 오타니는 경기 후 인터뷰에 나타나지 않았다. 선발 경기 후에는 매번 인터뷰를 했기에 그날 오타니의 빈자리는 더욱 더 티가 날 수밖에 없었다.

후에 드러난 사실을 보면 물집은 하찮아도 한참 하찮은 문제였다. 그때까지 야구계를 열광시키던 버전의 오타니를 다시 보기까지는 거의 34개월이 걸렸다. 그 사이에 두 번의 수술이 있었다.

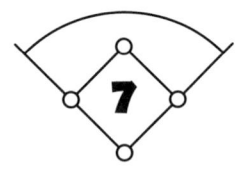

우울한 진단

마이크 소샤 감독이 물집 때문에 오타니 쇼헤이를 경기에서 뺐다고 말한 지 이틀 후에 에인절스는 지구 양쪽의 야구팬들을 뒤집어지게 한 진단 결과를 발표했다. 오타니가 척골 측부인대에 손상을 입었다는 것이었다. 에인절스의 설명에 따르면 물집 때문에 오타니를 강판한 것은 사실이지만 그 후에 그가 팔꿈치가 좀 뻣뻣하다고 털어놓았다고 했다. 팀은 다음 날 검사를 위해 오타니를 병원에 보냈고, 결과는 실망스러웠다. 다음 날 구단은 오타니가 척골 측부인대 2급 염좌 진단을 받았지만 수술은 필요하지 않다고 발표했다.

의사가 아니라도 이 특정한 인대의 중요성은 알기 어렵지 않다. 지난 30년간 야구계의 흐름을 지켜봐온 사람이라면, 특히 지난 10년간을 관찰한 사람이라면 투수의 신체에서 이 부위를 모를 수가 없다. 척골 측부인대는 팔꿈치 안쪽을 따라 있다. 일상적인 활동으로는 손상을 입는 경우가 드물지만 피칭이라는 게 어디 일상적인 활동이던가.

이 부위 부상은 투수들에게 흔하다. 그게 바로 2017년 12월 오타니가 일본에서부터 1급 염좌와 함께 왔다는 기사가 났을 때 에인절스가 뜨악하게 반응한 이유였다. 높은 수준의 리그에서 플레이하는 투수들은 팔꿈치 인대에 정도를 막론하고 다 손상을 가지고 있다. 1급 염좌 부상은 인대가 늘어난 정도에 지나지 않기 때문에 수술적 개입까지는 필요하지 않다. 파열되면 3급이고 그때는 수술 말고 다른 방법이 없다. 하지만 오타니와 에인절스가 2018년 6월에 받아 든 진단은 2급 염좌였다. 이 중간지대는 갖가지 종류와 갖가지 정도의 부상을 광범위하게 포함하는데, 그렇기에 다양한 방법의 치료로 이어질 수 있다. 에인절스가 부상 발표를 했을 때 오타니는 이미 자가혈 연골주사와 줄기세포 주사를 맞고 난 후였다. 그리고 3주 후에 다시 결과를 보기로 했다.

더 공격적인 치료 방법으로는 토미 존 수술이 있다. 이것은 1974년에 처음 개발된 재건 수술이다. 프랭크 조브 박사가 시도한 이 혁신적인 수술 치료가 아니었다면 팔꿈치 인대 부상은 투수의 경력을 끊어 버리는 질환으로 남았을 것이다. 조브 박사는 LA 다저스의 좌완투수 토미 존을 대상으로 실험적인 수술을 시행했다. 이 수술이 성공하지 못하면 그의 경력은 그대로 끝나는 것이었다. 조브는 존의 손목에서 별로 사용되지 않은 힘줄을 꺼냈다. 그리고 팔꿈치 뼈에 구멍들을 뚫어 그 속에 힘줄을 집어넣었다. 그 결과 인대가 끊어지며 팔꿈치가 잃어버린 구조가 재건된 조직들 덕분에 온전하게 돌아왔다. 수술할 당시 서른한 살이었던 토미 존은 2년 후 마운드로 돌아와 메이저리그에서 14시즌을 더 뛰고 164승을 더 거두었다. 이 수술은 너무나 성공적이었던 나머지 첫 환자의 이름을 따게 된 것이다. 시간이 흐르면서 토미 존 수술은 투수들에게는 흔한 치료법이 되었고 아직 고등학생인데도 수술을 받는 선수도 있다. 오죽하면 오클랜드 애슬레틱스의 단장직을 오랫동안 수행했던 빌리 빈이 "세상에는 두 종류의 투수가 있다. 토미 존 수술을 받은 투수와 앞으로 토미 존 수술을 받을 투수다"라고 재담을 날렸을까. 2021년에 이르러 메이저리그에서 토미 존 수술을 받은 투수는 30퍼센트에 이른다. 저명한 토미 존 수술 연구자인 조 로겔이 추적해 내놓은 결과다.

오타니 쇼헤이도 결국은 이 통계에 들어갈 운명이었지만, 2018년 6월 당시에는 오타니나 구단이나 그러한 결과를 수긍하고 싶어 하지 않았다.

그도 그럴 것이 빌리 에플러 단장이 다음 몇 달간을 줄기차게 주장했거니와 당시에 오타니를 검사한 그 어떤 의사, 그 어떤 검사 결과도 수술을 추천하지 않았기 때문이다. 그리하여 수술은 고려조차 되지 않았다. 오타니의 연골은 여전히 쓸 만한 상태에 있는 듯 보였고, 의사들은 수술 없이 치료를 시도해볼 가치가 있다고 믿었다.

오타니는 후에 팔꿈치가 아프다기보다는 결리고 뻣뻣한 느낌이었기 때문에 비침습적인 치료에 더 마음이 갔다고 밝혔다. "마음으로는 마운드로 돌아갈 준비가 되어 있었다." 진단을 받고 몇 달 후에 오타니가 말했다.

에인절스로서는 시간도 비수술적 치료를 시도해보려는 이유가 되었다. 토미 존 수술 후 재활에 걸리는 시간은 12개월에서 18개월이다. 말은 그렇지만 14개월이나 15개월 내로 돌아오는 투수들은 드물다. 오타니가 만약 2018년 6월에 수술을 한다면 2019년에는 돌아와서 에인절스 로테이션에 들어간다고 해도 별로 의미 있을 만한 기간을 뛰지 못할 터였다. 2020년 전까지는 아예 투구를 하지 못할 가능성도 높았다. 만약 대안적인 치료를 받고 2018년 시즌이 끝나고 수술을 받으면, 그때도 2020년에는 돌아올 수 있게 된다. 시간을 두고 좀 기다린다고 해서 손해날 일은 없었다. 긍정적인 면은 치료가 말을 들으면 수술을 아예 하지 않을 수도 있다는 것이었다.

또 여기에서 오타니와 다른 투수들과의 셈법에서 차이가 나는데, 오타니는 투수로서 팔꿈치 재활에 시간을 보내면서도 타자로서 값을 할 수 있다는 점이었다. 오타니는 우투좌타이기 때문에 손상된 인대는 타격에는 거의 영향을 끼치지 않는다. 아닌 게 아니라 처음 진단 결과가 나왔을 때 에인절스는 부상은 무시하고 오타니를 풀타임 타자로 돌릴 수도 있었다고 에플러는 말했다. "그가 지명타자만 하고 그의 인생에 그게 다였다면 부상을 안고도 계속 플레이를 할 수 있었을 것이다. 하지만 그에게는 타격이 전부가 아니었고, 그를 타자로만 활용하고 그의 영향을 실현시키지 않는 것은 구단도 원하는 바가 아니었다." 오타니가 에인절스에 온 까닭은 투웨이two-way 플레이어가 되기 위해서였다. 그리고 메이저리그 커리어 첫 10주 동안에 그는 해낼 수 있다는 것을 입증했다. 또 투수가 절실했던 에인절스는 오타니가 마운드에서 그만이 해줄 수 있는 일이 필요했다. 구단은 그것을 포기할 의사가 없었다. 하지만 오타니가 토미 존 수술을 하지 않고도 마운드로 돌아오면 좋겠다는 희망은 두 가지 치료 방법, 그것도 승산이 크지 않은 방법에 달려 있었다.

자가혈 치료술과 줄기세포 요법은 몸 속에 응집된 자연치유의 산물에 달려 있다. 혈소판은 가장 작은 혈액 세포이고, 필요할 때면 덩어리를 이루어 조직을 치유하도록 돕는다. 혈액에는 보통 6퍼센트의 혈소판이 포함되어 있다. 자가혈 치료는 환자의 피를 채취해 혈소판을 분리한 뒤 농축된 혈소판을 다친 조직 부위에 다시 주사하는 방식이다. 줄기세포는 이런저런 것으로 변신할 수 있는 날 것의 재료다. 줄기세포는 몸이 필요로 하면 다른 종류의 세포가 될 수 있다. 줄기세포 요법은 줄기세포가 풍부한 골수에서 조직을 뽑아내서 부상 부위에 주사하는 것이다. 자가혈 치료술과 줄기세포 주사의 효험과 치유 속도의 효율성은 아직 의문의 여지가 있지만 위험 요소가 아주 작다. 오타니와 구단으로서는 시도해볼 만한 가치가 있었다.

에인절스는 좌완 앤드루 히니와 우완 개릿 리처즈에게 이미 같은 방법을 써본 경험이 있었다. 두 투수 모두 팔꿈치 인대 손상을 진단받았고, 2016년 5월에 자가혈 치료와 줄기세포 치료를 거쳤다. 히니는 두 달 후쯤 끝내 토미 존 수술을 받게 되었다. 반면에 리처즈는 주사를 맞고 난 후 2년이 넘도록 토미 존 수술을 피할 수 있었다. 리처즈는 다른 팔 부위의 부상으로 2017년 시즌 대부분을 놓쳤지만 2018년 6월이 되었을 때 팔꿈치 인대 수술을 할 필요 없이 계속 투구를 할 수 있었다.

오타니는 2017년 후반 팔꿈치 인대 손상을 처음으로 발견했을 때 일본에서 자가혈 치료를 받았다. 스프링 트레이닝을 거치고 2018년 시즌의 첫 두 달을 버티게 해주기에는 그 치료가 충분했지만 다른 문제까지 막아주기에는 역부족이었다.

자가혈 치료술의 빛나는 성공 전례가 있었다. 에플러와 오타니 두 사람 모두에게 익숙한 사례였다. 2014년 일본인 투수 다나카 마사히로는 뉴욕 양키스에서 투구하던 시절, 척골 측부인대가 부분 파열됐다는 진단을 받았다. 당시 에플러는 양키스의 부단장이었다. 다나카는 자가혈 치료를 받고 단 두 달 만에 마운드로 돌아왔다. 2018년 6월 오타니가 진단받았을 무렵에 다나카는 수술을 받지 않고도 여전히 건재했다. 그 시점에 다나카는 주사를 맞은 후 4년을 넘게 뛰면서 100경기에 선발투수로 등판했다. 2015~2016년 두 시즌에 다나카는 26승에 평균자책점 3.26을 기록했다.

그러나 다나카는 예외적인 케이스였다. 자가혈 치료술과 줄기세포 요법으로 팔꿈치 인대를 치유해보려고 한 메이저리그 투수의 절대다수가 히니와 같은 길을 가서 결국에는 수술대에 오르게 된다. 개릿 리처즈도 결국 오타니가 진단받은 지 바로 한 달 후에 토미 존 수술을 받을 처지가 되고 말았다. 리처즈가 토미 존 수술을 받아야 한다는 에인절스의 발표가 있던 날, 에플러는 오타니의 자가혈 치료와 줄기세포 치료를 재고해볼 생각이 있느냐는 질문을 받았다. 에플러는 단호하게 대답했다. "아니다. 모든 선수들은 생물학적으로 다 다르다. 나는 의대를 나오고 수련의 과정을 거치고 의학적 지식이 나보다 훨씬 깊은 사람들의 의견을 따를 것이다. 병원을 가는 데는 다 이유가 있다."

그때는 선발투수 명단에서 빠진 지 벌써 한 달이 지났을 무렵이었고 타석으로 돌아왔다. 그 후에 에인절 스타디움에서 훈련하는 마이너리그 투수들을 상대로 이틀간 20타석에 들어선 것을 포함해서 나흘간 타격 연습을 했다. 7월 3일 시애틀에서 열린 경기에서 그는 에인절스의 지명타자였다. 이 경기에서 그는 삼진 세 개를 포함한 4타수 무안타를 기록했다. 한 달이 지나는 동안 실전에서 투수의 공을 보지 못했으니 녹이 슬 법도 했다. "그래도 완전히 스프링 트레이닝 같은 느낌은 아니다." 오타니는 말했다. "그런 느낌은 아니다. 하지만 빅 리그 스타디움에서 빅 리그 투수들을 마주하는 이곳의 분위기는 다르다. 그런 분위기에 적응하는 데 시간이 좀 더 필요한 것 같다."

다음 두 달 동안 오타니는 에인절스 라인업의 주전 멤버로 뛰었다. 8월 3일 클리블랜드에서 열린 인디언스전에서 오타니는 메이저리그 타자가 된 이래 최고의 경기를 펼쳐 보였다. 그는 오른쪽으로 135미터를 날아간 공을 비롯해 홈런 두 개를 때려내며 4안타를 쳤다. 승리로 가는 포문을 연 8회의 안타를 포함해서다. 그는 안타를 치고 2루 베이스를 훔쳐 득점권에 있다가 역전 득점을 했다. "그것이 바로 오타니가 해낼 수 있는 일이다." 마이크 소샤 감독이 말했다. "그는 다방면에서 다이내믹하다. 주루도 그렇고 타격은 말할 것도 없다. 훌륭한 경기였다." 오타니는 이 경기에서 시즌 10번째 홈런을 터뜨리면서 메이저리그 역사상 한 시즌에 10개의 홈런을 친 동시에 투수로서 50개의 삼진을 잡은 최초의 선수가 되었다. 베이브 루스도 해내지 못한 일이었다. 루스는 타자들이 배트로 공을 맞히는 데 훨씬 주안점을 두었던 시대에 투구를 했기 때문이다. 루스는 통산 9이닝당 3.6개의 삼진아웃을 잡았다. 1918년에 다른 포지션에서 경기를 하기 시작하면서 투구 횟수는 반쯤으로 줄어들었고, 166과 3분의 1이닝 동안 40개의 삼진을 잡았다. 2018년에 투수로서 개점 휴업을 했던 오타니는 그때까지 메이저리그에서 49와 3분의 1이닝을 던지며 벌써 삼진 61개를 뽑아냈다.

오타니가 삼진 개수를 더 쌓아갈 기회는 한 주 한 주가 지날수록 커져가고 있었다. 인대가 다시 던져도 될 만큼 나아졌다는 온갖 조짐을 보였기 때문이다. 부상 진단을 받은 지 6주 후인 7월 19일, 투구를 해도 된다는 승인이 떨어졌다. 그 시점에서 오타니의 목표는 9월경에 등판하는 것이었다. "마운드 복귀가 올 시즌 내 목표 중 하나다." 오타니는 말했다. "쉬지 않고 노력하고 제대로 된 단계만 밟으면 목표를 이룰 수 있다." 소샤 감독 역시 낙관적인 전망을 내놓았다. "계획했던 대로 재활이 이루어지면 올 시즌에 다시 투구할 수 있기를 정말로 기대하고 있다."

주사 치료를 하고 두 달 후인 8월 6일에 오타니는 에인절 스타디움 불펜 마운드에 섰다. 그는 투구 동작을 해보다가 야구공이 아닌 수건을 던졌다. 8월 11일에 다시 불펜 마운드에 올랐는데 이번에는 플레이트 뒤에 서 있는 포수와 캐치볼을 했다. 이삼일 후에도 훈련을 했다. 이번에는 포수가 원래대로 쭈그리고 앉았다. 그는 며칠마다 던지는 공의 수와 강도를 높여갔다. 오타니는 곧 에인절 스타디움 본 경기장 마운드에 서서 여러 타자들에게 공을 던져보았다. 15개의 공을 던지고 휴식했다가 돌아와 18개를 던지면서 2이닝을 소화하는 시뮬레이션을 진행했다.

에인절스는 애리조나 다이아몬드백스와의 인터리그를 앞두고 8월 20일 애리조나 피닉스에서 비번 날을 보냈다. 공교롭게도 템피에 위치한 에인절스의 스프링 트레이닝 시설이 바로 근처였다. 오타니는 그곳에서 마이너리그 타자들을 상대로 50개의 공을 던져보는 시뮬레이션 게임을 했다. 구단이 구속과 회전율을 재는 온갖 장비를 동원해 오타니의 투구를 살펴보았다. 결과는 고무적이었다. "던지는 족족 표적을 맞히는 것을 보니 느낌이 좋다." 에플러가 말했다. "시뮬레이션 게임에서 던진 투구의 질적인 면, 구장에서 지켜본 코치들, 비디오 분석, 치료 데이터를 종합한 피드백을 살펴보았는데 이제까지 본 결과로는 만족스럽다." 일주일 후 오타니는 공 50개를 던지는 시뮬레이션 게임을 또 했다. 그리고 그만하면 됐다고 느꼈다. "내 개인적인 느낌으로 시뮬레이션 게임은 더 필요하지 않은 것 같다. 하지만 최종적인 결정은 내가 내리는 것이 아니다." 오타니가 말했다. "결정은 코칭 스태프와 트레이닝 스태프에게 달려 있다. 그들과 먼저 얘기를 나눠봐야 할 일이다."

이러저런 일이 있는 와중에 에인절스에게 드리워지는 한 가지 의문이 있었다. 애초에 왜 오타니를 왜 마운드에 세우려는 것일까? 사실 8월의 에인절스는 플레이오프는 저 멀리 물 건너간 채 예의 또 실망 가득한 시즌의 막바지로 향해가는 상황이었다. 에인절스 팬들을 비롯해서 많은 사람들에게 다 그르쳐버린 시즌 막바지에 오타니를 투수로 컴백시키는 것은 불필요한 위험처럼 보였다. 팔꿈치가 더 좋아지도록 시즌 나머지를 그냥 쉬게 해주고 2019년에 새로 시작하면 무슨 큰일이라도 나는가? 이 팬들은 어쨌거나 투수들의 잦은 부상으로 팀이 가루가 되는 것을 지켜본 사람들이다. 바로 한 달 전에 개릿 리처즈는 2018년 단 한 해 동안 토미 존 수술을 받은 에인절스의 다섯 번째 투수가 되었다. 4월에 마무리투수로 부상하던 우완 키넌 미들턴이 얼마 가지 않아 토미 존 수술을 받았다. 우완 J. C. 라미레즈와 블레이크 우드, 좌완 존 램도 2018년에 토미 존 수술을 받아야 했던 투수들이다. 2014년부터 에인절스는 좌완 타일러 스캑스와 앤드루 히니, 우완 닉 트로피아노가 수술실에 들어가는 장면을 지켜보았다. 초 슈퍼스타 마이크 트라웃을 데리고 있는 팀이 2014년 이래 플레이오프에 진출하지 못한 단 하나의 큰 이유를 꼽으라면 투수들의 부상이었다.

　에인절스로서는 오타니에게 마운드에 세우지 않는 것이 더 커다란 위험이 될 수 있었다. 메이저리그의 그 모든 아드레날린과 강렬한 긴장감과 더불어 오타니의 팔꿈치 인대가 시속 161킬로미터가 주는 스트레스를 버틸 수 있는지 확인해야 했다. 이제까지의 불펜 훈련이나 시뮬레이션 경기로는 그의 인대가 버틸 수 있는지 알아내기에 충분치 않았다. 최악의 시나리오는 2018년 시즌 나머지 기간에 투수 오타니를 휴업시키고, 2019년 스프링 트레이닝에 가서 다시 투구를 시작했는데, 그때 가서 팔꿈치가 날아가버리는 경우였다. 그런 일이 일어난다면 에인절스는 투수로서의 오타니를 2019년 전체로도 모자라 2020년까지 통째로 잃을지 몰랐다. 그뿐 아니라 상당 기간 동안은 타격도 하지 못할 것이었다. 이런 이유들로 에인절스는 오타니가 토미 존 수술을 해야 한다면 최대한 빨리 알게 되기를 원했다. 오타니로서도 무슨 일이 앞에 놓여 있는지 알고서 겨울로 접어드는 것이 유리할 터였다. 그의 팔꿈치가 정규 시즌 경기의 부담을 견뎌낼 수 있다는 자신감을 얻게 되거나 아니면 수술이 필요한지 알게 되거나, 어쨌든 빨리 알아내는 것이 중요했다.

"마운드에서 시즌을 마무리하게 하는 편이 오타니에게도 그리고 구단에게도 득이다." 에플러가 말했다. "오타니는 마음의 평화를 얻을 수 있다. 그것은 정말 중요한 문제다. 선수 생활을 하다가 다친 사람들을 붙잡고 물어보라. 투표를 해보라면, 전부는 아닐지언정 대다수가 겨울을 나는 동안 제대로 준비할 수 있을지, 제약이 되는 어떤 문제도 없이 본인의 프로그램을 수행하며 겨울을 날 수 있을지 아는 것은 그들에게 매우 중요하다." 구단은 또 겨울 동안 로스터를 짜면서 2019년에 투수 오타니를 믿고 갈 수 있는지도 알고 싶었다.

오타니가 두 번째 시뮬레이션 게임을 하고 스스로 준비가 됐다고 선포한 지 며칠 후 에인절스는 그가 최후의 테스트를 치르는 것에 동의했다. 구단은 오타니를 9월 2일 휴스턴에서 열리는 애스트로스와의 시리즈 마지막 경기 선발로 내보내기로 했다. 팔꿈치 인대 부상을 진단받고 줄기세포 주사를 맞은 지 거의 세 달 만이었다. 오타니는 ESPN 〈선데이 나이트 베이스볼〉로 미 전역에 중계되는 경기에서 1위팀 휴스턴 애스트로스를 상대로 공을 던지게 되었다.

야구계의 모든 눈이 휴스턴 미닛메이드 파크의 마운드에 쏠렸다. 오타니의 팔꿈치 인대는 모든 피치마다 시험대에 오를 것이었다. 온

전한지, 아닌지. 스피드건에 찍히는 숫자 하나하나, 오타니의 얼굴에 떠오르는 표정 하나하나가 경기 내내 현미경 아래 놓일 터였다.

오타니는 처음 맞이한 여덟 타자 중 여섯 명을 아웃시켰고 최고 시속 160킬로미터의 패스트볼을 던졌지만, 패스트볼 구속은 대체로 153~156킬로미터 사이를 맴돌았다. 1회에는 볼넷 하나와 단타를 내주었다. 2회는 삼자범퇴를 했으나 사건이 있었다. 애스트로스의 마윈 곤잘레스가 땅을 찍어 내리는 공을 쳤는데 오타니가 본능적으로 덤벼들어 원 바운드된 땅볼을 맨손으로 잡으려고 했다. 공은 오타니의 약지를 맞고 방향을 틀어 3루수 테일러 워드 쪽으로 굴러갔고, 워드는 1루로 공을 던져 타자를 아웃시켰다. 마이크 소샤 감독이 더그아웃의 맨 윗 계단에 올라섰지만 오타니는 괜찮다는 신호를 보냈다. 오타니는 스플리터를 마지막으로 율리에스키 구리엘을 삼진으로 잡고, 한 달 전에 트레이드된 전 팀 동료 마틴 말도나도를 땅볼로 잡으면서 이닝을 마쳤다.

3회에 오타니의 첫 패스트볼이 시속 145킬로미터를 찍었다. 그러고는 146~148킬로미터를 오갔다. 그는 볼넷 하나를 내주고는 조지 스프링어에게 허벅지 높이의 슬라이더를 던졌다가 투런 홈런을 맞았다. 오타니는 호세 알투베를 땅볼로 잡고 49개의 피치를 마지막으로 경기에서 퇴장했다. 소샤 감독은 3회 말 투아웃 상황에서 그를 강판시켰다.

구속 저하는 눈여겨볼 부분이었지만 확실한 적신호는 아니었다. 오타니는 시뮬레이션 게임에서도 50개밖에 공을 던지지 않았고 그 시점에서 마운드를 내려온다고 해서 딱히 문제의 신호가 되는 것은 아니었다. 경기 후 오타니가 팔꿈치는 괜찮다고 말했다. 그는 허리가 약간 아프고, 아까의 투수 앞 땅볼 때문에 손가락이 부어오르기 시작했다고 말했다. "내일이 되면 몸이 어떤 반응을 보일지 알게 될 것이다. 지금으로서는 문제없게 느껴진다. 지금은 팔꿈치가 괜찮다."

하루 후 에인절스는 알링턴에서 텍사스 레인저스와 마주했다. 오타니와 소샤 감독 모두 오타니의 팔꿈치가 여전히 문제없다고 말했다. "어제는 실제 게임 상황에서 던져서 그런지 약간 쑤시기는 하다. 하지만 이상 수준까지는 아니다." 오타니가 말했다. "지금부터 두고 보다가 다음 선발 준비를 해보려고 한다."

그러나 이틀 후 받은 MRI 검사에서 그의 팔꿈치 인대에 다시 손상이 왔다는 사실이 밝혀졌다. 이번에는 지난 세 달간 그토록 피해보려고 애써왔던 토미 존 수술을 받으라는 권고가 돌아왔다. 오타니는 놀라지 않았다. "내 마음속 어딘가에서는 토미 존 수술을 준비하고 있었다. 마음 저 한구석에 내내 있었던 결과였다." 그렇게 수술을 피해보려는 구단의 노력은 수포로 돌아갔지만 에플러는 구단의 치료 계획과 2018년에 오타니를 마운드에 다시 세우기로 했던 결정을 방어했다. 그는 구단이 지난 세 달간 오타니에게 광범위한 테스트를 실시했으며 "모든 결과를 통해 그의 인대가 다음 단계로 나아가도 된다는 확신을 얻었다"고 말했다. 결국에 가서 에인절스는 모든 투수들, 특히 시속 161킬로미터를 던지는 투수들은 팔에 시한폭탄을 안고 있는 셈이라는 사실을 피할 수 없었다. "오랜 시간 동안 강한 공을 던지고 인대에 무리를 주는데 위험이 따르지 않는 것이 이상한 일이다." 에플러가 말했다. "세게 던지는 것은 좋은가? 맞다. 타자들을 잡기에는 좋다. 세게 던지는 것은 위험한가? 맞다. 연골에 무리를 주니까 말이다."

수술 외에는 아무런 대안이 없는 듯했지만 그럼에도 오타니는 수술에 동의하는 공식 절차를 거쳐야 했기에 약간의 시간이 있었다. 그는 수술받을 생각을 하는 와중에도 정신적 강인함을 보여주었다. 수술해야 한다는 사실을 알게 된 그날, 그는 레인저스전에서 홈런포 두 개를 쏘아 올렸다. "그는 그저 멈출 생각이 없다." 소샤 감독이 말했다. "그는 야구하는 걸 사랑한다. 오늘 전해진 소식이 실망스럽지 않을 리가 있겠나. 하지만 그는 야구를 하고 싶어 한다. 그는 오늘 밤 멋진 경기를 펼쳤다. 이 이상 뭘 또 바랄 수 있겠나."

투수로서의 미래와 상관없이 오타니는 여전히 위협적인 타자였고, 그는 수술하기 전 시즌 마지막 몇 주 동안에 타격 경험을 극대화해 보기로 결정했다. "나는 지금 이 순간에도 타자로서 진일보하고 있다고 느낀다. 남아 있는 경기에서 최대한 많은 경험을 끌어내기 위해 노력할 것이다."

오타니는 그렇게 9월의 나머지를 주전 타자로 뛰었다. 326타수에 타율 0.285, 22개의 홈런이 그의 시즌 마지막 성적표였다. 0.925의 OPS는 최소 300타수 이상을 채운 아메리칸리그 타자들 중 여섯 번째에 해당했다. 시즌 후반기에는 겨우 2와 3분의 2이닝을 던진 게 다지만, 총 51과 3분의 2이닝을 던지며 평균자책점 3.31로 시즌을 마무리했다. 타격과 투구를 합쳐놓으니 아메리칸리그 올해의 신인상 수상에 부족함이 없었다. 오타니는 30명이 참여한 투표에서 25표를 받았다. 투수와 타자를 겸한 퍼포먼스는 99년 전, 세계에서 가장 높은 수준의 야구 리그에서 투수와 타자로 모두 성공한 마지막 메이저리거 베이브 루스만이 속한 반열에 그를 올려놓았다.

하지만 베이브 루스는 1918년과 1919년 단 두 시즌만 투수와 타자를 겸업했다. 그는 투타 겸업은 육체적인 부담이 너무 크고 타격이 더 좋다고 했다. 오타니는 한 시즌의 일부분을 투웨이 플레이어로 뛰었다. 10월 1일 팔꿈치 재건 수술을 받고 나서 그가 언제 다시 그 일을 해낼 수 있을지, 아니 애초에 할 수는 있을지 확신하는 사람은 아무도 없었다.

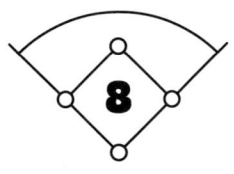

고난의 시즌

오타니 쇼헤이가 수술에 들어가기로 한 전날, 에인절스는 드라마틱한 방식으로 2018년 시즌을 끝냈다. 몇 주 전, 시즌이 끝나고 나면 마이크 소샤 감독이 에인절스와 갈라설 것이라는 뉴스가 떴다. 그가 메이저리그 감독이 된 지 19번째가 되는 해였다. 소샤는 해당 기사를 '허튼소리'라는 말로 일축했다. 하지만 남아 있는 경기 수가 점점 줄어가면서 기사가 사실을 말했다는 것이 점차 명백해졌다. 시즌 마지막 주말에 이르자 구단은 이를 감추려는 시도조차 하지 않았다. 마이크 소샤의 인형을 나눠주고, 이닝 사이사이마다 전광판에 그의 전성기 시절 영상을 재생하면서 말이다.

테일러 워드의 끝내기 홈런이 에인절스의 시즌 마지막 경기에 승리를 안겨준 것도 잠시, 소샤는 기자들이 꽉 들어찬 인터뷰 룸에 앉아 사퇴를 발표했다. "나에게 옳은 결정임은 아주 분명하다. 그리고 구단으로서도 올바른 행보라고 생각한다." 10분 동안의 인터뷰에서 소샤의 목소리는 갈라졌고 어떤 질문에는 잠시 말을 고른 후 대답하기도 했다. "정말 멋진 19년이었다. 그야말로 끝내주었다."

에인절스의 야구 역사에서 진정으로 한 시대가 막을 내렸다. 그리고 그것은 오타니의 메이저리그 여정에서 크게 실망스러운 일이었다. 2017년 12월 첫 미팅에서 자기비하적 농담으로 오타니를 웃게 했던 감독이 오타니의 두 번째 시즌에는 돌아오지 않는다니 말이다.

브래드 어스머스가 새 사령탑에 올랐다. 그는 장수한 메이저리그 포수이자 다트머스 대학교에서 아이비리그 교육을 받은 인물이었다. 어스머스는 선수 생활을 할 때부터 이미 필연적으로 감독이 될 사람처럼 보였던 인물이다. 그래서 디트로이트 타이거스가 그에게 처음으로 감독 자리를 제의했을 때도 사람들은 당연히 그러려니 했다. 어스머스는 사령탑에 오른 첫해에 타이거스를 플레이오프에 진출시켰다. 하지만 그로부터 3년밖에 타이거스 감독 자리를 보존하지 못했는데, 2017년 시즌의 98패가 결정적이었다. 그 후 에인절스 단장 빌리 에플러가 어스머스를 특별 고문으로 고용했고, 그는 2018년의 대부분을 에플러 옆에 앉아 오타니의 드라마틱한 메이저리그 입성을 지켜보았다. 10월에 에플러는 소샤가 떠남으로써 생긴 커다란 공백을 채우기 위해, 또한 오타니를 물려받게 하기 위해 어스머스를 뽑았다.

"오타니를 어떤 식으로 쓸 건가?"는 이 이도류 스타를 감독할 책임을 졌던 모든 사람에게 매년마다 던져지는, 종종 답하기 복잡한 질문이었다. 그러나 2019년 스프링 트레이닝이 열리기 하루 전에 질문을 받았을 때는 오타니 사용 방법이라기보다는 그를 '언제' 쓰게 될지가 화두였다. 오타니는 2020년까지는 공을 던지지 못할 참이었다. 그래서 이슈는 그가 언제 타격을 할 수 있을지로 기울었다. 어스머스는 5월까지는 그를 타순에 넣을 수 없을 것이라 예상한다고 전했다. 그럼 왜 9월 5일에 수술을 권유받자마자 바로 하지 않았느냐는 질문이 자동으로 따라왔다. 오타니가 수술을 거의 한 달 가까이 미룬 이유는 9월에 타석에 서는 것이 궁극적으로는 득이 될 것이라고 결론 내렸기 때문이다.

"나도 개막일에 뛰지 못할 가능성이 있다는 것을 알았다. 하지만 작년에 의사가 토미 존 수술이 필요하다고 했을 무렵에 스윙이 정말로 잘되고 공도 정말로 잘 보이는 느낌이었다. 그래서 그 경험을 시즌 끝까지 가져가고 싶었다." 2019년 스프링 트레이닝이 시작되었을 때 오타니가 한 말이다. "결과적으로는 끝까지 타격을 했던 것이 이번 시즌에 도움이 되리라고 생각한다. 시즌 첫 달은 놓치겠지만 긴 여정에서는 나 자신과 팀에게 도움이 될 것이다."

하지만 일은 뜻대로 돌아가지 않았다. 오타니는 스프링 트레이닝에서 한 번도 타석에 서지 못했다. 4월 하순에서 5월 초까지는 에인절스 마이너리거들을 상대로 훈련을 했다. 그리고 5월 7일에 라인업에 돌아왔다.

출발은 더뎠다. OPS는 루키 때의 0.925에서 0.848로 떨어졌다. 파워가 떨어진 게 주된 원인이었다. 2018년에는 326타수에 홈런 22개를 쳤지만, 2019년에는 384타수에 18개의 홈런을 쳤다.

오늘날 필드 위에서 일어나는 일을 모조리 기록하는 테크놀로지 덕분에 차이는 쉽게 드러났다. '론치 앵글launch angle', 즉 발사각이었다. 발사각은 최근 몇 년간 어디를 가나 쓰이게 된 야구 용어다. 대략적으로 말하면 점점 더 많은 타자들이 그저 세게 때리는 것 외에 공을 더 잘 칠 수 있는 방법이 있음을 깨닫고 있다. 타격에서 최고의 생산물은 공을 공중에 띄우는 것에서 나오기도 한다. 강한 라인드라이브나 땅볼은 단타가 될 수 있기는 하지만, 공을 높이 띄우면 홈런의 기회를 얻는 동시에 더블플레이의 가능성도 피할 수 있다.

2018년 오타니의 발사각은 평균 12.3도였다. 하지만 그것이 2019년에 6.8도로 떨어진다. 또한 2019년에 친 공 중 49.6퍼센트가 땅볼이었다. 2018년의 43.6퍼센트에서 오른 수치였다. 플라이볼은 2018년의 24퍼센트에서 18퍼센트로 떨어졌다. 이 두 가지를 제외한 나머지는 라인드라이브였다. 타구 발사 속도는 시속 149킬로미터 언저리로 두 시즌이 거의 비슷했다. 하지만 전체적인 경기력은 곤란을 겪고 있었다.

"작년에 그랬던 것처럼 타구를 공중에 띄우지 못하고 있다." 어스머스 감독이 말했다. 그는 또 오타니가 공을 맞힐 때 배트를 플레이트 정면으로 당겨내지 못하고 있다는 점도 덧붙였다. "단타와 2루타 이상을 때릴 능력은 여전히 있다. 하지만 어쨌거나 작년만큼 공을 쳐 올리는 모습은 보이지 않고 있다."

오타니는 2018년에 장거리 홈런 쇼를 펼쳤다. 하지만 2019년에는 그런 파워가 전년만큼 자주 나오지 않았다. 더 정확하게 말하면 작년에 보였던 파워 근처에도 못 가고 있었다. 오타니는 이 문제에 대해 애매하게 말했다. "스윙이 약간 틀어진 부분이 있는데, 내 스윙을 할 필요가 있다." 9월에 그가 한 말이다. "타이밍이라기보다는 메커니즘의 문제다. 파울이 되지 않아야 할 공을 너무 많이 쳤다. 그러므로 타이밍보다는 메커니즘의 문제일 것이다."

제러미 리드 타격 코치는 발사각에 집중하는 것은 말처럼 쉽지가 않다고 말했다. 지난 시즌에 에인절스의 우익수 콜 칼훈은 발사각을 높이도록 스윙을 바꾸어보려 하다가 선수 생활 중 가장 심한 슬럼프를 겪었다. 칼훈은 부상자 명단에 든 참에 엉망이 된 메커니즘 손보기에 나서 가까스로 스윙을 바로잡았다.

"로프트니, 발사각이니 이런저런 생각을 하기 시작하면 고려해야 할 요소가 잔뜩 생긴다." 리드는 오타니를 염두에 두고 말하고 있었다. "어떤 때는 선수들이 너무 심하게 애쓰는 경향이 있기도 하다."

리드는 오타니가 다른 할 일이 전혀 없기 때문에 너무 애쓰게 되기 쉽다고도 말했다. 공을 던지지도 못하고 야수로 나서는 것도 아니니, 2019년의 오타니에게 놓인 것이라고는 배팅 케이지밖에 없었다. 리드는 오타니가 스윙을 바로잡기 위해 때로 지나치게 공을 들인다고 말했다. 하지만 리드는 걱정하지 않았다. 그는 오타니가 충분히 돌아올 수 있다는 것을 알았다. 2018년에 본 것이 있기 때문이었다. "장장 1년을 해낼 수 있는 일이 있었다면 그건 어디 가지 않는다."

그렇다고 오타니가 2019년 타석에서 그 어떤 하이라이트도 맛보지 못했다는 얘기는 아니다. 가장 두드러진 예는 6월 13일 트로피카나 필드에서 열린 탬파베이 레이스전이다. 그는 첫 타석에서 오른쪽 담장을 넘기는 3점 홈런을 날렸다. 3회에는 좌중간으로 가는 2루타를 치더니 5회에 라인드라이브로 날아가다 우측 라인을 따라가는 공을 치고는 냅다 3루까지 달렸다. 내야수 데이비드 플레처가 오타니에게 이제 단타 하나만 치면 사이클링 히트라고 하자 오타니가 대꾸했다. "아니. 난 또 홈런을 치고 싶어." 아니나 다를까, 다음 타석에서 오타니는 갈비뼈가 틀어지는 게 아닌가 싶은 스윙을 크게 두 번 하더니, 센터 쪽으로 툭 날려 1루타를 만들어냈다. "타석에 선 그의 모습을 봤으면 말하고 자시고 할 거 없이 분명 홈런을 노렸던 거다." 플레처가 말했다. "그러거나 말거나 나는 그가 1루타를 쳐서 기쁘다."

오타니는 메이저리그에서 사이클링 히트를 기록한 최초의 일본인 선수가 되었다. 일본에서 5년간 뛰면서도 한 번도 이룩하지 못한 일이었다. 6년 전 마이크 트라웃 이래로도 같은 위업을 달성한 에인절스 선수는 없었다.

"이런 일을 해냈다니 아주 기쁘다." 오타니가 말했다. "나 이전에도 메이저리그에 온 일본 선수들이 너무도 많다. 그런데 최초의 기록을 세운 선수가 되니까 진짜 기쁘고 앞으로의 퍼포먼스에도 훨씬 큰 자신감이 생긴다."

오타니가 펼친 기념비적인 게임의 수혜자가 된 에인절스의 선발 투수 타일러 스캑스도 오타니의 퍼포먼스에 찬사를 보냈다. "이제 기세를 타기 시작한 거다. 정말이지 흥분되는 일이다. 이제야 작년의 오타니처럼 보인다. 그건 정말이지 특별한 것이다."

템피의 스프링 캠프에서나 애너하임의 에인절 스타디움에서나 타일러 스캑스와 오타니 쇼헤이는 로커룸 이웃이었다. 에이전트도 네즈 발레로로 같다. 2019년에 오타니는 몇 년 전에 스캑스가 갔던 길을 따라 토미 존 수술을 받고 재활을 하는 중이었다.

 "오타니는 스캑스를 깊이 아꼈다." 발레로가 말했다. "그는 스캑스를 잘 챙겼고 스캑스도 오타니를 좋아했다. 스캑스는 모든 클럽하우스 사람들의 사랑을 받았다."

 스캑스는 원래 2009년에 에인절스에 드래프트됐다가 2010년에 트레이드되었고, 2013년에 다시 돌아왔다. 그는 클럽하우스에서 가장 큰 총애를 받는 사람이 되었는데, 팀 동료들부터 기자들, 볼파크를 청소하는 사람들까지, 누구랄 것도 없이 모두 그를 좋아했다.

 2014년 7월 볼티모어의 무더위 속에서 팔뚝이 꽉 조이는 듯한 느낌을 받던 그날, 스캑스는 빅 리그 투수로서 한창 꽃을 피우고 있었다. 척골 측부인대 파열이었고 그 역시 결국 토미 존 수술 통계에 잡히게 되었다. 다른 부상이 겹치며 재활은 더뎌졌고 그는 2016년 7월에야 마운드로 돌아올 수 있었다. 수술을 하고 거의 2년이 흐른 때였다. 2018년 에인절스와 관련된 거의 모든 눈이 오타니의 드라마틱한 메이저리그 입성에 몰려 있을 때, 스캑스는 최고의 피칭을 보여주고 있었다. 올스타 브레이크 전까지 평균자책점이 2.57이었다. 그럼에도 올스타가 되지 못했고, 후반기에 들어서서는 하락세를 탔다. 사타구니 부상에도 투구를 포기하지 않은 결과였다.

2019년이 시작되고 템피의 클럽하우스에서 스캑스와 오타니는 1미터쯤을 사이에 두고 앉아 있었다. 스캑스는 2018년 초반기처럼 공을 던지기 위해 모든 것을 걸었다고 말했다. 시즌 후반기 같은 모습은 보이지 않겠다고 다짐했다. "작년 얘기는 별로 하고 싶지 않아. 하지만 쓴맛을 남긴 건 사실이지. 나는 필드에 나가 작년에 보여준 나는 내가 아니라는 것을 온 세상에 보여줄 거야. 작년 시즌 초반처럼 잘할 생각을 하니, 그리고 그대로 쭉 갈 생각을 하니 흥분돼."

스캑스가 자신의 폼을 되찾기 시작했다고 생각한 바로 그 게임에서 우연의 일치라고나 할까, 오타니가 사이클링 히트를 기록했다. 하지만 그날 밤 스캑스는 레이스전에서 리듬을 탔다고 생각한 참인데, 구장에 번개가 떨어졌고 36분간 경기가 순연되는 바람에 강판되고 말았다. 다음 토론토전 선발로 나와 스캑스는 7과 3분의 1이닝 동안 1점을 내주었다. 왕년의 퍼포먼스가 되돌아왔다. 그는 시즌 중 가장 빠른 공을 던져 삼진을 잡으며 7회를 끝냈다. 그전에 불펜이 움직이는 모습을 본 터였다. 머지않아 마운드에서 내려가게 될 것이라는 뜻이었고 그것이 그에게 불을 붙였다. 그는 더그아웃으로 돌아와 어스머스 감독에게 말했다. "오늘은 내 게임이에요. 수화기 내려놓으세요."

그로부터 2주일 정도 후 에인절스는 텍사스 레인저스와 휴스턴 애스트로스전을 치르러 원정길에 나섰다. 6월 30일, 텍사스에서 보낼 일주일을 기념하는 의미로 선수들은 카우보이 복장을 하고 전세기에 탑승했다. 스캑스는 부츠와 진, 셔츠, 카우보이모자를 전부 검은색으로 쫙 빼입었다.

동료들이 살아 있는 그를 본 것은 그날 밤이 마지막이었다.

경찰이 다음 날 호텔 침대에서 그의 시신을 발견했다. 몇 주 후 검시관이 스캑스의 체내에 오피오이드가 있었다고 발표했다. 스물일곱 살 선수가 숨졌다는 뉴스는 에인절스와 야구계를 충격에 빠뜨렸다. 그날 밤 열릴 예정이었던 레인저스전은 연기되었다. 다음 날 에인절스 선수들은 스캑스의 등번호 45가 새겨진 패치를 유니폼에 달고 구장으로 돌아왔다. 스캑스를 알았던 메이저리그 선수들은 모자에 숫자 45를 적거나 마운드 흙에 45라는 숫자를 쓰고서 그를 기렸다.

"내가 작년에 에인절스에 입단한 이래 타일러는 아주 친하게 지내던 팀 동료였다." 오타니가 발표문에서 말했다. "그의 갑작스러운 죽음에 얼마나 깊은 슬픔을 느끼는지 말로는 다 표현할 수 없다. 세상 가장 진심 어린 위로를 그의 가족에게 보낸다."

에인절스는 비극이 일어난 후 두 경기를 이겼다. 이 원정길의 여섯 경기 중에서 3승을 거두었다. 그들은 7월 5일 휴스턴에서 장래 명예의 전당에 입성할 저스틴 벌랜더에게 세 개의 홈런을 뽑아내며 승리했는데, 오타니는 자신의 스물다섯 번째 생일이던 그날, 홈런을 터뜨렸다.

에인절스는 올스타 브레이크 후 홈으로 돌아왔다. 7월 12일 스캑스 없는 첫 에인절 스타디움 경기가 열렸다. 모든 선수가 그의 숫자 45와 '스캑스'라는 이름을 등에 달고 경기장에 들어섰다. 경기는 스캑스의 어머니 데비의 시구로 시작되었다. 경기 전에 45초간의 묵념이 진행됐고 추모 영상이 재생되었다.

에인절스는 그날 밤을 잊지 말아야 할 밤에서 잊지 못할 밤으로 바꾸어놓았다.

저니맨 투수 테일러 콜과 펠릭스 페냐는 시애틀 매리너스를 상대로 노히트노런을 합작했다. 13 대 0으로 이긴 경기에서 콜은 첫 2이닝을 던졌고, 페냐는 7이닝을 던졌다. 경기가 끝나자 선수들은 입고 있던 45번 저지로 마운드를 뒤덮었다. 페냐는 마운드 꼭대기 투수판 위에 자신의 저지를 올려놓았다. 스캑스가 바로 2주 전에 공을 던졌던 자리였다.

"그는 오늘 여기에 있다." 콜이 말했다. "그는 우리를 내려다보고 있고 분명 이 의식에 참여하고 있다. 나는 그가 여기에 있음을 절대적으로 믿는다."[1]

에인절스는 다음 두어 주 동안 시즌 최고의 경기를 펼쳤다. 그들은 다저 스타디움에서 다저스를 상대로 두 경기에서 드라마틱한 승을 거두면서 54승 49패로 성적이 올라갔다. 플레이오프가 가시권에 들어올 만한 성적이었다. 그러다가 산산이 부서지며 멈춰 섰다. 어쩌면 동료를 잃은 감정이 감당하기 너무 힘든 지경에 이르렀는지도 모른다. 에인절스는 다음 14게임에서 12패를 했고, 거기에는 볼티모어 오리올스와 16회까지 가는 미친 혈투 끝에 패한 경기도 포함되어 있었다. 당시 오리올스는 시즌 마지막의 108패를 향해가고 있던 중이었다.

비극이 드리운 구름과 패가 승보다 많은 또 한 번의 루징 시즌이 에인절스 위를 어른거렸다. 오타니도 후반기에 슬럼프에 빠졌다. 그는 2019년에 출장한 마지막 53경기에서 홈런을 네 개밖에 치지 못했다. 그 53경기 동안에 타율은 0.269에 OPS는 0.767을 기록했는데, 공을 공중으로 띄우지 못하는 것 말고 더 심각한 문제는 따로 있었다.

9월 12일에 에인절스는 오타니가 선천적 무릎 문제를 고치는 수술에 들어가기 위해 마지막 15게임을 결장한다고 발표했다. 스프링 트레이닝에서부터 그를 괴롭혀온 증상이라고 했다. 오타니는 이분 슬개골을 가지고 태어났다. 정상적인 슬개골과 달리 그의 왼쪽 슬개골은 하나의 뼈로 합쳐지지 않은 상태였다. 한 개여야 할 뼈가 두 부분으로 나뉘어져 있었다는 뜻이다. 오타니는 그런 상태에서도 문제없이 살아왔지만 2019년 봄에 왠지 불편함을 느끼기 시작했다. 시즌 내내 그의 무릎 상태에 대해서는 공개적인 언급이 없었지만, 일단 드러나고 나자 오타니의 주변 사람들은 그의 타격이 2018년만 못한 이유 중 하나가 무릎 때문이 아닌가 싶다고 전했다.

2019년 9월은 오타니가 피칭 프로그램을 한창 진행하고 있던 때였다. 토미 존 수술 이후 거의 1년이 흘렀다. 구단은 오타니가 무릎이 아픈 상태에서 공을 세게 던지려고 할 때 딜리버리(투수가 공을 던지는 일련의 동작—옮긴이)를 달리 했고, 그 바람에 부상을 입기 쉬운 상태가 됐을 것이라고 믿었다. 에인절스는 오타니가 당장 무릎 수술을 받고 피칭 프로그램은 두어 달 미룬다는 결정을 내렸다.

90패로 마무리하게 될 시즌 막바지에 터진 충격적인 뉴스였다. 에인절스에게 2019년 시즌은 1999년 이래로 겪은 최악의 시즌이었다. 그리고 이 악몽과도 같은 성과가 고작 1년 만에 브래드 어스머스의 감독 자리를 앗아갔다.

구단이나 오타니나 누구라고 할 것도 없이 천지분간을 못하는 방향으로 향해가고 있었다.

조 매든은 에인절스의 영광의 나날을 대표하는 인물이다. 그리고 108년 저주의 고리를 끊으며 2016년 컵스를 월드시리즈 우승으로 이끈 덕에 시카고에서 유명인사가 된 인물이다.

매든이 컵스와 계약이 끝나는 2019년 시즌 후 갈라설 가능성이 높다는 소문이 시카고 밖으로 새어나가기가 무섭게, 에인절스의 구단주 아르테 모레노가 매든에게 눈독을 들인다는 의심이 널리 퍼졌다.

에인절스는 과거 1975년 펜실베이니아 중부의 라파예트 대학교 출신으로 프로 지명을 받지 못해 프리 에이전트가 된 매든과 계약한 바 있었다. 그의 마이너리그 경력은 딱히 눈에 띌 만한 성과가 없었지만, 그 후 그는 에인절스의 팜 시스템(구단이 비용을 들여 마이너리그의 소속 팀을 만든 뒤 리그를 통해 경기를 가지면서 선수들을 훈련시키는 제도—옮긴이)에서 조금씩 다른 커리어를 쌓기 시작했다. 선수 코칭부터 선수 육성에 이르기까지 안 한 일이 없었다. 그는 아마추어 선수들을 스카우트하기도 했는데, 에인절스의 우상이 된 외야수 팀 새먼을 구워삶아서 첫 프로 계약을 맺은 일은 먼 훗날까지도 그가 되풀이하는 무용담이 되었다. 매든은 메이저리그의 코칭 스태프가 되는 길을 차근차근 밟아 올라갔고 두 번의 감독 대행을 하기도 했다. 2002년에는 마이크 소샤 휘하에서 벤치 코치를 맡아 일했다. 에인절스가 월드시리즈 우승으로 1982년과 1986년 플레이오프의 실패에서 마침내 빠져나온 해였다.

2006년에 탬파베이 데블레이스(2007년 탬파베이 레이스로 명칭이 바뀌었다—옮긴이)가 매든에게 풀타임 감독으로서 첫 기회를 주었다. 메이저리그의 확장으로 신설된 구단인 데블레이스는 팀 창단 후 치른 아홉 번의 시즌에서 여덟 번의 시즌을 꼴찌로 마쳤다. 가장 잘한 시즌에 91패를 했고 가장 못한 시즌에는 106패를 했다.

매든은 선수들과 프런트 오피스 사이에 완벽한 다리가 되어주었다. 소탈하고 좀 구식이지만 선수들과 소통하고 물 흐르듯 일을 진행하는 능력을 타고났다. 한번은 지루하게 흘러가는 시즌의 분위기를 전환하자는 뜻으로 클럽하우스에 펭귄을 데려오기도 했다. 매든은 그런 성격적인 면모와 함께 예리한 감각도 갖추고 있었다. 스몰 마켓 팀의 한정된 재정으로 승을 쥐어짜내기 위해 레이스가 사용하던 분석과 시도에 딱 맞는 감각이 있었다. 일례로 매든과 레이스는 메이저리그에서 가장 공격적으로 인필드 시프트(타자가 들어서는 타석에 따라 수비 위치를 오른편이나 왼편으로 옮겨서 수비하는 것—옮긴이)를 가동하기도 했다.

매든이 부임한 그해 데블레이스는 101패를 했지만 세 번째 시즌에는 97승을 거두고 2008년에는 비록 필라델피아 필리스에게 패하긴 했지만 월드시리즈에 진출하는 기염을 토했다. 레이스는 다음 5년 동안 매든의 지휘 아래서 플레이오프에 세 번 진출했다.

2015년 시즌이 시작하기 전에 컵스가 레이스에 있던 매든을 데려갔다. 새로운 유니폼으로 갈아입고서도 그의 성공가도는 멈추지 않았다. 2016년에 매든은 컵스의 정규 시즌 103승을 이끌었고, 컵스는 오랫동안 고대해 마지않던 월드시리즈 타이틀을 따냈다. 매든은 망령처럼 컵스를 맴돌던, 이른바 '염소의 저주'(시카고 컵스가 1945년 월드시리즈 경기에 염소를 데리고 관람하려던 관객의 입장을 거부한 이후 오랜 세월 월드시리즈를 우승하지 못하자 일부 사람들은 그것이 염소의 저주 때문이라고 생각하게 되었다—옮긴이)를 깨는 데 주도적인 역할을 했지만 그것만으로 그를 시카고에 더 붙잡아두기에 부족했던 모양이었다.

매든이 시장에 나오자 에인절스는 당연히 그를 점찍을 수밖에 없었다. 모레노로서도 과거의 영광을 되찾아 언짢아하는 팬들을 달래는 일이 절박했기 때문이다. "우리의 목표는 다시 월드시리즈 우승을 하는 것이다." 모레노가 매든을 감독으로서 소개하는 날 말했다. "우리는 승리의 기차에 다시 올라타야 한다. 지난 몇 년은 고난이었다."

매든은 에인절스의 부진에 어떤 역할도 하지 않았고 오타니가 지금의 오타니 쇼헤이가 되는 과정에도 있지 않았다. 매든은 시카고 컵스 사절단의 일원으로서 오타니가 에인절스를 고르기 직전에 그를 만나본 일은 있지만, 2018년과 2019년 오타니의 활약은 하이라이트로만 봤을 뿐이었다. 매든은 새로운 시각을 가지고 왔고, 예의 "오타니를 어떻게 쓸 건가?"라는 닳고 닳은 질문에 어떤 선입견도 품고 있지 않았다. 에인절스 감독이 되고 몇 달 후, 샌디에이고에서 열린 윈터 미팅에서 매든은 오타니를 투수로 나오는 날에 타자로도 기용할 생각이 있느냐는 질문을 받았다. 에인절스가 오타니의 팔꿈치 부상 전에도 한 번도 시도하지 않았던 일이었다. "안 될 것 뭐 있나?" 매든이 말했다. "투수로 나올 때도 타격을 한다면 그 친구에게 50타석은 더 주는 것이다. 그렇게 하지 않으면 50타석이 없어지는 것이고 말이다." 그날 오후에 빌리 에플러 단장이 그 생각에 브레이크를 걸었다. 오타니는 마지막 투구 후에 두 번의 수술을 거쳤다. 윈터 미팅이 열리던 그 시점에 투구 프로그램은 다시 시작이나 할까 말까 하고 있었다. 에플러는 그에게 더 이상의 기대를 얹어 부담을 가중시키고 싶지 않았다. 그럼에도 그날 매든이 한 말은 오타니에게 가해진 제약을 줄이고자 하는 그의 바람을 처음으로 드러낸 것이었다.

2020년 스프링 트레이닝이 시작될 무렵에 매든은 에인절스 감독직에 상대적으로 여전히 신입이었고, 그래서 그는 오타니에 대한 팀의 보수적인 계획을 그대로 따랐다. 거기에는 투구 이닝 제한도 포함되어 있었다. 오타니는 2017년 닛폰햄 파이터스에서 26과 3분의 1이닝밖에 공을 던지지 않았다. 발목과 허벅지 부상 때문이었다. 2018년에도 그는 에인절스에서 51과 3분의 2이닝밖에 못 던졌다. 팔꿈치 부상은 2019년에도 마운드에 설 기회를 집어삼켰다. 에인절스는 2020년에도 그에게 건 제약을 풀 생각이 없었다. 하지만 동시에 2012년 워싱턴 내셔널스의 전철을 밟지도 않아야 했다.

2012년 젊은 에이스 스티븐 스트라스버그가 토미 존 수술을 받고 돌아왔을 때 내셔널스는 그의 투구 이닝에 제한을 두었다. 그런데 시즌 내내 통상적인 로테이션에 따르다 보니 9월에 제한 이닝 수를 벌써

넘겨버렸다. 내셔널스는 플레이오프에 진출하려고 아등바등하면서도 그를 뛰지 못하게 했다. 이 방침은 워싱턴 팬들 사이에 논란의 불길을 촉발시켰다. 그런 전철을 밟지 않기 위해 에인절스는 오타니의 등판을 시즌 후반부터 시작하는 것으로 결정했다. 그렇게 해서 그를 시즌 마지막까지, 바라건대 포스트시즌까지 던지게 할 수 있게 말이다.

　새로운 룰의 도움도 약간 받았다. 현실에서 이 룰을 적용받는 선수는 오타니가 유일했다. 재활 과제를 채우는 동안 마이너리그에서 투수로 경기에 나갈 수 있으면서도 메이저리그에서는 투수가 아닌 선수로서 로스터에 남아 있을 수 있게 된 것이다. 의미인즉슨, 오타니는 타자로서 시즌을 시작했다가 마이너리그에서 로테이션의 자기 차례가 돌아오는 날은 메이저에서 하루를 빼서 경기 선발을 뛰고 다시 올라오는 것이다. 요컨대 그의 경우에 투수로서의 스프링 트레이닝은 마이너리그에서 4월에서 5월초까지 이어지는 셈이었다.

　빈틈없는 계획이었다. 다만 2020년에 이 세상 모든 사람들이 세운 모든 계획과 같은 길을 걸었다는 점을 빼면 말이다.

　2월 말에 '코로나19'라는 단어가 캠프를 돌기 시작하던 때 만 해도 스프링 트레이닝은 평소대로 순조로운 분위기 속에서 흘러가고 있었다. 3월 10일이 되기 전까지는 이 일이 메이저리그 시즌에 영향이 있을 것이라고 생각하는 사람이 별로 없었다. 그날 메이저리그 사무국은 바이러스의 위협을 마침내 인정하고 언론에게 열려 있던 클럽하우스의 문을 닫았다. 모든 인터뷰는 야외에서, 선수들과 기자들 사이에 최소한 2미터 거리를 두고 진행해야 했다. 그날 에인절스는 애리조나주 피오리아에서 팬들이 관중석을 채운 가운데 시애틀 매리너스를 상대로 특별할 것 없는 시범경기를 치렀다. 다음 날 아침에 피닉스 지역에 비가 쏟아졌고, 에인절스의 게임은 취소되었다. 선수들은 그날 하루 흩어졌다. 그렇게 아무렇지도 않게 다시 모일 수 있게 되기까지 1년이 더 걸릴 것이라는 사실을 알지 못한 채로.

3월 11일에 NBA 유타 재즈의 루디 고베어가 코로나19 확진 판정을 받았고, 오클라호마시티에서 열리기로 되어 있었던 경기는 단 몇 분을 남겨두고 연기되었다. 그때를 시작으로 미국과 전 세계에 걸쳐 스포츠와 대중 행사들에 취소 바람이 몰아쳤다. 에인절스는 3월 13일 경기에 나가기 직전, 스프링 캠프 중단과 시즌 개막 2주 연기라는 메이저리그 사무국의 발표를 들었다. 구단은 선수들에게 그냥 애리조나에 머무르거나 남캘리포니아로 가거나, 비시즌 때 가는 각자의 집에 가라고 알렸다. 이러나저러나 야구는 하지 못하게 되었고 선수들은 각자 최선의 방법을 찾아서 따로 훈련을 지속하는 수밖에 없었다. 언제가 될지 몰라도 시즌을 준비하기는 해야 했다. 오타니는 남부 캘리포니아로 되돌아왔다. 후에 그는 자신의 사생활에 코로나 봉쇄는 약간밖에 영향을 미치지 않았다고 이야기했다.

"물론 밖에 아예 나가지 못하는 시기도 있었다. 하지만 나는 어차피 외출을 즐기는 사람이 아니라서 딱히 괴로울 일도 없었다. 활동에 제약이 있었을 뿐 훈련은 할 수 있었다. 그래서 그다지 곤란을 겪지는 않았다."2

봉쇄가 수 주에서 수개월로 늘어나는 사이에 오타니는 에인절 스타디움 훈련에 참가하는 몇 안 남은 선수가 되었다. 시즌이 언제 시작할지, 아예 시작하기는 할지 아무도 알 길이 없었다. 그러나 구단은 시즌이 지연된 것이 오타니에게는 득이 될 것이라고 여겼다. 에인절스는 이닝 수 제한을 더 이상 걱정하지 않아도 되었다. 결국 메이저리그 베이스볼은 7월 23일에 개막하여 관중 없는 볼파크에서 60경기의 시즌을 치르자는 합의에 도달했다. 에인절스는 단축된 시즌 전부에 오타니를 투타로 기용할 계획을 짰다.

시즌 준비는 각 빅 리그 구장의 '서머 캠프'와 함께 7월 한 달 동안 이루어졌다. 여름에 하게 됐으니 '스프링 캠프'가 아닌 '서머 캠프'였다. 선수들은 거의 매일 코로나 검사를 받았고, 구장 시설은 서로 거리두기를 할 수 있는 방식으로 재배치가 이루어졌다. 에인절스 선수들은 클럽하우스에서 함께 느긋하게 어울리지 못하고 구장 안의 호사스러운 방을 각각 배정받았다. 훈련은 더 적은 수의 단위로 나누어 따로 떨어져서 했다. 구단이 밝히지 못하는 이유로 훈련에 빠지는 선수들이 간혹 생겨났다. 말하나마나 코로나 양성 판정을 받았다는 의미였다.

이런 사정을 배경으로 오타니는 마침내 피칭 훈련에 박차를 가하게 되었다. 토미 존 수술 후의 첫 마운드 복귀는 기대를 한 몸에 받고 있었다. 오타니는 5월과 6월에 에인절 스타디움에서 배팅 연습을 하는 타자들을 상대해 훈련을 했다. 서머 캠프가 시작되자 팀 내에 세 개의 팀으로 나뉘어 벌이는 게임에서 공을 던지기도 했다. 그는 여기에서 딱히 예리한 모습을 보여주지 못했지만 아무도 그것에 대해 이러쿵저러쿵하지 않았다. 오타니는 시범경기로 판단하면 안 되는 선수라는 교훈을 2018년 봄에 모든 사람이 새긴 바 있었기 때문이다. 하다못해 팀 내 게임은 말해 무엇하랴. 루키 시즌에 그는 오클랜드 콜리시엄에서 시즌이 시작되기가 무섭게 스위치를 올렸었다. 2020년의 에인절스도 오클랜드에서 시즌을 시작했다.

7월 26일, 오타니는 애슬레틱스를 마주했다. 693일 만에 처음으로 정규 시즌 마운드에 오르는 순간이었다. 그는 전국으로 전파되는 ESPN 일요일 중계방송에서 휴스턴을 상대한 이래로 두 번의 수술을 받았다. 그리고 다시 돌아와 텅 빈 야구장에서 피치를 했다. 장내방송을 통해 가짜 관중 소리가 흘러나왔다. 오타니는 시속 149킬로미터의 패스트볼을 마커스 세미엔에게 던지는 것으로 첫 이닝을 시작했다. 두 번째는 가운데로 몰리는 시속 150킬로미터의 패스트볼이었는데 세미엔은 그 공을 낚아채서 필드 중앙으로 날아가는 안타를 만들었다. 오타니는 다음 세 타자를 연거푸 볼넷으로 내보내며 밀어내기로 1점을 내주었다. 다음으로 두 타자에게 연속 1루타를 맞으며 3점을 더 허용하고 말았다. 조 매든은 결국 단 하나의 아웃카운트도 잡지 못한 그를 마운드에서 끌어내렸다.

그날 오타니의 패스트볼 평균 구속은 시속 149.5킬로미터로 수술 전 평균 155.6킬로미터에서 뚝 떨어진 수치였다. 그렇지만 매든은 팀 내 경기에서 오타니의 구속은 좋았으며 그에게 부상이 있다고 믿을

8. 고난의 시즌

만한 이유는 조금도 없었다고 주장했다.

오타니는 그날 마운드에서 너무 주저한 게 아닌가 생각한다고 소감을 밝혔다. 투수들이 최고 구속을 끌어낼 때 쓰는 표현인 '쳐볼 테면 쳐봐'를 실행하는 게 두려웠다고 했다. 미키 캘러웨이 투수 코치는 투수들이 부상에서 처음 돌아왔을 때 멈칫거리게 되는 것은 자연스러운 일이라는 의견을 냈지만, 그런 단계는 보통 재활을 하면서 마이너리그 경기를 하며 지나간다. 오타니는 팬데믹 탓에 그런 호사를 누리지 못했다. 수술 후 처음으로 투구를 하는데 그것이 곧장 정규 시즌 경기였던 것이다.

"그 느낌을 경기에 되찾아오는 것이 급선무다." 오타니가 말했다. "지금 나는 피치를 한 게 아니라 그냥 공을 던진 것 같은 기분이다. 아직 녹이 다 빠지지 않았다. 제대로 된 경기 계획을 수립할 필요가 있다."

당시에 여전히 오타니를 알아가는 중이던 매든은 악몽이 된 첫 경기 후에 그의 뒤를 지켜주며 묵묵히 격려해주었다. "인내심을 가져야 한다." 매든이 말했다. "좋지 않은 순간이 한두 번 있다고 그냥 백기를 들 일인가? 이 친구는 여러분 모두 생각하는 바로 그만큼의 훌륭한 선수다. 복귀가 아직 편안하게 느껴지지 않을 뿐이다. 때로는 혹독한 부상에서 벗어나 예전의 제 실력을 되찾기 위해서는 정신적인 장애물과 싸워야 한다."

일주일 후 두 번째 기회가 찾아왔다. 이번에는 에인절 스타디움에서 열린 휴스턴 애스트로스전이었다. 에인절스와 오타니의 전 세계

팬들은 몇 분간이나마 다시 숨을 쉴 수 있었다. 오타니는 단 여덟 개의 공을 던진 퍼펙트 이닝으로 경기를 시작했다. 패스트볼은 시속 154킬로미터를 찍었다. 그는 결정구 중 하나인 스플리터로 선두타자 조지 스프링어를 삼진아웃시켰다.

2회에는 마이클 브랜틀리와 공을 여덟 개까지 던지는 접전 끝에 볼넷으로 내보냈다. 그리고 율리에스키 구리엘에게 일곱 개의 공을 던지며 또 볼넷을 내주었다. 조시 레딕을 아웃시키는 것도 난망해서 일곱 번째 공에 또 걸려 보냈다. 레딕에게 던진 여섯 번째 피치는 시속 156.3킬로미터의 패스트볼이었다. 첫 선발 경기와 이번 경기를 통틀어 가장 센 공이었다. 이 공을 던진 후 그는 왼손으로 오른팔을 잡아당겨 오른쪽 이두박근과 팔뚝을 쓸어내렸다.

오타니는 매든이 마운드로 올라와 강판시키기까지 2회에만 42개의 공을 던졌다. 다섯 번째 볼넷을 내준 마지막 패스트볼 세 개의 구속은 약 143킬로미터였다.

경기가 끝나고 구단은 오타니에게 또다시 MRI 검사를 받게 했다. 하루 뒤 에인절스는 그가 굴곡 회내근 1~2급에 해당하는 염좌 진단을 받았다고 발표했다. 이는 팔꿈치에 근육과 힘줄이 뭉쳐 있는 부분을 말한다. 대개 두 달이 안 되는 시간이 지나면 해결되는 부상이지만 단축된 시즌에서는 시간이 없었다. 그렇게 2020년 그의 피칭은 막을 내렸다. 토미 존 수술을 받고 22개월이 흐른 후 오타니는 두 번의 힘 빠지는 경기에서 단 16명의 타자를 상대했다. 그러고는 또 다른 부상으로 고초를 겪게 되었다.

새로운 부상은 오타니가 투타 겸업을 그만둬야 하느냐는 질문을 즉각 불러일으켰다. 당시 매든은 "그래야 할 시점이 올 수도 있겠다"라고 고개를 끄덕이긴 했지만 아직은 포기할 생각이 없었다. "내가 본 바로 그는 여전히 투웨이 플레이어가 될 수 있다. 그저 팔 질환을 극복하고 겸업에 대한 방법을 찾으면 된다."

　그 사이에 에인절스는 오타니를 위한 플랜 B에 조용히 착수했다. 투수 명단에서 빠지고 몇 주 후 오타니는 우익수로 플라이볼을, 1루에서 땅볼을 잡기 시작했다. 오타니가 말하기를 구단이 그에게 특정하게 실제로 우익수나 1루를 맡게 하려는 것은 아니라고 했다. "구단은 그저 내가 여러 방면을 시도해보고 대비가 되기를 원했다." 오타니는 일본 프로야구 첫해에 외야수를 몇 번 본 적이 있다. 외야수는 왜 그만두었느냐는 질문에 오타니가 답했다. "글쎄요, 아마도 제가 외야 수비를 잘하지 못해서가 아니었을까요?" 매든은 고개를 갸웃했다. 그는 오타니가 배팅 연습에서 공을 잡으려고 달려갈 때의 운동 능력에 감탄을 금할 수 없었다. 1루 수비에서도 그는 매끄러워 보였다. 훈련은 부분적으로는 그가 투구를 다시 못할 경우에 어떤 포지션을 할 수 있을지 알아보려는 이유로 하는 것이었고, 타격 연습을 안 할 때 몸을 계속 바쁘게 해주려는 의도도 있었다. 하지만 오타니는 그걸 받아들일 생각이 없었다. "나는 피칭에 집중하고 있다. 지금으로서는 그게 계획이다."

　두 시즌 연달아 공을 던지지 못하게 된 오타니는 그냥 원웨이 플레이어에 지나지 않았다. 통념에 기대어 보자면 투구에 쓰는 정신적·육체적 수고가 없어지면 타격이 한층 더 좋아질 것이었다. 하지만 어디 일이 그렇게 돌아가던가? 공격에서 그는 2019년에는 살짝 내림세였다가 2020년은 재앙 수준이었다.

오타니는 27타석에 들어서 아홉 번 삼진을 당하고 안타는 고작 네 개를 쳤다. 이번 시즌 투수로서 아웃되었다고 구단이 발표한 날에 홈런을 치기는 했다. 2018년 토미 존 수술을 받게 됐다는 사실을 알게 된 날 친 두 개의 홈런을 떠올리게 하는 홈런이었다. 하지만 전반적으로 두드러진 활약은 없었다. 8월 21일에는 라인업에서 빠졌고, 매든은 타율과 OPS가 0.171과 0.623으로 떨어져버린 그의 슬럼프를 언급했다. 그는 19타수 무안타의 수렁에 빠져 있었다. "그가 지금 현재 공격에서 최고의 실력을 발휘하고 있지 못하다는 점은 분명하다." 매든이 말했다. "하지만 나는 그가 타석에 들어설 걱정은 접어두고 그가 가진 기술을 가다듬을 시간을 주려고 한다. 그가 제자리를 되찾게 하는 것은 매우 중요한 일이다."

그 시점에 오타니는 76번 타석에 나와 삼진을 21번 당했고 스윙도 제대로 되지 않는 것 같았다. 스윙을 하도 세게 하는 나머지 헬멧이 벗겨질 때도 종종 있었다. 타격 시 앞발이 1루 베이스 쪽으로 뻗으며 영 밸런스를 맞추지 못했다. 왼손 투수를 상대할 때 특히 엉망이었다. "그에게 안전벨트를 채워야 할 판이다." 매든은 오타니가 몸을 통제하고 타석에서 몸이 벗어나지 않게 하느라 애쓰고 있었다.

타율이 여전히 2할 아래를 맴돌던 9월, 오타니는 일주일 동안 벤치 신세를 졌다. 몇 달 후 그는 타순에서 빠졌을 때 자신이 쓸모없는 사람처럼 느껴졌다고 고백했다. "플레이를 잘 해낼 수가 없으니 낭패감만 들었다. 그것이 가장 힘들었다."3 매든 감독이 오타니가 배팅 케이지에서 필요한 모든 훈련을 하고 있으며 나아지는 모습을 보여주고 있다고 말했지만 정작 경기에서는 그 모습이 나타나지 않았다.

오타니는 문제의 원인이 경기 중에 비디오를 보지 못하게 된 것도 한몫하지 않았을까 생각했다. 팬데믹 전에는 비디오를 볼 수 있었다. 하지만 이제는 선수들이 경기 중에 비디오 룸으로 모여드는 일을 금지하는 안전 규약이 시행되고 있었다. 오타니는 "나는 내가 어떤 특정한 투구에 어떤 특정한 존에서 어떻게 스윙을 하는지 보고 싶다"면서 "돌려보기를 할 수 있으면 참 좋겠다. 도움이 될 텐데 말이다"라며 아쉬워했다.

오타니는 그렇게 타율 0.190에 OPS 0.657, 홈런 일곱 개로 2020년 시즌을 마쳤다. 시즌 마지막 주말에 에인절스 전담 기자들과 만났을 때 오타니는 실패의 원인이 전적으로 자신에게 있다고 이야기했다. "내가 그다지 좋은 한 해를 보내지 못했다는 건 숫자가 분명히 보여준다. 그리고 나는 그 사실을 조금도 부족함 없이 인식하고 있다. … 비시즌 때 해결해야 할 아주 많은 문제를 알게 되었다. 해마다 되풀이하는 일이기는 하지만 이번에는 조금 다를 것이다. 해결해야 할 것이 아주 많기에 비시즌 훈련을 고대하고 있다."

11월에는 일본 매체와 인터뷰를 했는데 이때는 더 가차 없는 자기 분석을 내놓았다. 그는 '한심하다'라는 의미의 '나사케나이情けない'라는 단어를 썼다. "원하는 대로 치거나 던질 수가 없었다." 오타니는 이

말을 덧붙였다. "원하는 바가 있는데 그걸 해낼 능력이 완전히 없다는 느낌은 나로서는 생소한 경험이었다."⁴

스스로 그런 진단을 내리던 시점에 오타니의 선수 생명 되살리기 작업은 한창 진행 중이었다.

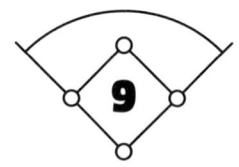

다이아몬드 광내기 프로젝트

'한심한 시즌'이었다는 자기묘사에 뒤이어 오타니 쇼헤이는 곧장 답을 찾아 나섰고 훈련을 하면서 열린 마음으로 변화에 임하기로 했다. 일본에서 스타의 지위를 누리고 메이저리그 데뷔 시즌에 신인상을 탄 그였다. 2019년과 2020년에 일어난 일이 그에게 익숙할 리 없었다.

"오타니는 지금 겪고 있는 일을 겪어본 적이 전혀 없다." 오타니의 에이전트 네즈 발레로가 말했다. 그의 통이 얼마나 큰지 시험에 드는 시간이었다. '좋아, 잠깐, 무슨 일이 일어난 거지? 이제 어떻게 다르게 할 수 있을까?'

오타니는 모든 것을 제대로 살펴보기로 마음먹었다. 그들은 훈련의 모든 요소를 샅샅이 분석했다. 오타니다운 플레이를 되찾기 위해 무슨 방법이 있을지 모색했다. 필드와 체육관에서 진행하는 훈련을 검토하고 영양적인 면도 조사했다. 재능은 절대 사라지지 않았다는 것을 그들은 알았다. 2018년 첫 10주 동안에 투수와 타자로서 모두 성공한 선수가 될 수 있음을 진작 입증했기 때문이다. 2020~2021년 비시즌은 오타니가 이미 가본 적 있는 영역을 재발견하는 데 온 힘이 모아졌다.

"우리가 해야 할 일은 단순했다. 이 근사한 다이아몬드를 집어 들고 다시 광을 내는 것이었다." 발레로가 말했다. "다이아몬드가 약간 더러워졌다. 우리가 한 일은 닦아내고 윤을 내는 것이 전부였다. 매일 홀짝거릴 무슨 기막힌 마법의 묘약을 찾아 헤매는 것이 아니었다. 핵심적인 것, 있어야 할 것은 이미 다 있었다."

다이아몬드에 광을 내자면 오타니가 새로운 접근 방식에 전적으로 투신할 필요가 있었다. "오타니가 진정으로 원하는 것은 커리어를 제대로 자신의 것으로 만들고, 자기 방식대로 제대로 비시즌을 나는 것이었고, 그러기 위해서 무언가 다른 시도를 해보는 것이었다. 그리하여 우리가 한 일이 바로 그것이다."

하지만 겨울 동안의 재탄생에서 가장 중요한 부분은 그가 훈련에 돌입하기 전부터 드러났다. 비시즌이 시작되었을 무렵에 오타니의 몸에는 아무런 이상이 없었다. 간만에 힘이 나는 변화였다. 그는 2018년 10월에 토미 존 수술을 받았고, 2019년 9월에는 무릎 수술을 받았다. 지난 두 번의 겨울 훈련에 한계가 있었다는 뜻이다. 오타니가 토미 존 수술을 받자마자 완전히 힘을 다 되찾을 것이라고 기대하는 사람이야 없었지만, 당시에 무릎 수술의 여파에 대해서는 사람들의 이해가 별로 없었던 것 같다. 무릎은 투수와 타자 모두에게 중요한 신체 부위다. 오타니는 고강도 및 고중량 하체 훈련을 선호했는데, 2019년 겨울에는 무릎 수술 때문에 무리를 할 수가 없었다. 2020년 10월은 오타니가 어떤 수술도 받지 않고 1년을 보낸 때였다. 다시 다리에 무거운 무게를 달아도 된다는 뜻이었다.

오타니의 돌아온 다리 힘 그리고 발전하는 데 열심인 그의 성향이 최고로 잘 드러난 일화가 입단 초기에 있었다. 2018년 1월에 빌리 에플러 단장과 몇몇 직원들이 오타니와 시간도 좀 보내고 그의 첫 메이저리그 스프링 트레이닝 전에 몇 가지 테스트를 하려고 일본에 갔다. 테스트 중 하나는 수직 도약이었는데 오타니의 능력은 딱 평균 정도였다. 다른 모든 면에서 비범한 면모를 보이는 선수로서는 뜻밖이라고 할 수 있는 결과였다. 오타니에게도 실망스럽기는 마찬가지였다. 그때까지 그는 수직 도약 테스트를 한 번도 받아본 적이 없었고 그에 필요한 기술은 그에게 미지의 영역이었다.

한 달 후 오타니는 애리조나에 있었고 구단은 그를 다시 테스트했다. 오타니는 그새 23센티미터를 더 뛰어오르는 기염을 토했다. 그야말로 최고로 높이 뛰는 에인절스 선수 중 한 명이 되어 있었던 것이다. 보통 수직 도약에서 5~8센티미터만 높아져도 인상적인 성과라고 본다. 그런데 그는 23센티미터를 더 뛰었다. 오타니는 수 주간 유튜브를 보며 수직 도약에 필요한 제대로 된 기술을 익혔고 폭발적인 다리 힘을 자랑하며 금세 입이 떡 벌어지는 도약을 이루어냈다.

한결 강해진 다리와 함께 2020~2021년 겨울에 들어가면서 오타니는 '드라이브라인 베이스볼Driveline Baseball'을 재건 과정, 발레로의 표현대로라면 '다이아몬드 광내기 작업'의 첫 목적지로 삼았다.

드라이브라인 베이스볼은 수학 명인이자 한때 마이크로소프트에서 개발자로 일했던 카일 보디의 두뇌가 낳은 산물이다. 그는 자신의 이력을 한껏 살려 야구 선수들의 실력을 향상시키기는 방법을 찾기로 마음먹었다. 보디는 생체역학에 관해 배울 수 있는 것은 모두 배웠다. 그는 블로그를 만들어 운영했는데 그것이 너무 인기를 얻어서 결국 시애틀 지역에 창고를 하나 열기에 이르렀다. 몇 년에 걸쳐 컴퓨터와 고속 카메라, 웨이티드 볼로 가득 들어차게 될 창고였다. 메이저리거들과 메이저리거를 꿈꾸는 사람들이 드라이브라인에 구름처럼 몰려들었다.

빅 리그 팀들의 주안점이 거의 오로지 승패라면 드라이브라인에서 일하는 사람들은 오로지 '고객의 퍼포먼스 향상'에만 관심을 둔다. 드라이브라인에서는 코치 대 선수의 비율이 빅 리그 팀보다 훨씬 낮다. 대신 메이저리그 구단들보다 한층 진보된 기술을 가지고 선수들의 훈련을 돕는다. 드라이브라인에서의 일이란 오로지 그것이기 때문이다.

드라이브라인의 투구 부서 감독인 빌 헤젤은 굉장히 앞서나가는 메이저리그 구단들도 몇몇 있긴 하지만 그 밖의 팀들은 투구를 평가하는 기본적인 시스템조차 없다고 이야기했다. 투구의 등급은 회전율이나 공의 움직임처럼 객관적인 데이터를 이용해서 투구의 질을 평가해서 나온 결과다. 드라이브라인에서는 투수가 야구공을 던지는 방식을 수치상으로 재고 그것을 최대한 좋게 만들기 위해 랩소도라는 장비와 에저트로닉이라는 카메라를 사용한다. 랩소도는 높이가 15센티미터 정도인 삼각형 모양의 센서로, 투수와 포수 사이의 그라운드에 세워놓는다. 이 장비는 공이 초당 회전하는 수와 공이 어떤 축으로 회전하는지 추적하고, 또 공이 어느 정도로 브레이크가 되는지도 보여준다. 즉, 투수는 결과를 받아들고 갖가지 그립을 실험해볼 수 있다. 가령 브레이킹볼의 효과를 더욱 높이거나 패스트볼이 더 오래 직선을 유지해서 타자의 눈에 공이 중력을 거슬러 떠오르는 것처럼 보이게 하는 그립을 실험해볼 수 있다.

에저트로닉 카메라는 고해상도에 슬로모션 이미지를 제공하는데, 그 정도가 평범한 카메라라면 흐릿하게 보이는 것을 디테일한 부분까지 더없이 선명하게 보여주는 데까지 이른다. 특히 에저트로닉 카메라는 투수가 릴리스를 할 때의 손을 집중적으로 분석해서, 정확히 어떤 손가락의 위치에 따라 서로 다른 스핀과 무브먼트가 생겨나는지를 구분해서 보여준다. 랩소도와 에저트로닉 장비의 조합으로 투수는 단순히 '감'에 의존하기보다 한층 구체적이고 투구 훈련에서 실제적으로 실행에 옮길 수 있는 정보를 얻는다.

그렇게 드라이브라인의 투구 '연구소'는 어떤 방법으로 기술을 연마해야 하는지를 알고 싶은 메이저리그 투수들을 시애틀로 불러들이고 있다. 사이영상 수상자 트레버 바우어와 클레이튼 커쇼도 드라이브라인에서 훈련했던 빅 리그 투수들이다. 매해 메이저리그 스프링 트레이닝은 드라이브라인을 통해 새롭게 풀어낸 부분을 훈련하는 선수들로 메워진다. 드라이브라인이 실력 향상에 도움을 주지 않았다면 메이저리그에 가지 못했을 마이너리거들, 심지어 아마추어들도 많다.

2016년 무렵 드라이브라인이 야구계의 일부로 새롭게 편입한 이래로 드라이브라인의 목표는 대체로 구속을 증가시키는 데 초점을 맞추었다. 야구의 역사에서 스카우터들과 코치들은 구속을 가르치거나 연습만으로는 높일 수 없는 '타고난 기술'이라고 여겨왔다. 보디와 드라이브라인의 직원들은 그런 통념에 도전장을 내밀었다.

가장 잘 달려지기로는 고속 카메라를 이용하여 선수가 움직이는 양태를 추적하는 것이다. 선수가 몸의 다양한 부위에 센서를 부착하고 투구를 하면 컴퓨터가 그 움직임에서 데이터를 캐내고 최상의 결과를 생산할 메커니즘적 무브먼트를 밝혀낸다.

"우리 회사를 찾아온 모든 선수가 그 작업을 하면서 훈련을 시작한다." 헤젤이 말했다. "우리는 일종의 모션캡쳐 분석을 시행하는데 그것이 모든 해결책의 토대다. 어떤 지점에서 비효율적인 움직임이 나타나는가? 역학적 효율성이 좋을수록 마운드에서의 움직임도 더 좋아지게 된다. 그리고 이것은 더 빠른 구속으로 이어지거나 혹은 더 효율적으로 구속을 높이는 능력을 키워준다. 그리고 이것은 장기적인 면에서 부상을 입지 않고 몸을 유지하는 데도 좋은 결과를 낸다."

드라이브라인은 또한 투구 역학을 개선하고 구속을 높이기 위해 웨이티드 볼을 이용한다. 웨이티드 볼은 형형색색에 다양한 무게로 나오는데, 대부분 142그램의 표준 야구공보다 무겁다. 헤젤은 웨이티드 볼을 이용한 훈련 방법을 상당히 극단적인 예로 설명했다. "볼링공을 던져본다고 하자. 공을 몸에서 멀리 떨어뜨려놓고 던질 수는 없다. 보통은 몸에 바짝 붙여 던진다. 야구공을 던지는 것도 이와 비슷하다.

일반적으로 공을 든 손을 몸과 가깝게 두지 팔꿈치를 바깥으로 빼고 던지는 법은 없다." 헤이젤은 공이 무거울수록 던지기 어려워지므로 투수들이 더 정확하고 더 효율적인 역학을 사용해 던지게 된다고 덧붙였다. 드라이브라인의 웨이티드 볼을 이용한 훈련법은 2021년 무렵에는 대세가 되어서, 빅 리그 투수들이 매일의 훈련 루틴으로 알록달록한 공을 푹신한 벽에 던지는 모습은 어디에서나 보이는 흔한 풍경이 되었다. 오타니도 예외가 아니다.

오타니 쇼헤이가 고속 카메라들로 가득한 드라이브라인의 체육관에 발을 들여놓기 95년 전에, 베이브 루스는 전직 권투선수 아티 맥고번의 체육관에 가서 전력질주를 하고 메디신 볼을 던지고 그 밖의 다른 운동을 하며 몸을 만들었다. 그 시절에는 지금의 드라이브라인만큼이나 힙한 훈련법이었다.

1920년대 야구 선수들은 체육관에서 운동을 하며 겨울을 나지 않았다. 대부분의 선수들이 먹고살기 위해 다른 일을 찾아나서야 했기 때문이다. 그런 이유로 그들의 훈련은 스프링 트레이닝에 가서야 시작되는 것이 보통이었다. 하지만 루스는 다른 직업을 가지지 않아도 될 만큼 돈을 많이 버는 얼마 안 되는 선수 중 하나였다. 그런데 한편 루스에게는 자유 시간이 저주였다. 음식과 술, 여자에 이르기까지 욕망을 만끽하는 것으로도 전설적인 선수가 아니던가. 그가 서른 살이 되었을 때 이미 그 대가가 현실로 나타나고 있었다. 1925년 시즌이 끝나고 《콜리어스》라는 잡지와 가진 인터뷰에서 베이브 루스는 자신을 '멍청이 베이브'라고 묘사했다. 그에게는 인생에서 했던 여러 선택이 실망스러운 퍼포먼스로 이어졌다고 느껴진 시즌이었다.[1]

그는 뉴욕 양키스에서 전업타자로 뛴 첫 다섯 번의 시즌에 0.370의 타율에 OPS 1.288을 기록했다. 5년 동안 때려낸 홈런은 평균 47개였다. 하지만 1925년에 루스는 시즌의 첫 두 달을 결장했다. 장농양 수술을 받은 후였다. 그는 그 병이 그동안의 라이프스타일의 결과임을 알았다. 이 시즌에 루스는 0.290의 타율에 홈런 25개, OPS 0.936의 성적을 냈다. 어디에 내놔도 부끄럽지 않을 만한 성적이었지만, 그럼에도 내리막이 두드러지게 가팔랐음은 부정할 수 없었다. 그리고 루스는 자기 커리어의 향방에 우려를 느끼지 않을 수 없었다.

그 우려가 루스를 아티 맥고번에게로 이끈 것이었다. 맥고번은 전직 프로 권투선수로 체육관을 운영하고 있었는데, 루스의 양키스 팀 동료인 루 게릭을 포함한 유명인사들과 다른 부유한 뉴요커들의 운동을 관리했다. 맥고번은 운동에 진심인 지도자로서 고객들의 아파트와 주택에 트레이너들을 보내서 그가 내준 과제를 잘 수행하고 있는지 꼼꼼히 확인했다. 맥고번은 《콜리어스》와의 인터뷰에서 함께 운동을 시작했을 때 루스는 '육체적으로 난파한 상태'였다고 말했다. "혈압은 낮고 맥박은 높았다. 내가 관리했던 환자 중에 그만큼 총체적 난국인 사람은 없었다. 그는 정도가 지나친 삶을 살았고 필연적인 결과에 곤욕을 치르고 있었다."

맥고번은 루스의 식단에서 고기와 당분을 제거했다. 새로운 식단 계획 아래 루스는 아침으로 수란과 토스트를, 점심에는 샐러드를 먹었다. 저녁은 야채를 곁들인 양고기나 닭고기, 혹은 샐러드였다.

맥고번은 루스와 매일의 운동 과정에 돌입했다. 시작은 아침에 일어나면 누워서 할 수 있는 레그리프트와 크런치를 하는 것이었다. 오래 걷고, 로잉 머신을 타고, 실내 자전거를 타고, 복싱을 했다. 루스는 맥고번의 트레이너들과 운동하면서 빠르게 좋아졌다.

"베이브는 처음에는 꽤 굼떴고 둔한 태도로 운동을 했다." 맥고번이 말했다. "이제 그는 한결 정신을 차리고 간절한 태도로 임한다. 전보다 빠릿빠릿하고 활력이 생겼다. 옆 사람들과 농담도 하고 장난도 친다. 전에는 입도 잘 열지 않았었다."

루스는 미식 핸드볼도 했다. 아주 많이 했다. 맥고번과 처음 운동을 시작했을 때는 한 게임만 해도 녹초가 되었다. 하지만 오래지 않아 5~6게임을 연달아 할 수 있을 만큼 체력이 올라왔다. 루스가 맥고번과 함께하는 훈련에 기자들의 궁금증이 고조되었고, 작가 폴 갈리코가 이 장타의 제왕과 핸드볼을 하겠다고 맥고번의 체육관을 찾아왔다.

"그는 놀랍도록 발이 빠르다." 갈리코는 이렇게 적었다. "야구팬들은 그가 덩치에 비해 빠르다는 걸 이미 안다. 하지만 작고 꽉 막힌 코트에 들어가 100킬로그램의 몸을 끌면서 공을 던지는 모습을 봐야 진짜 아는 거라고 할 수 있다. 그는 예전에는 손댈 일도 없었던 공을 가지고 운동하고 있었다."[2]

루스는 맥고번과 운동한 지 단 6주 만에 20킬로그램을 뺐다. 허리는 20센티미터가량을 줄여 101센티미터가 되었다. 결과는 야구장에서 성적으로도 드러났다.

1926년에 루스는 0.372의 평균 타율, 홈런 47개, OPS 1.252로 귀환했다. 밤비노(베이브 루스의 애칭—옮긴이)는 매해 겨울 맥고번과 훈련을 이어나갔고 1927년에는 기록을 다 갈아치우는 시즌을 보냈다. 그는 1921년에 스스로 세운 기록보다 한 개가 더 많은 60개의 홈런을 쳤다. 그리고 30대 후반에 이르도록 딴 세상에서 온 것 같은 기록을 계속 세워나갔다. 아티 맥고번의 체육관에서 육체적 전환점을 이룬 것이 큰 공이었다.

오타니 쇼헤이는 물론 육체적인 전면개조가 필요해서 드라이브라인에 간 것은 아니었다. 그에게 가장 필요했던 것은 정보였다. "가보는 게 좋은 생각 같았다." 수개월 뒤 한 인터뷰에서 그는 이렇게 말했다. "제3자에게 의견을 구한다고 해가 될 것은 없었으니까. 그리고 그들은 정말로 좋은 의견, 좋은 데이터, 경험이 많이 있었다. 덕분에 거기에서 얻을 수 있는 것이 아주 많았다."

오타니는 드라이브라인에서 제공한 데이터로 자신의 피로도를 가늠할 수 있게 되었는데, 이는 동계 훈련에 도움이 될 뿐만 아니라 시즌 중에 정확하게 얼마만큼 쉬어야 한다는 정보도 알게 해주었다. 에인절스와 오타니는 첫 세 시즌을 기본적으로 실험을 하면서 보냈다고 할 수 있다. 구단은 그가 투구한 날 전후로 며칠씩 쉴 시간을 주었다. 불펜 훈련을 한 날에는 때로 타격 연습도 건너뛰게 했다. 오타니는 더 해도 된다고 주장했다. 2018년 빅 리그에서 보내는 첫 번째 한 달 동안 최선을 다해 열심히 주장했다. 그러나 오타니는 구단이 둔 제약에 순순히 따랐다. 적어도 부분적으로는 따랐다. 더 할 수 있다는 자신의 믿음을 뒷받침해줄 실증적인 데이터가 없었기 때문이다. 하지만 바로 그 데이터를 드라이브라인에서 찾을 수 있었다.

"이제 우리는 언제 그가 정말로 피로한지, 언제 피로하지 않은지 알 수 있는 데이터를 더 모을 수 있게 된 것 같다." 오타니가 드라이브라인에서 운동을 해보고 난 후 발레로가 말했다. "그런 데이터를 모으는 것이 우리가 이번 오프시즌에 한 일 중 하나다. 그렇게 해서 그가 언제 최고점이며 언제 최고가 아닌지 알게 됐다. 언제 쉬어야 하고 쉬지 않아도 되는지도 말이다."

드라이브라인은 다양한 테스트를 이용해 오타니가 가진 힘의 정도를 쟀다. 구체적으로 투수의 팔에 가해지는 스트레스만 재도록 디자인된 테크놀로지를 이용하기도 했다. 2010년경에 '모투스'라는 이름의 회사가 투수의 투구하는 팔에 씌우는 슬리브를 마케팅하기 시작했다. 투구나 캐치볼을 할 때도 낄 수 있는 슬리브였다. 슬리브에 달린 센서가 투수의 팔에 가해지는 스트레스의 양을 객관적인 수치로 데이터화해서 기록한다. 단순히 투구 수를 세는 것보다는 훨씬 정확한 방법이었다. 드라이브라인은 후에 모투스 센서 제품들의 특허권을 사들여 '펄스'라는 이름으로 브랜드를 쇄신했다. 드라이브라인은 이 제품을 슬리브 형태가 아니라 이두박근에 차는 밴드로 변형했다. 어떤 구종의 어떤 공을 던지는지에 토대를 두고 갖가지 양상의 스트레스를 잴 수 있게 되면서 데이터는 더 정확해졌다.

투수들은 펄스를 이용해 좀 더 고강도로 팔을 단련시킬 수 있게 되었다. 위험한 지점에 도달할 때를 한층 잘 수량화한 데이터를 확인할 수 있기 때문이다.

"던지기 운동에 관해서 말하자면, 훈련이 부족한 투수들이 대다수라고 할 만큼 많다." 헤젤은 딱히 오타니를 염두에 둔 게 아니라 일반적인 의미에서 말했다. "투수가 중차대한 역할을 하는 야구라는 스포츠의 태생적인 특징 때문인지, 투수들이 과도하게 훈련하고 공을 더 많이 던지는지 아닌지 하는 문제로 설왕설래가 참으로 많다. 우리가 발견한 바로는 많은 선수들이 비시즌에는 지극히 보수적인 자세로, 바꿔 말하면 지극히 낮고 무난한 강도로 공을 던진다. 그래서 정작 시즌이 시작되어 원하는 구속으로 던지려고 할 때는 준비가 안 되어 있다. 예외적인 경우를 빼고 대부분의 선수들이 시즌에 대비하는 가장 좋은 방법과 던져야 하는 공의 양을 제대로 파악하지 못하고 있는 것 같다. 투수들이 던지는 양보다는 비시즌에는 낮은 수준에서 무난한 정도까지 공을 던져야 한다는 주장이 훨씬 우세하다. 그러니 스프링 트레이닝에 들어가기 전까지는 사실상 강도를 높게 밀어붙이지 않는다고 봐야 하는데, 이것은 꽤 큰 문제가 된다. 훈련에서 고강도로 던져보지 않은 상태에서 경기에 올라가 시속 152, 154, 157킬로미터짜리 공을 던지면 그로 인한 스트레스를 몸이 감당하지 못하기 때문이다."

드라이브라인에서는 운동의 강도를 더 밀어붙이기 위해 투수들과 타자들이 서로를 상대로 훈련하는 기회를 자주 갖는다. 시뮬레이션 게임에서 투수는 타자들을 마주한다. 볼과 스트라이크를 판정해주는 사람도 따로 있다. 투수는 타자를 상대로 실제 시합에서 하는 것처럼 다양한 구종과 다양한 로케이션으로 공을 던진다. 노 볼 투 스트라이크 때의 피치와 투 볼 노 스트라이크 때의 피치는 다르다. 득점 주자가 나가 있는 상황에서의 투구는 베이스가 비었을 때와 다르다. 삼진이 필요한 상황에서 투수가 구속을 더 높이기 위해서는 더 많은 아드레날린을 끌어모아야 할 것이다. 투 스트라이크에서 아웃당하지 않기 위해 파울볼을 쳐내야 하는 타자도 마찬가지다. 타자는 실제 경기에서 필요할 때를 대비해 시뮬레이션 게임에서 플라이볼이나 오른쪽으로 가는 땅볼을 쳐내려고 노력할 것이다. 이 같은 시뮬레이션 게임은 정규 시즌에도 흔하게 하고 스프링 트레이닝 때도 흔히 하는 훈련이다. 이런 경기는 타자들보다는 투수들이 더 많이 한다. 하지만 비시즌에는 시뮬레이션 게임을 할 때처럼 강도를 올리지 않는 경우가 대부분이다. 오타니도 마찬가지였다. 그와 발레로는 2020~2021년 겨울에는 고강도 훈련을 한 번 시도해보기로 결정했다.

　　"사람들은 갖가지 방식으로 훈련을 한다." 발레로가 말했다. "내가 믿고 있는 게 있다. 나만 아니라 다른 사람들도 믿고 있는 것이다. 훈련을 제대로 해내려면, 실제 경기와 가장 비슷한 상황에 준비가 되려면, 경기와 아주 비슷한 상황에 놓여봐야 한다는 것이다. 그냥 몰아붙여야 한다. 기세를 올려야 한다. 쇼헤이 같은 선수를 경기와 유사한 상황에 집어넣고 '자, 해보자고!'라고 말하면 그는 실력이 더 좋아지고 상대방과 겨룰 수 있는 길을 스스로 알아낼 것이다. 그리고 결국에는 최상이 되어 나올 것이다. 내 생각에는 그것이 관건이다."

2018년 스프링 트레이닝에서 오타니는 형편없었다. 구단 바깥의 여러 사람들이 그가 빅 리그에 갈 준비가 되어 있는지 의심을 품을 정도였다. 정규 시즌에서 본때를 보여주며 그 의구심을 잠재운 뒤 돌아본 결과, 부진의 이유 중 하나는 그저 정규 게임만이 주는 아드레날린이 부족했기 때문이었다.

2021년으로 넘어가는 겨울에 했던 강도 높은 투구와 타격 훈련은 다가오는 시즌에서 자명한 변화로 이어질 것이었다. 이제 오타니는 스프링 트레이닝 구장에 나가 달릴 준비가 되었다.

새로운 접근,
새로운 희망

부상으로 인한 육체적 고통과 동료를 잃은 감정적 고통으로 가득 찼던 두 번의 시즌 후에, 그리고 투타 겸업 선수로서의 장래에 의구심을 불러일으켰던 퍼포먼스 후에 2021년 스프링 트레이닝에 도착한 오타니 쇼헤이는 변화는 이미 시작되었다고 말했다. 마음가짐도 새로워졌으며 에인절스가 그를 위해 세운 계획도 새로워졌다.

오타니는 "2018년의 느낌과 비슷하다"라며 "압박감을 받기보다는 야구장에 나가서 그저 재미있게 즐기고 좋은 기분을 느끼며 주어진 대로 내 역할을 해내고 싶다. 조 매든 감독님이 나를 최대한 많이 써주었으면 좋겠다"라고 말했다.

에인절스는 오타니의 메이저리그 첫 세 시즌 동안에 대체로 그를 깨지기 쉬운 신줏단지 다루듯 했다. 구단을 탓할 수도 없는 것이, 최정상 수준의 야구를 하는 메이저리그에서 투타 모두를 하는 선수가 활동했던 때는 어언 100년 전이었기 때문이다. 베이브 루스가 1918년과

1919년에 해내기는 했는데, 그조차도 두 가지 일을 하는 것이 육체적인 면에서 부담이 너무 크다고 했었다. 루스는 일시적으로 겸업을 했고 결국 투수에서 타자로 옮겨갔다. 오타니는 그와 대조적으로 콕 집어 투타 겸업 선수가 되기 위해 메이저리그에 왔다. 그에게 감당할 수 있을 만큼 최적의 업무량을 주는 것은 에인절스의 몫이었다.

오타니의 '용도'에 관한 의사결정에서는 빌리 에플러 단장이 가장 중요한 자리를 차지했다. 오타니의 일본 선수 생활에 대한 정보를 기반으로 두고 에인절스는 그의 출장 시간을 단호하게 제한해야 한다고 믿었다. 파이터스는 보통 투수로 나오기 전날과 다음 날에 오타니를 쉬게 했다. 따라서 지명타자로서 출장하는 날은 줄어들 수밖에 없었다. 또 투구를 하는 날에 타격을 하는 일도 드물었다. 에인절스는 오타니가 신인이던 해에 그 계획안을 그대로 고수했다. 시즌에 들어간 지 2주도 채 지나지 않았을 때 오타니는 구단이 자신을 너무 조심스럽게 다룬다는 말을 꺼냈다. 하지만 그는 구단의 판단을 존중했다. "더 뛰고 싶지만 그러지 못한다고 하면 그러지 못하는 것이다. 나는 구단에서 하라는 대로 따를 수밖에 없다." 2018년 한 인터뷰에서 그가 했던 말이다.

의도는 최선이었지만 오타니를 조심스럽게 다루는 방침도 그의 팔꿈치 부상을 막지는 못했다. 그는 토미 존 수술을 받고 나서 겨우 두 게임만 나갔고 다시 부상을 입었다. 그렇게 되자 구단 밖의 많은 사람들이 오타니가 겸업을 포기해야 할 시점이 왔다고 입을 모았다. 공식 석상에서는 그럴 생각이 없다고 말했지만 구단 내에서도 은밀하게 회의론이 팽배했다. 오타니에게는 2021년이 마운드에서 실력을 발휘할 마지막 기회가 될 가능성이 컸다.

하지만 그 결정은 에플러의 손을 떠나게 되었다. 에플러가 팀을 운영하던 5년 동안 내리 루징 시즌을 기록하고, 2020년 코로나19로 단축된 시즌을 보낸 후에 에인절스는 그를 해고했다. 그렇게 오타니에게 에인절스를 선택해달라고 설득했던 감독과 단장 두 사람이 모두 에인절스를 떠났다.

에플러의 후임을 찾는 데는 16명 이상의 후보자와 나눈 인터뷰를 포함해 6주가 걸렸다. 구단은 마침내 애틀랜타 브레이브스의 부단장이던 페리 미내시언을 뽑았다. 빅 리그 팀을 운영하는 30명의 그룹 안에서 그의 배경은 가장 독특했다. 미내시언은 아이비리그 출신도, 전직 메이저리그 선수도 아니었다. 그는 마이너리그는 고사하고 대학에서조차 뛰어본 적이 없었다. 하지만 그는 메이저리그 선수들에 대해 독창적인 통찰력과 안목을 가지고 있었다. 그리고 그 통찰력이 오타니의 야구 인생을 재탄생시킨 결정의 핵심적인 요인이었다.

페리 미내시언의 할아버지는 토미 라소다와 절친한 사이였다. 라소다는 1966년에 유타주 오그덴에 있던 LA 다저스의 루키 리그 팀을 운영하면서 감독으로 가는 사다리를 오르던 중이었다. 라소다는 클럽하우스에서 일할 사람이 필요해지자 친구의 열세 살짜리 아들 잭을 고용했다. 선수들의 유니폼 세탁을 해주고 음식을 가져다주고 신발을 빨고, 요컨대 유니폼을 입고 있는 사람들에게 필요한 일이라면 뭐든 다 하는 자리였다. 잭은 세 번의 여름을 라소다 밑에서 일했다. 라소다는 장차 로스앤젤레스의 감독 사무실을 차지하고, 수십 년 후에는 미국 야구 명예의 전당에 들어갈 인물이었다. 잭은 라소다를 따라가 다저 스타디움 클럽하우스에서 두 해를 더 일했다. 그러고 나서 인생 경로를 틀었다. 그는 결혼 후 시카고로 가서 가정을 꾸렸다.

바비 밸런타인은 감독으로 부상하기 전인 1960년대 후반에 잭이 일하던 다저스 선수 중 한 명이었다. 밸런타인은 1985년 텍사스 레인저스에서 처음 빅 리그 감독이 되었다. 몇 년 후 레인저스는 알링턴 스타디움의 원정 팀 클럽하우스를 관리할 사람이 필요해졌는데, 그때 밸런타인의 머릿속에 떠오른 인물이 잭 미내시언이었다. 1988년 밸런타인의 제안에 잭 미내시언은 야구계로 돌아왔고 식구들을 챙겨 텍사스로 이주했다.

잭 미내시언의 네 아들, 루디, 페리, 캘빈, 잭 주니어 모두 적당한 나이가 되자 클럽하우스 일을 도왔다. 페리는 여덟 살에 일을 시작했다. 각자 맡은 일이 따로 있었다. 둘째인 페리는 화장실 청소를 담당했다. 시즌 홈경기가 열리는 81일간 사흘이나 나흘마다 바뀌는 팀들을 뒤치다꺼리하려면 할 일이 태산 같았지만 좋은 시간도 있었다. 캔자스시티 로열스의 미식축구와 야구 겸업 선수인 보 잭슨과 레슬링을 하기도 하고, 시애틀 매리너스의 스타 켄 그리피 주니어와 테이프 볼로 야구를 하기도 했다. 그는 레인저스와 원정 팀들의 배트보이로 일하면서 더그아웃에 앉아 빅 리그 야구를 경험하는 호사를 누렸다.《댈러스 타임스 헤럴드》1면에 미래 명예의 전당 멤버인 놀런 라이언 옆에서 풍선껌을 불던 여덟 살 페리 미내시언의 사진이 실렸다. 당시 라이언은 통산 일곱 번째 노히트노런 경기를 진행하던 중이었다.

몇 년 후에 페리는 빅 리그 플레이어가 되고 싶다는 꿈을 스스로 접었다. 역시 미래의 명예의 전당 멤버인 랜디 존슨이 필드에서 웜업하는 모습을 경외심에 빠져 보다가 내린 결정이었다. 그는 자신이 그 수준에서 경쟁할 일은 꿈에서도 없을 것임을 깨달았다.

하지만 미내시언에게는 화장실 청소보다 더 큰 일을 하고 싶다는 포부가 있었다. 훗날 그는 결국 야구팀 운영의 길로 들어서게 된다. 대학 재학 중에 미내시언은 몬트리올 엑스포스(현 워싱턴 내셔널스의 전신—옮긴이)의 스프링 트레이닝에서 인턴십을 했다. 그 후에 레인저스 벅 쇼월터 감독 아래로 들어가 부코치가 되었다. 그에게 맡겨진 일이란 기본적으로 감독이 필요로 하는 일이면 무엇이든 다 하는 것이었다. 쇼월터는 나중에 그를 떠올리며 이렇게 말했다. "연필이 필요하다고 하면 문구점에 가서 연필을 사왔고, 시애틀에서 온 어떤 선수에 관해 물어보면 정보를 알아다 주었다. 무슨 기록이 알고 싶다고 하면 기록을 찾아왔다." 그렇게 미내시언은 레인저스에서 다양한 일을 돕다가 토론토 블루제이스의 스카우터 일자리를 얻어 떠났다. 그는 6년간 블루제이스에서 일하면서 프런트 오피스까지 올라갔고, 그 후 애틀랜타 브레이브스에 고용됐다.

그러고 나서 3년 후에 에인절스가 쇼의 지휘자로서 미내시언을 고용한 것이다. 그가 메이저리그 단장 자리를 위해 면접을 보러 간 것은 그때가 처음이었다.

미내시언은 에인절스에 들어가 처음 며칠간 언론과 인터뷰를 이어가면서 클럽하우스에서 자라다 보면(문자 그대로 그는 정말 클럽하우스 안에서 성장했다) 메이저리그 선수들이 생각하는 방식, 그들의 기분 상태를 이해하게 된다고 자주 말했다. 엑스포스에서 함께 인턴을 할 때부터 미내시언을 알았던 브레이브스의 단장 알렉스 앤소폴로스는 그것이 더없이 값진 경험이라고 말했다. "그런 경험은 차별성 있는 식견을 주고 경쟁력 있는 장점을 갖게 해준다." 앤소폴로스가 말했다. "대부분의 사람들은 선수들과 감독들에 대해 그가 가진 것과 같은 시각이 없다." 바로 그 시각이 오타니를 향한 미내시언의 태도에 반영되었다. 그는 에인절스의 오타니 사용설명서를 바꾸고 싶었다.

"선수들을 옆에서 경험해보았거니와 나는 제약을 별로 좋아하지 않는다. 특히 메이저리그 선수들에 관해서는 더욱 그렇다. 메이저리그에 들어오는 게 어디 좀 어려운 일인가. … 물리적으로도 재능이 있어야 하지만 정신적인 면에서도 어떤 방식으로든 심지가 잡혀 있어야 한다. 내 생각에는 오타니가 그런 선수다."

취임 첫 주에 미내시언은 조 매든 감독에게 오타니에게 건 제약을 약간 풀어주자고 제안했다. 매든은 거의 1년 전, 2019년 12월 윈터 미팅에서 오타니에 대해 얘기하면서 같은 생각에 마음이 열려 있음을 드러낸 바 있다. 미내시언은 오타니의 에이전트 네즈 발레로와도 의논했다. "조와 얘기해보니 1000퍼센트 찬성한다고 했다." 미내시언은 말했다. "감독님은 그런 구상을 아주 마음에 들어했다. 발레로도 마찬가지였다. 그도 예전부터 비슷한 생각을 했던 것 같다."

오타니는 오타니대로 더 많이 뛸 준비를 하고 있었다. 드라이브라인에서 세웠던 한 가지 주요 목표는 그들의 기술력을 활용해서 자신의 피로 정도를 알아보는 것이었다. 그는 언제 진짜 휴식이 필요한지, 언제 쉬지 않아도 되는지 보여주는 객관적인 데이터를 손에 넣고 싶었다. 그것은 건강과 퍼포먼스에 해를 입히지 않으면서도 뛰는 양을 늘리는 과정에서 더없이 중요한 정보가 될 것이었다.

"우리는 완전히 찬성이었다." 발레로가 오타니에 대한 미내시언의 새로운 접근 방법을 두고 말했다. "오타니 역시 물론 대찬성이었고 구단이 원하는 바이기도 했다. 나는 페리가 허튼짓과 개똥 같은 소리를 하지 않는다는 점이 정말로 마음에 들었다. 나는 이것이 우리가 앞으로 가야 할 방식이고 그대로 밀고 나가보자고 얘기했다. 만약 모든 사람들이 이걸 받아들인다면 그대로 가면 되는 것이었다." 오타니에게는 매우 끌릴 수밖에 없는 계획이었다. 하지만 그런 만큼 중요한 것은 이 계획이 오타니가 자신의 상태에 대해 정직해야만 통할 것임을 발레로는 강조했다. 구리야마 감독은 오타니가 피곤할 때 과연 피곤하다고 인정하기나 할지 의구심이 든다고 했지만, 발레로는 2018년 이래로 아주 많은 것이 바뀌었다고 말했다. "그도 지난 3년간 겪은 일이 있다. 그는 언제, 어떻게 스스로에게 정직해져야 할지 전보다 더 잘 이해하고 있다."

2021년 스프링 트레이닝이 시작하기도 전에 에인절스는 오타니 쇼헤이에 대해 낙관적인 전망을 조심스럽게 내놓았다. 조 매든 감독은 훈련 때 오타니의 패스트볼이 시속 153킬로미터를 찍었다며 힘이 날 수밖에 없는 분명한 이유라고 말했다. 그는 2020년 마운드에 섰던 두 번의 경기에서 최고 구속을 내는 데 어려움을 겪었다. 그와 투수 코치의 설명에 따르면, 수술 후에 전력투구를 한다는 것이 꺼려졌기 때문이다. 정식 경기의 아드레날린 없이도 시속 153킬로미터의 공을 던진다면 희망이 있었다. "훈련 과정은 훌륭했다." 매든 감독이 말했다. "내게 오는 보고를 보면 상황이 매우 좋다. 빈말이 아니고 정말로 좋다. 다른 모든 사람들과 마찬가지로 나도 오타니의 퍼포먼스를 보고 싶어서 안달이 난 상태다. 오타니를 제대로 된 방향으로 잡아줄 수만 있다면, 그것은 비시즌에서 얻은 퍽 훌륭한 성과물이 될 것이다." 며칠 후 에인절스가 언론에 배포한 데이터에 따르면 오타니는 템피 디아블로 스타디움에서 진행된 타격 훈련에서 35개의 공을 던졌는데 그중에는 시속 161킬로미터짜리 공도 있었다.

    좋아진 구속만이 아니었다. 오타니는 더 좋아진 메커니즘을 보여주었다. 2020년에는 전혀 보 수 없었던 메커니즘이었다. 그는 겨울을 나는 동안 드라이브라인에서 모든 것을 정제해서 돌아왔다. "요전 날 그가 던지는 모습을 보고 타격하는 모습도 봤는데, 놀라움을 금할 수 없었다." 매든 감독이 말했다. "나는 지금 기능적인 면, 메커니즘적인 면을 이야기하고 있다. 그가 지금 보여주는 모든 것, 그러니까 몸의 작동 방식이 작년에 봤던 것과는 천지 차이라는 얘기다."

　매체와 대중은 선인장리그가 시작되기 전까지는 매든 감독이 본 것을 목격할 기회가 없었다. 그때까지 오타니의 훈련은 템피에서 비공개로, 베일에 싸여 진행되고 있었다. 3월 1일 오타니는 시범경기에서 처음으로 타석에 들어서 우측으로 날아가는 1루타를 쳤다. 다음 타석에서는 좌측으로 날아가는 1루타를 쳤다. 경기 후 그는 "이제는 좋은 스윙을 만들어낼 수 있을 것 같은 느낌이다. 나는 지금 내가 있어야 할 자리에 있다. 지금으로서는 느낌이 좋다"라고 소감을 전했다. 이틀 후에 오타니는 템피 디아블로 스타디움의 배터스 아이를 넘기는 143미터짜리 홈런을 쏘아 올렸다. 공은 그의 방망이에서 시속 172킬로미터로 발사됐다. 매든이 '거봐, 내가 뭐랬어?'라는 말을 할 차례였다. "배팅 연습에서 우리가 봐온 게 바로 그것이다. 균형감도 나아졌고 접근 방법도 전반적으로 좋아졌다. 과거 오타니는 떠오르는 패스트볼에 약했다. 지금은 많은 면이 좋아졌다. 정신적으로도, 육체적으로도 더 좋아진 상태다."

　봄의 출발선상에서 오타니의 배트는 괜찮아 보였다. 3월 5일, 메사의 호호캄 스타디움에서 지구 라이벌인 오클랜드 애슬레틱스를 만나, 이제는 마운드에서 달라진 모습을 드디어 보여줄 기회가 왔다. 애슬레틱스는 오타니의 메이저리그 투수 인생 최고점과 최저점을 모두 목격한 바 있다. 2018년에 그는 애슬레틱스를 상대로 치른 한 경기에서 7회까지 퍼펙트게임을 했다. 그리고 2020년에 토미 존 수술 후 오른 첫 경기에서는 아웃카운트를 단 한 개도 잡지 못했다. 2021년 이 스프링 캠프 경기에서 오타니는 매서웠다. 애슬레틱스의 1루수 맷 올슨을 삼진시킨 투구는 시속 161킬로미터의 패스트볼이었다. 마크 칸하에게는 휘어져 달아나는 스플리터를 던져 또 한 번 아웃을 잡았다. 오타니는 그날 열 명의 타자 중 다섯 명을 삼진으로 잡았다. 매든 감독은 그날 오타니에게서 눈여겨볼 점이 또 한 가지 있다고 했다. 그는 마운드 위에서 투구와 투구 사이마다 공을 공중에 툭툭 던지는 모습을 보였다. 매든은 그것이 오타니가 마운드에서 편안하고 여유롭다는 걸 그대로 보여주는 증표라고 했다.

오타니는 삼진 다섯 개를 잡기는 했지만 2루타 세 개와 볼넷 두 개를 허용하기도 했다. 하지만 매든 혹은 오타니에게는 전혀 문제가 되지 않았다. 이 경기는 오타니가 2020년에 겪었던 문제는 과거의 일이라는 것을 보여주었기 때문이다. "캠프 기간 내내 이랬다." 매든이 말했다. "딜리버리가 좋다. 그건 아무리 강조해도 부족하다. 작년에는 너무 애쓰며 우왕좌왕했다. 그냥 갈피를 못 잡았다. 이제 문제를 바로잡고 팔도 뜻대로 움직이고 있다. 대단한 성적이 나올 것이다."

2018년 6월이 마지막이었으니까 그가 41개 이상의 공을 던진 건 1000일도 더 된 일이었다. 오타니가 마운드에서 성공적인 퍼포먼스를 하고 내려오는 데 그만큼의 시간이 걸렸다. 2018년 이후 그는 세 번밖에 마운드에 오르지 못했다. 한 번은 아웃카운트를 하나도 잡지 못하는 경기를 했고 두 번은 다쳤다. 이번에는 자신이 도달한 구속에 스스로 놀라면서 만족해했다. "내 첫 번째 게임이니까 처음부터 최고 구속으로 뿌릴 계획은 아니었다. 특히 볼카운트가 거의 비어 있을 때는 말이다." 오타니가 말했다. "경기가 흐르면서 느낌도 점점 더 좋아졌다. 더 세게 공을 던졌는데, 그 바람에 두어 번 포수 미트를 벗어나는 공을 던진 것 같다. 다음 선발을 위해 보완할 점이 또 생겼다."

다음번 선발에서 그의 패스트볼은 최고 시속 160킬로미터를 기록했다. 구속은 좋았지만 제구가 되지 않았다. 시카고 화이트삭스는 5점을 뽑아냈는데 그중 3점은 그가 마운드에서 내려온 후 올린 득점이었다. 네 개의 삼진 중 하나는 전년도 MVP인 화이트삭스 1루수 호세 아브레유를 상대로 얻었다.

사흘 뒤에 오타니는 전년도 사이영상 수상자인 클리블랜드의 우완투수 셰인 비버를 상대로 홈런을 터뜨렸다. 스프링 트레이닝에서 템피 디아블로 스타디움의 배터스 아이를 두 번째로 맞힌 홈런으로, 141.5미터를 날아갔다. 그 전날에는 신시내티 레즈를 상대로 홈런 두 개를 뽑아냈다. 두 공 다 템피 스타디움의 왼쪽 펜스를 넘었다. "공이 배트에 툭 맞는 느낌뿐이었는데 담장을 넘어갔다." 오타니가 그날 친 첫 홈런에 대해 말했다. "그러니까 잡아당겨 치면 쉽게 펜스를 넘긴다는 뜻이다. 좋은 신호다."

좋은 신호는 한두 개가 아니었다. 선인장리그 클리블랜드전 후 오타니의 기록은 19타수 11안타에 홈런 네 개였다. 매든 감독이 말했다. "꼭 붙들어놓고 이대로 10년 쭉 갔으면 좋겠다. 그 스스로 정말로 컨디션이 좋다고 느끼고 있다."

오타니는 타격도 좋았고 마운드에서도 고무적인 징후를 보여주고 있었다. 가장 두드러진 건 구속이었다. 제구는 뜻대로 되지 않았지만 지난 3년간 거의 마운드에 오르지 못했던 걸 생각하면 그럴 법도 한 일이었다.

매든은 이제 슬슬 오타니를 새로운 테스트 무대에 올릴 때가 왔다고 생각했다.

3월 21일 한가롭던 일요일 아침 8시 40분, 에인절스의 공식 트위터 계정에 새로운 글이 올라왔다. "오타니 쇼헤이가 오늘 이중 임무를 수행합니다." 트윗에는 타순이 담긴 사진이 함께 포스팅되어 있었다. 에인절스는 피오리아에서 샌디에이고 파드리스전을 치르기로 되어 있었고, 오타니를 1번 타자로 넣었다. 그의 이름 옆에는 포지션 넘버로 '1'이 적혀 있었다. 그가 투수로 나온다는 뜻이었다. 어딘가 잘못돼 보이는 표였는데 아메리칸리그에서는 투수가 타격을 하지 않기 때문이다. 스프링 트레이닝 때 아메리칸리그 팀은 내셔널리그 구장에서 열리는 경기에서도 항상 지명타자를 쓴다. 아메리칸리그 팀에서 투수가 타격을 하는 유일한 경우는 정규 시즌에 내셔널리그 구장에서 경기를 할 때뿐이다. 그 경우에도 경기를 여는 선두타자로 나오겠다고 자처하는 투수는 없다. 하지만 오타니가 어디 평범한 투수이던가. 그렇기는 해도 에인절스는 같은 경기에 투수로도 타자로도 내보내는 경계를 넘지는 않았었다. 한마디로 선을 넘지는 않았다. 일본에서는 그런 경우가 몇 번 있었지만 에인절스에서는 아니었다. 2020년의 오타니는 완전히 건강하게 돌아올 것이라고 믿고 매든 감독이 2019년 12월에 슬쩍 말을 흘린 적은 있었다. 하지만 그해 투수로서 오타니는 단 두 경기에 그쳤다. 2020년 시즌에는 투타 겸업을 할 기회조차 갖지 못했다.

하지만 2021년 봄은 오타니에게 새로운 시대의 시작이어야 했다. 매든 감독은 제약은 사라졌다고 거듭해서 말했다. "나는 그에게 뭘 해도 되고 뭘 하면 안 되는지 말할 생각이 없다. 페리 미내시언 단장도 같은 생각이다." 캠프가 시작되면서 매든이 한 말이다. "그러니 지켜보자. 그와 얘기하고 소통을 하자. 그가 하고 싶은 대로 뛰게 놔두자. 그는 일본에서 큰 성공을 거둔 선수다. 그가 어떻게 해내는지 보고 결과에 따라 평가를 내리고 조정해가면 될 일이다. 미리 선입견을 품거나 편향적인 시각을 갖지 말자."

구단은 한 달 이상 오타니의 퍼포먼스와 소통 자세를 평가했다. 매든 감독이 투구와 타격을 다하도록 꽂아넣기 바로 며칠 전에 오타니는 매든에게 하루 쉬어가는 시간이 필요하다고 말했다. 피로도에 대해 오타니가 정직해야 한다는 조건은 이 퍼즐을 맞춰가는 중요한 조각이었다. 구단이 오타니를 밀어주려면 그가 과부하가 걸렸을 때 솔직하게 이야기해줘야 한다는 확신이 필요했다.

매든 감독은 오타니가 한 경기에서 투구와 타격을 다 하는 광경을 지켜볼 준비가 되었다. 투구 준비 때문에 보통 때보다 프리게임 타격 연습이 부족하다면 타격을 어떻게 할 것인가? 주루 플레이를 하고 나자마자 마운드에 오르는 상황에는 어떻게 대처할 것인가? 그때 어느 정도로 지친 상태에 있을까?

"그래서 지금 실험을 해보는 것이 중요하다." 매든이 말했다. "이 모든 것이 그의 느낌에 달린 문제이기 때문이다. 내가 느끼는 것은 아무런 상관이 없다."

오타니는 템피의 에인절스 캠프에서 10분 정도 타격 연습을 하고서 팀과 함께 피닉스 지역의 반대편에 있는 피오리아에 30분쯤 걸려 도착했다. 그는 외야에서 스트레칭 캐치볼을 마치고 원정 팀 불펜에서 웜업을 하고는 경기의 선두 타석에 들어서기 직전에 더그아웃으로 돌아왔다. 오타니는 사이영상 수상자인 좌완투수 블레이크 스넬을 마주해서 필드 중앙으로 떨어지는 1루타를 날렸다. 그는 이닝이 끝날 때까지 1루를 떠나지 못했는데, 그가 포스 플레이 상황에서 2루 베이스로 슬라이딩하다가 세 번째 아웃을 당하며 이닝이 끝났기 때문이다.

오타니는 뛰어서 더그아웃으로 들어갔다가 글로브와 모자를 챙겨 들고 투구를 시작하기 위해 마운드로 향했다. 그는 4이닝을 던지면서 단 1점만 내주었다. 패스트볼은 대체로 시속 151~155킬로미터를 왔다갔다 했다. 때로 149~150킬로미터로 내려앉기도 했지만 필요한 상황에서는 끌어올릴 수 있었다. 3회 1사 주자가 두 명 있는 상황에서 파드리스의 젊은 스타 페르난도 타티스 주니어가 타석에 들어섰다. 오타니는 패스트볼을 시속 164킬로미터까지 끌어올려 타티스를 뜬공으로 잡았다. 그리고 또다시 161킬로미터의 패스트볼을 던져 주릭슨 프로파를 삼진으로 잡으며 이닝을 끝냈다. "상대 팀이 위협을 가해 올 때면 꺼내 쓰는 또 다른 비기가 있는 게 틀림없다." 매든이 말했다. "피치 하나하나가 모두 차원이 다른 레벨이다. 그저 위협적인 상황에 처하지 않도록 그 레벨을 어떻게 하면 조금 더 일관성 있게 유지할 수 있을지 그 스스로 알아내는 것이 관건이다. 그에게는 어려운 상황에 몰리게 되면 꺼낼 쓸 비기가 확실하게 있다."

오타니는 이 경기에서 62개의 공을 던졌고, 타석에서는 두 번째 안타까지 쳐냈다. 이는 파드리스의 마무리투수 마크 멜란슨을 상대로 기록한 인정 2루타였다. 오타니는 시합 내내 신체적으로 아무런 문제가 없었다고 말했다. "피로감이 더 느껴진다거나 뭐 그런 건 없었다."

어느 모로 보나 실험은 이보다 더 좋을 수 없는 결과로 나타났다. 에인절스가 애리조나에서의 마지막 나날로 향해가는 사이에 오타니는 '2021년은 다를 것'이라는 믿음이 점점 강해질 이유를 하루가 다르게 내놓았다. 그는 건강했다. 스윙과 딜리버리는 굳건했다. 늘어난 플레이 양에 잘 대응하고 있었다.

"내가 뭘 해낼 수 있을지 보여주고 싶어서 몹시 흥분된다." 파드리스를 상대로 한 '이중 미션'을 마치고 나서 오타니가 말했다. "2018년에 내가 이곳으로 온 이유가 바로 이것이다. 지난 2년 동안 부상 때문에 많은 사람들을 실망시켰다는 것을 잘 안다. 내가 어떤 일을 해낼 수 있는지 만방에 보여줄 순간이 무척 기다려진다."

하지만 오타니는 시즌 전 최종 정비의 시간은 별로 보여주지 않았다. 그는 LA 다저스와 붙는 프리웨이 시리즈이자, 정규 시즌 직전 남캘리포니아 이웃끼리 벌이는 전통의 마지막 시범경기 3연전에서 공을 잡았다.

다저 스타디움에서 열린 1회에 오타니는 세 명을 볼넷으로 보냈고, 폭투를 범하며 밀어내기로 점수를 줬다. 2회에는 패스트볼을 원하는 위치에 꽂아넣지 못해 애를 먹으며 또 볼넷을 내주었다. 그는 브레이킹볼을 더 던지는 방향으로 선회했는데, 그중 하나인 행잉 슬라이더를 크리스 테일러에게 던지다가 2점 홈런을 얻어맞았다. 아웃카운트 하나를 잡은 오타니는 코리 시거에게 쓰리 볼 노 스트라이크로 몰리다가 가운데 위쪽으로 가는 시속 150킬로미터 패스트볼에 홈런을 맞았다. 3회에는 A. J. 폴락을 걸려 보내고 난 후 맥스 먼시에게 1루타를 허용하고, 이번에는 커브볼을 걸쳐놓다가 윌 스미스에게 오른쪽 담장을 넘어가는 공을 맞고 말았다. 스미스가 다저스의 일곱 번째 득점을 향해 베이스를 도는 동안 오타니는 오른손 중지를 바라보고 있었다. 오타니는 터덜터덜 필드를 벗어나며 그날 밤을 마감했고, 너무나 많은 에인절스 팬들의 낙관적인 기대가 개막일 며칠 전에 꺾여버리고 말았다.

오타니는 경기 후 지난 파드리스전에서 중지에 물집이 잡히기 시작했고, 다저스전에서 더 나빠졌다고 설명했다. 물집 때문에 패스트볼 제구가 잘되지 않았다는 얘기였다. 그는 초라한 결과를 대수롭지 않게 넘겼다. "다음 등판이 크게 걱정되거나 하지는 않는다." 오타니는 말했다. "실제로 의미 있는 경기에 들어가기 전에 오늘 물집이 터졌으니 다행이다."[1] 오타니는 정규 시즌 첫 선발 등판에 앞서 닷새 동안 손가락을 치료했다. 매든 감독이 말하기를 물집을 치료할 시간이 조금 필요하다고 했다.

다저스전에서 보인 플레이는 스프링 트레이닝 내내 잠잠하던 많은 오타니 험담꾼들을 다시 끌어내고도 남았지만 구단은 단념하지 않았다. 슈퍼스타 마이크 트라웃이야말로 오타니를 단단히 믿을 준비가 되어 있었다. 트라웃은 에인절스에서 보낸 첫 아홉 시즌 동안 단 한 번밖에 플레이오프에 가지 못했다. 구단에 강한 조연들이 없었기 때문이다. 그는 오타니가 몰고 올 변화를 애가 타게 지켜보았다. 트라웃은 "팀에 스타가 두 명이 들어온 셈이나 마찬가지다. 에이스 한 명이 들어오고, 타순 중간에 펑펑 쳐낼 수 있는 친구가 들어온 것"이라고 말했다.

매든 감독도 봄 내내 했던 얘기를 되풀이했다. 다저스전의 결과는 잊어라. 물집도 잊어라. 오타니는 마침내 다른 모습으로 나타났다. 매든은 6주간의 스프링 트레이닝을 지켜보면서 2021년은 실망으로 점철되었던 2020년과는 달라도 아주 다르리라는 것을 확신했다.

"그가 타석에서 하는 플레이, 마운드에서 하는 플레이를 내 두 눈으로 처음 본 것이다. 이곳에 오기 전 이미 TV로 꽤 좋은 퍼포먼스를 보았다. 하지만 인간으로서, 메커니즘적으로, 기술적으로, 정신적으로 무장되어 있는 그의 퍼포먼스는 나로서는 새로운 장면이다. 가슴이 웅장해지는 장면이다."

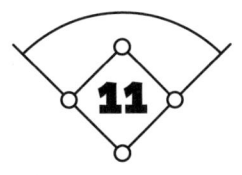

유니콘의 시작

평범한 상황이라면 에인절 스타디움에 모인 1만 3207명의 관중은 민망할 만큼 적다고 해야 할 것이다. 하지만 2021년 개막일, 선수들은 볼파크의 4분의 1이 야구팬들로 차 있는 광경에 마음이 들떴다. 전 시즌에는 코로나19 팬데믹 탓에 텅 빈 구장에서 경기를 했다. 티켓을 사서 들어오는 관중 대신에 마분지를 잘라 만든 팬들의 사진이 관중석에 붙어 있었다. 장내방송에서는 가짜 관중 소리가 흘러나왔다. 2019년 이후 팬들 앞에서 치러진 대망의 첫 게임에서 에인절스는 시카고 화이트삭스를 무찌르고자 경기장에 들어섰다. 후에 조 매든 감독은 관중 소리가 1만 3000명이 아니라 4만 명이 내는 것 같았다고 전했다. 전 세계가 거꾸로 뒤집혔던 한 해를 보내고 정상으로 내딛는 중요한 발걸음이었다.

많은 팬들이 오타니 쇼헤이를 보러 구장을 찾았다. 그 또한 예전에 알던 자신의 모습으로 돌아갈 길을 찾고 있었다. 일본에서 그리고 메이저리그에서 보낸 첫해에 그랬듯이 오타니는 필드 위 최고의 선수들 대열에 속해 있는 데 익숙해져 있었다. 그 후 2019년과 2020년, 그는 '일본의 베이브 루스'라고 부르기가 힘든 플레이를 했다. 2년간 투구는 거의 하지도 못했고 타격은 가파르게 하락했다.

스프링 트레이닝은 늘 새로운 희망을 불러온다. 에인절스의 팬들과 오타니에게 2021년 봄은 그중에서도 가장 희망으로 물든 때였다. 오타니는 마운드에서 갈팡질팡하는 모습을 보이며 선인장리그를 끝낸 터였다. 그는 물집 탓이라고 했다. 그러더니 정규 시즌은 아홉 번 타석에 나가서 네 번 삼진을 당하는 것으로 시작했다. 홈런 하나를 비롯해 안타 두 개를 치긴 했지만, 초반기 그의 스윙은 눈에 불을 켜고 그를 지켜보는 사람들이 못마땅해 할 만했다. 삼진을 당할 때는 2020년에 그랬던 것처럼 앞발이 자꾸 빠졌고, 심지어 당겨 친 안타도 볼에 손을 대 만들어낸 것이었다. 오타니는 공을 중앙으로 쳐 올려 필드의 넓은 사이로에 날릴 때 최고의 타격이 나온다.

매든은 오타니의 타격에 관한 때이른 질문에 장단을 맞춰줄 생각이 없었다. "공이 어디로 날아오는지에 따른 문제인 것 같다. 작년처럼 머뭇거린다고는 생각하지 않는다. 스윙에 굉장한 힘이 실리는 것이 보인다. 내 눈에는 날아오는 공에 쩔쩔매던 작년과는 완전히 다르게 보인다."

매든은 오타니를 완전히 다른 방식으로 쓰겠다는 약속을 철저히 지키겠다는 마음이었다. 오타니는 일요일에 열리는 시즌 네 번째 경기에 투구를 하기로 일정이 짜여져 있었는데도 토요일에 지명타자로

라인업에 들어갔다. 이전에 그는 정규 게임 선발 등판 전날에는 타석에 들어서본 적이 한 번도 없었다.

다음 날 오타니는 예정대로 마운드에 섰다. 그리고 타순에도 들어갔다. 스프링 트레이닝에서 두어 번 같은 테스트를 거쳤지만 메이저리그 정규 게임에서는 처음 시도하는 일이었다. 에인절스는 구단 역사상 처음으로 지명타자를 포기하고, 오타니를 투수와 타자 둘 다 수행하게 했다. 4월 4일 화이트삭스를 상대로 한 이 경기는 ESPN 〈선데이 나이트 베이스볼〉로 중계되었다.

1회 초에 오타니는 2020년 경기를 뛸 때 그를 그토록 괴롭히던 구속과 제구 문제를 전혀 보이지 않았다. 첫 피치는 시속 158킬로미터의 패스트볼이었다. 그는 이닝을 마치기 전에 162킬로미터까지 구속을 끌어올리기도 했다.

1회 말 타석에서는 드문드문 차 있던 관중석의 웅얼거림을 함성으로 폭발시켰다. 그는 딜런 시즈의 패스트볼을 두드려 137.5미터를 날려 보냈다. 지켜보고 말 것도 없이 관중석에 내려앉는 홈런이었다. 공은 그의 배트에서 시속 185.5킬로미터의 속도로 출발했다.

오타니는 15분 사이에 시속 161킬로미터의 공을 던지고, 시속 185킬로미터로 날아가는 공을 쳤다. 정규 시즌에서 투수와 타자로서 그런 기념비적인 위업을 달성한 선수는 없었다. 그것도 첫 선발경기의 첫 이닝에 해낸 것이다.

오타니는 4이닝 동안 64개의 공을 던지며 화이트삭스를 무실점으로 틀어막았다. 시속 160킬로미터의 구속을 경기 중간중간 찍었는데,

실점이 없었던 4이닝 동안에 일곱 개의 피치가 161킬로미터를 넘겼다. 5회에 들어가 오른쪽 필드로 날카롭게 날아가는 빌리 해밀턴의 라인드라이브를 후안 라가레스가 몸을 날려 잡아냈다. 그다음 오타니는 닉 매드리갈에게 안타를 내주었다. 그는 원아웃 상황에서 야수를 비껴 나가는 견제구를 던졌고, 애덤 이튼을 걸어 나가게 했다. 에인절스는 3 대 0으로 앞서 있었으나 안심할 수 없었다. 1사에 주자 두 명이 있었고 이제 막 전년도 MVP인 호세 아브레유가 이 경기 세 번째로 오타니와 맞서기 위해 타석에 들어서고 있었다.

 타순이 세 번째로 돌았다는 것은 이 분석의 시대를 사는 감독들에게는 경고등이 켜지는 것과 같다. 통계는 투수가 같은 타자를 세 번째로 만나면 투구의 효율성이 줄어든다는 것을 보여준다. 그때까지 오타니의 투구 수는 78개였다. 볼넷, 안타, 가까스로 잡은 아웃카운트 하나, 이 이닝에서 벌어진 상황과 강타자들로 가는 화이트삭스의 타순을 감안하면 오타니를 거기서 강판시키는 것이 맞았다.

 하지만 매든 감독은 오타니에게 과거보다 재량권을 더 줄 의지가 있었다. 오타니는 160킬로미터의 패스트볼을 비롯해 공 일곱 개를 던진 끝에 아브레유를 볼넷으로 내보내면서 주자를 만루로 만들었다. 그럼에도 매든은 오타니를 경기에서 빼지 않고 계속해서 요안 몬카다를 상대하게 했다. 오타니의 첫 피치는 스플리터였고, 그 공이 포수 맥스 스태시를 지나쳐버리며 1점을 허용하고 말았다. 다섯 개의 공을 던지며 몬카다와 결투를 벌이는 동안 오타니는 벌써 두 개의 159킬로미터짜리 공으로 헛스윙을 이끌어낸 터였다. 투 볼 투 스트라이크 카운트에서 시속 162.3킬로미터의 공이 날아왔고, 몬카다는 그 공을 파울로 끊었다. 그날 밤 92번째였던 다음 피치는 안쪽 가운데로 날아가는 패스트볼이었고 몬카다는 힘차게 스윙을 했다. 공이 스태시의 글러브를 툭 치고 떨어졌다. 스태시는 허둥거리며 공을 집어 1구로 악송구를 발사했다. 한 명이 홈으로 들어오고 2루에서 출발한 아브레유도 홈으로 쇄도하고 있었다. 오타니가 홈을 커버하기 위해 달려갔고, 190센티미터에 107킬로그램의 아브레유가 그를 향해 슬라이딩을 했다. 동점이 되는 과정에서 아브레유는 오타니의 무릎을 쳐 그를 바닥에 쓰러뜨렸다.

오타니는 다섯 개의 공으로 3 대 0으로 앞서가던 경기를 통증 속에 바닥에 누워 3 대 3으로 만들었다. '느낌이 좋다'던 그의 마운드 복귀 스토리는 이제 더 이상 좋게 느껴지지 않았다.

오타니는 천천히 일어나서 필드를 걸어 나갔다. 첫 선발의 무시무시한 결말이었다. 몇 시간 후 에인절스는 재러드 월시의 끝내기 홈런으로 경기를 마쳤다. 오타니는 괜찮다고 했다. "아브레유와 충돌했을 때 충격이 상당했다. 바로 일어설 수가 없었다. 하지만 시간이 좀 지나니 훨씬 나아진 것 같다. … 충돌은 보기만큼 그렇게 심하지 않았다."

문제는 그 플레이 상황에서 오타니가 다쳤으면 어쩌나 하는 염려만이 아니었다. 왜 오타니를 경기에서 빼지 않고 마지막 두 타자를 상대하게 했느냐는 의문이 일었다. 매든은 오타니에게 지나친 제약을 두지 않고 플레이하게 하는 것이 에인절스의 계획이라고 대답했다. 무슨 도자기 인형이라도 되는 듯 다루지 않겠다는 말이었다.

11. 유니콘의 시작

"그게 바로 진짜 남자가 되는 길이다." 매든이 말했다. "그에게 그런 기회를 주어야 한다. 더구나 시즌 초반이니까. 지금 저지르고 나서 헤쳐 나갈 수 있다면, 자신에게 어떤 능력이 있는지 알게 될 것이다. 좀 곤란한 상황에 빠졌을 때마다 경기에서 빼내면 선수들 스스로 알아낼 길이 없어진다." 매든은 5회에 주자들을 내보냈음에도 오타니의 구위가 여전히 좋은 상태였다고 강조했다. 마지막에서 두 번째 피치는 여전히 시속 161킬로미터를 뚫었다. "구위가 무뎌진 것이 아니다." 매든이 말했다. "무뎌진 것처럼 보인 것이지 사실은 그렇지 않다. 나는 그가 공 던지는 모습을 보고 있으며 숫자들도 보고 있다. 모두 꽤 좋다. 그런 순간에, 내가 선수 자신보다도 그에 대해 더 확신하고 있는데 그만하라고 할 수는 없었다." 게다가 오타니는 이닝에서 탈출하기 위해 필요한 공을 여전히 던질 수 있었다. 그는 몬카다를 삼진으로 잡았다. 스태시가 볼만 잘 잡아 낫아웃 상태가 되지 않았다면 위의 대화는 애초에 있지도 않았을 것이다. 3 대 1로 리드를 지킨 채로 이닝을 끝냈을 테니까 말이다. 오타니는 매든이 자신에게 신뢰를 보여줘서 '감사한 마음'이 든다고 말했다.

오타니는 제약에서 벗어난 야구 인생의 첫 테스트를 통과했다. 하지만 완벽한 등급으로는 아니었다. 홈에서 충돌을 겪고 난 다음 날 오타니는 부상은 없고 조금 쑤신 정도라고 했다. 매든은 그 정도면 그를 하루 쉬게 하겠다는 결정에 충분한 이유가 된다고 생각했다. 이틀 후 오타니는 다시 타격에 나섰다. 하지만 매든은 첫 선발의 후반 이닝부터 물집이 말썽을 부리기 시작했다는 사실을 밝혔다. 다음 등판이 불투명하게 됐다는 말이었다. "많이 좋아지기는 했다." 매든이 말했다. "여하튼 그래서 그를 내보내지 않기로 한 것이다. 우리는 이 문제가 완전히 해결되기를 바란다." 결과적으로 에인절스가 4월 20일 오타니를 다시 마운드에 내보내기까지는 2주 이상이 걸렸다.

하지만 그 사이에도 그는 지명타자로 매일 라인업에 들어갔으며, 방망이는 불타올랐다. 그는 다음 선발투수로 나서기 전까지 아홉 경기에서 39타수 13안타로 타율 0.333을 기록했다. 4월 12일 캔자스시티에서는 데뷔 후 최초로 두 경기 연속 3안타를 기록했다. 에인절스가 7회에 4 대 3으로 가까스로 리드를 지키고 있는 가운데, 오타니는 시속 192킬로미터로 미친 듯이 날아가 오른쪽 필드에 떨어지는 2루타를 때려내며 2타점을 올렸다. 2021년 시즌을 통틀어 오타니가 가장 세게 때려낸 타구였다. 같은 시즌에 그보다 더 강한 공을 친 메이저리그 선수는 뉴욕 양키스의 슬러거 지안카를로 스탠튼과 샌디에이고 파드리스의 3루수 매니 마차도 단 둘뿐이다. 오타니의 라인드라이브는 겨울 동안의 노고로 되찾은 다리 힘을 명백하게 보여주는 증거였다. 재활이라고 제약을 두지 않고 실행한 훈련의 결과였다. 오타니는 "하체가 자리를 잡았다. 작년과 가장 다른 점이 그것이다. 작년이었다면 공을 그렇게 강하게 쳐낼 수 없었을 것이다"라고 말했다.

물집이 완전히 나을 즈음은 등판을 한참이나 빼먹고 난 다음이었다. 구단이 그를 한발 물러나 있게 했기 때문이다. 그는 홈에서 열린 레인저스전에서 75개의 투구 수 제한에 걸렸다. 투구 수 제한 때문에 매든은 그 경기에서 오타니를 투수로서만 썼다. 오타니에게 투타를 다시키려고 지명타자를 포기하는 데 따르는 난제 중 하나는 오타니에 이어 마운드에 오르는 구원투수 대신 나올 대타자가 필요해졌다는 점이었다. 투구 수 제한으로 많은 이닝을 던지지 못할 가능성이 크기 때문에 문제가 될 수밖에 없었다. 아메리칸리그의 로스터는 대타자를 많이 내기 힘든 구조다. 그 점이 걸려서 에인절스는 그날 마운드 위에서의 오타니만 테스트하고 그의 타격에 대한 걱정은 접어두기로 했다.

오타니는 결국 물집 때문에 몇 가지 타협을 했다. 패스트볼은 39퍼센트만 던졌다. 첫 선발경기의 56퍼센트에서 꽤 떨어진 수치다. 구속도 한 레벨 하향했다. 첫 경기에서 그의 패스트볼 평균 구속은 시속 158킬로미터였고, 그중 아홉 번은 161킬로미터를 찍었다. 이번 선발에서 패스트볼 평균 구속은 시속 154킬로미터였다. 오타니는 그런 식으로 조금씩 틈을 두면서 80개의 공을 던지는 동안 물집의 방해를 피했다. 그는 레인저스의 공격을 제법 잘 막아냈다. 4이닝을 안타 하나만 내주고 실점하지 않은 것이다. 문제는 제구였다. 그는 볼넷 여섯 개를 내주고 한 번은 타자 몸에 맞는 공을 던졌다. 1회만 해도 볼넷으로 베이스를 꽉 채우고 난 후 그날 기록한 일곱 개의 삼진 중에 두 개를 잡아내며 난관을 벗어났다. 그는 이 한 회에만 28개의 공을 던졌다. 경기 후 오타니는 자신의 제구를 어떻게 평가하는지 답변해달라는 요청을 받았다. "100점 중 빵점을 주겠다. 다음 등판 때 반드시 개선시켜야 할 점이다."

오타니는 첫 선발 경기에서 4와 3분의 2이닝 동안 다섯 개의 볼넷을 내준 바 있었다. 마침내 투타 겸업을 다시 할 수 있을 만큼 건강해지고 효율성이 높아졌다는 대체로 고무적인 사실 한편으로 문제가 되는 전개가 아닐 수 없었다. 매든은 오타니의 제구력 난조를 둘러싼 화제를 누그러뜨리려고 안간힘을 썼다. 물집도 제구에 영향을 주었지만 3년 동안 거의 피치를 하지 않았다는 점도 문제의 원인이었다. "모든 게 감에 달린 문제다." 매든 감독이 말했다. "손가락 끝이 엉망이 되면 그 감이 멀어진다. 조금 더 시간이 필요하다. 어떤 문제가 길을 막아서더라도 그의 제구는 분명히 개선될 수 있다."

에인절스는 오타니의 제구 문제를 인내심을 가지고 지켜볼 생각이었다. 마운드에서나 타석에서나 그가 어떤 일을 해낼 수 있는지 보여주는 신호가 여전히, 그것도 너무나 많았기 때문이다. 그는 그다음 주에 세 개의 홈런을 더 터뜨렸고, 4월 25일에는 시즌 홈런 일곱 개로 메이저리그 전체 1위에 올랐다. 그리고 다음 날의 시작과 함께 그는 역사를 만들었다.

거의 100년 만에 처음으로 메이저리그 홈런 1위 선수가 선발투수로 등판하는 일이 벌어졌다. 1921년 6월 13일에 베이브 루스는 뉴욕 양키스에 와서는 좀처럼 오르지 않던 마운드에 올랐고, 당시 19개의 홈런으로 메이저리그 선두를 달리고 있었다. 그때 그는 더 이상 풀타임 투타 겸업 선수가 아니었다. 1920년 시즌에 양키스로 간 후 피칭은 거의 포기했으니까 말이다. 그것이 오타니 쇼헤이와 베이브 루스의 그 온갖 비교들이 간과하고 있는 가장 큰 부분이다.

두 사람을 비교하는 논의가 역사의 관점에서 불완전한 이유는 또 있다. 두 사람 사이에 다른 투타 겸업 선수들이 있었던 것이다.

오타니의 성취가 베이브 루스를 점점 더 들춰보게 할수록, 밥 켄드릭은 야구 역사에서 사람들이 잘 알지 못하는 구멍을 상기하지 않을 수 없었다.

켄드릭은 2011년부터 캔자스시티 니그로리그 야구 박물관의 관장을 맡아온 인물이다. 이 박물관은 메이저리그가 1940년대 후반 아프리카계 미국인들을 받아들이기 전에 존재했던 프로야구 리그를 조명한다. 2020년 12월에 메이저리그 사무국은 니그로리그가 메이저리그로 재분류되어 편입될 것이라고 발표했다. 풀어서 말하자면 이 결정으로 니그로리그에서 나온 기록은 다른 최상급 리그들과 마찬가지로 공식적으로 메이저리그 기록에 등재된다는 뜻이다. 이를테면 아메리칸 어소시에이션이나 20세기 초반에 있었던 페더럴리그 등과 마찬가지다. 니그로리그에서는 베이브 루스가 피칭을 그만둔 후에도 투타 겸업 선수가 많이 나왔다.

조 로건, 리온 데이, 마틴 디히고, 테드 래드클리프 같은 니그로리그 스타들은 정식으로 투수와 타자를 겸업했다고 알려져 있다. 로건과 데이, 디히고 모두 뉴욕 쿠퍼스타운의 야구 명예의 전당에 가입되어 있다. 최고의 열성팬들 외에는 대체로 많이 알지 못하는 선수들이지만, 2021년 오타니의 퍼포먼스는 켄드릭과 다른 니그로리그 전문가들이 그들의 이야기를 나눌 수 있는 계기를 선사했다.

"지금이 아니면 언제 배우겠나." 켄드릭이 2021년 오타니의 센세이셔널한 시즌을 거론하며 말했다. "오타니의 성과는 니그로리그의 역사를 환히 비춰주는 계기가 되었다. 니그로리그 역사에 어마어마한 재능을 가진 선수들이 얼마나 많이 있었는지 말이다. 일본에서 건너온 한 소년이 회의론자들의 고정관념을 깼다는 게 참신하게 느껴진다. 대부분의 사람들은 그가 해낼 것이라고 생각하지 않았다. 하지만 그는 해냈다. 그것도 아주 드라마틱하게."

켄드릭의 말에 따르면 니그로리그와 일본 야구는 거의 한 세기 동안 엮인 인연이 있다. 1927년에 니그로리그의 필라델피아 로열자이언츠가 일본을 방문했다. 1934년 베이브 루스를 위시한 메이저리거들의 잘 알려진 방문보다 7년이 앞선 것이었다. 켄드릭은 로열자이언츠의 두 번에 걸친 방문이 "일본 프로야구의 창설에 도화선이 되었다"고 말했다.

그로부터 수십 년이 지난 후 니그로리그는 메이저리그와 통합했다. 그 일은 그들의 재능이 다른 리그, 즉 메이저리그에서는 통하지 않을 것이라고 믿었던 비판론자들에 대한 답변이었다. 일본 선수들도 비슷한 도전에 직면했다. 켄드릭이 야구 역사의 그 챕터에 일가견이 있었던 벅 오닐, 니그로리그 선수이자 감독이었던 오닐이 스즈키 이치로와 아주 긴밀한 공통점이 있다고 믿는 이유다. 오릭스 블루웨이브 출신의 스타 이치로는 2001년에 메이저리그에 와서 3000안타의 금자탑을 쌓았다. 2025년에 입회 자격이 되는 명예의 전당 티켓을 진작 발권해준 대기록이다.

"벅 오닐은 이치로에게서 니그로리그 역사의 장면을 아주 많이 보았다." 켄드릭이 말했다. "그가 오타니 쇼헤이를 볼 수 있었다면 같은 감정을 느꼈으리라 생각한다. 이치로가 메이저리그에서 뛰기 위해 미국으로 간다고 발표했을 때 이곳 사람들이 입을 모아 했던 말은 '그쪽 리그에서 잘됐거나 말거나, 우리 리그에서는 통하지 않을 것이다'였다. 니그로리그 선수들이 메이저리그로 옮겨갈 때도 다르지 않았다. 얼마나 실력이 좋은지는 상관이 없었다. 너희 리그에서는 업적을 쌓을 수 있었을지 모르지만 이 리그에서는 어림도 없다는 믿음이 널리 퍼져 있었다. 하지만 그들은 메이저리그에서도 빛을 발했다. 위대한 선수는 어디를 가나 위대한 선수이기 때문이다."

오타니는 투웨이 플레이어로서 메이저리그를 환히 밝히면서 켄드릭이 말한 '배움의 시간'을 주고 있었다. 이제 니그로리그의 투타 겸업 선수들의 이야기를 다시 풀어놓을 기회가 된 것이다.

테드 래드클리프는 1932년 뉴욕 블랙양키스에서 뛸 때 '더블 듀티 Double Duty'라는 별명을 얻었다. 그는 한 더블헤더의 첫 경기에서 사첼 페이지가 완봉승을 거둘 때 홈플레이트 뒤에서 그의 공을 받았다. 그는 같은 경기에서 만루 홈런을 치기도 했다. 같은 날 두 번째 게임에서 래드클리프는 마운드에 서서 완봉승을 거두었다. 래드클리프가 니그로리그의 다른 이도류 선수들과 비교해 눈에 띄게 두드러진 점이 있다면, 투수를 하지 않을 때는 주로 포수를 보았다는 것이다. 그는 니그로리그 올스타게임에 투수로서 세 번, 포수로서 세 번 들어갔다. 래드클리프는 타자보다는 투수로서 성적이 더 좋았지만, 타자로서의 부족함은 홈플레이트 뒤에서 펼친 활약으로 메웠다. "래드클리프의 영향은 부정할 수 없다. 투타 겸업 중에서도 가장 어려운 형태로 성공을 거둔 사람이 있다면 넘버원이기 때문이다. 여기서 말하는 건 투수와 포수를 다했다는 것이다." 켄드릭이 말했다. "포수 포지션이 몸에 어떤 짓을 해놓는지 우리 모두 안다. 그냥 축이 난다."

리온 데이는 1930~1940년대 니그로리그에서 뛰는 동안 아주 좋은 평가를 받았던 선수다. 재키 로빈슨을 따라 메이저리그에 간다는 얘기가 떠돌 정도였다. 데이는 투수로 가장 잘 알려져 있었다. 니그로리그 통계를 가장 완전하게 취합한 심헤즈닷컴SeamHeads.com에 따르면, 데이는 1930년대에서 1940년대까지 113게임에 투수로 출장해 3.40의 평균자책점을 기록했다. 또 타석에서는 728타수 0.308의 타율을 기록했다. 니그로리그에서 외야수로 선수 생활을 시작했다가 후에 뉴욕 자이언츠(현 샌프란시스코 자이언츠의 전신으로, 뉴욕에서 샌프란시스코로 연고지를 이전했다―옮긴이)의 윌리 메이스와 나란히 뛰었던 몬테 어빈이 명예의 전당에 들어간 투수 밥 깁슨을 두고 "그는 리온 데이 발치에도 못 따라간다"고 한 말은 무척 유명하다. 오닐은 또 데이가 투수보다는 사실 중견수로서의 역할을 더 잘했다고 말했다. "밥 깁슨과 비교가 되는 것도 그렇고, 그는 또한 중견수로서 더 훌륭한 선수였다. 대단한 선수가 아닐 수 없었다." 켄드릭이 말했다.

니그로리그의 투타 겸업 선수들 중에서 신체적인 면에서 오타니와 가장 비견할 만한 선수는 마틴 디히고였다. "키는 195센티미터쯤 되고 몸무게는 95킬로그램에 외모는 영화배우 같았다." 켄드릭의 말이다. "나는 슈퍼스타라고 그냥 온몸이 외치고 있는 선수였다." 디히고는 쿠

바에서 태어나서 모국과 멕시코에서 뛰었다. 그의 별명은 '엘 마에스트로El Maestro'였다. 켄드릭은 그가 "모든 걸 다했기 때문에" 그런 별칭을 얻었다고 말했다. "그는 아홉 개의 포지션을 전부 다 소화했다. 그것도 다 잘했다." 심헤즈닷컴에 나타난 디히고의 통계는 아홉 시즌밖에 잡혀 있지 않다. 그가 미국 외의 다른 리그들에서도 뛰었기 때문이다. 하지만 니그로리그에서의 기록을 보면 조정 평균자책점, 즉 ERA+가 141이고, 조정 OPS, 즉 OPS+가 138이다. 리그 평균보다 각각 투수로서는 41퍼센트, 타자로서는 38퍼센트 위에 있었다는 뜻이다.

하지만 니그로리그 최고의 겸업 선수는 대체로 조 로건으로 통한다. 로건의 전기를 집필한 필 딕슨은 조사를 하다가 보니 로건이 사실 "이 세상에서 숨 쉬었던 야구 선수들 중에 가장 위대한 올라운드 플레이어"였다는 결론에 이르게 됐다고 말했다. 딕슨은 로건이 니그로리그의 더 잘 알려진 선수들 사이에서 어찌 된 셈인지 제대로 평가받고 있지 못하다고 생각하는데, 대부분의 선수들이 동부에서 플레이를 했기 때문이다. 야구 인생 대부분을 중서부에 위치한 캔자스시티 모나크스 같은 곳에서 보낸 로건 같은 선수들은 업적이 잘 알려져 있지 않다.

로건은 키 170센티미터에 몸무게는 73킬로그램 정도밖에 나가지 않았지만, 그 작은 체구가 재능으로 꽉꽉 채워져 있었다. "겉보기에는 그다지 특출난 선수로 보이지 않았지만 그는 누구보다 훌륭한 선수였다." 켄드릭은 말했다. 로건은 군 복무를 하러 가기 전에는 포수로서 야구 인생을 시작했지만, 제1차 세계대전에서 돌아온 스물일곱 살부터는 모나크스에서 피칭을 하기 시작했다. 그의 별명이 '불릿Bullet'

인 이유는 화끈한 패스트볼 때문이었다. 오타니와 또 하나 비슷한 점이다. 로건은 1920~1930년대 캔자스시티의 스타였다. 통산 ERA+는 161이고, OPS+는 152였다.

심헤즈닷컴에 따르면 1925년에 로건은 마운드에서 18승 2패에 평균자책점 1.84를 기록했다. 타석에서는 OPS 1.007에 타율 0.372를 기록했다. 그때가 로건이 투수와 타자로서 한창이었던 여러 시즌 중에서도 최고의 시즌이었을 것이다. 심헤즈닷컴은 로건이 50게임 이상이 치러진 시즌 중 다섯 시즌에서 OPS 0.990 이상을 기록했음을 보여준다. 그는 여덟 시즌에 100이닝 이상을 던져 평균자책점 3.10 이하를 기록했다.

래드클리프, 데이, 디히고, 로건이 니그로리그 최고의 겸업 선수들이었다지만 그들뿐만이 아니었다. 당시 로스터는 보통 16~17명밖에 되지 않아서 구단들은 투수라는 포지션을 특화할 수 없는 환경에 있었다. 그래서 선수들 대부분은 다른 포지션도 맡아서 했다. "그 정도 수준의 다재다능함이 있어야 했다." 켄드릭이 말했다. "하지만 이것이 또 의미하는 바는 니그로리그에서 그런 위대한 선수들이 플레이를 했다는 것이다. 나는 야구 역사에서 그들이 가장 위대한 '운동선수' 대열에 들어간다고 묘사한 바 있다. 야구뿐 아니라 어떤 스포츠를 했더라도 잘할 수 있었을 것이기 때문이다."

4월 26일에 알링턴에서 레인저스전 마운드에 올랐던 시점에 오타니 쇼헤이는 아직 투수보다는 타자로서 더 잘해내고 있었다. 그는 1회에 공 29개를 던지고 4실점을 했다. 볼넷 두 개에 타자 몸을 맞히고, 와일드 피치도 한 개 범하며 컨트롤 난조를 보였다. 결정타는 네이트 로우가 오타니의 컷패스트볼을 걷어내 오른쪽 담장을 넘어가는 3점짜리 홈런을 친 것이었다. 오타니는 여간해서는 커터를 던지지 않았는데, 포심 패스트볼 컨트롤이 되지 않자 커터를 시도하기 시작한 터였다. 지난했던 1회 후에 오타니는 포심을 더 던졌고, 투 스트라이크 상황에서 타자를 아웃시킬 때 자주 구사하는 시그니처 스플리터도 되찾았다. 오타니는 이후 5회까지 점수를 허용하지 않았는데, 점수를 내주지 않은 4이닝 동안 삼진 여덟 개를 잡고 볼넷은 없었다.

타석에서 오타니는 1회에 걸어 나가 득점을 했다. 마운드에서 고초를 겪었던 1회 말이 끝나고 곧 2회 초 타석에 선 그는 우측 라인을 따라가는 2루타로 2타점을 올리면서 4 대 3으로 점수 차를 좁혔다. 출루한 그가 마이크 트라웃의 싱글 안타로 홈을 밟으며 경기는 동점이 되었다. 오타니의 두 번째 안타는 번트였다. 대부분의 팀과 마찬가지로 레인저스는 오타니에 대비해 내야수들을 오른쪽으로 시프트했다. 그래서 생긴 3루 근처 빈 구석으로 번트를 댄 것이다. 에인절스는 9 대 4로 경기를 이겼다. 오타니로서는 토미 존 수술을 받기 전인 2018년 5월 이후로 올린 첫 승이었다.

"오늘 밤 그의 플레이를 재미있게 즐기지 않았다면 야구라는 스포츠를 즐기기는 틀린 것이다." 매든이 말했다.

매든은 겨우 75개의 피치 후 오타니를 마운드에서 내렸는데, 물집이 잡히기 시작했기 때문이었다. 같은 달 초에 생겼던 것과 다른 부위에 생긴 물집이었다. 그럼에도 그는 다음 날 경기 라인업에 오타니를 바로 집어넣었다. 다음 일곱 경기에서 오타니는 에인절스의 지명타자로 나왔고, 시즌 28번째 경기까지 27번을 출장했다. 그는 5월 2일 시애틀 매리너스의 좌완 저스터스 셰필드의 시속 150킬로미터 패스트볼에 팔꿈치를 맞았다. 보호 패드에 맞기는 했지만 그래도 에인절스는 그가 다음 선발로 나가기 전에 이틀 정도는 쉬어야 한다고 결정했다. 그는 원래 다음 날 선발투수로 예정되어 있었다. 에인절스는 그를 겸업 선수로 처음 썼던 2018년 딱 이런 상황에서 선발로 나오기 전 하루를 쉬게 했다.

에인절스는 여섯 명 로테이션을 시행하고 있었다. 그러니까 선발투수들 중 누구라도 빠질 상황이 왔을 때 지난번 선발에 이어 통상적인 나흘 휴식을 취한 투수가 적어도 한 명은 있게 되는 셈이다. 5월 3일에 오타니가 투구를 할 수 없게 되자, 에인절스는 대신에 좌완 호세 퀸타나를 마운드에 세우기로 했다. 그는 닷새간의 휴식을 취한 터였다. 매든은 또 오타니가 선발 등판 이틀 전에 어떤 종류든 투구를 못하게 되는 부상을 입는 일이 일어날 가능성을 꽤 높게 보았다. 그러니까 그를 겸업 선수로 쓰는 것 자체만으로도 구단은 벌써 위험을 감수하고 있었다는 뜻이다. 구단은 그를 타순에 집어넣는 위험도 마다하지 않을 생각이었다. "나는 웬 하찮은 사고가 생겼다고 해서 그에게서 이렇게 저렇게 몇 날씩 앗아갈 생각은 없다." 매든이 말했다. "나는 보통 온갖 일에 수선을 떨고 하지 않는다. 이런저런 일이 일어나는 것도 게임의 일부다." 매든은 또 오타니가 뛰고 싶어 한다는 점을 지적했다. 오타니에 대한 접근 방식이 변화하게 된 것 자체가 그의 의지대로 뛰게 해서 더 나은 생산 결과를 얻어내자는 것이었다. 오타니는 몸에 맞는 공을 도루 두 번으로 되갚아주는 선수였다. 그것은 매든 감독에게는 그가 경쟁심이 얼마나 강한지 보여주는 사례였다. "그런 때가 바로 그가 성장하는 순간이다." 매든은 말했다. "'나를 맞혔겠다? 그럼 나는 베이스 두 개를 훔쳐 주지.' 이게 바로 오타니다. 선수가 그런 모습을 보여주는 순간을 감독으로서 어찌 사랑하지 않을 수 있겠는가." 원래 선발로 등판하기로 되어 있던 5월 3일 오타니는 지명타자로 라인업에 들어갔고, 5월 4일에도 마찬가지였다. 일정이 조정된 선발투수 출장 전날이었다.

    다시 투구에 나섰을 때는 팔꿈치도, 물집도 말썽을 일으키지 않았다. 하지만 컨트롤의 어려움은 여전했다. 오타니는 익숙한 패턴을 되풀이하면서 1회에 투구 21개에 두 명을 볼넷으로 내보냈다. 이 시합에서 오타니는 여섯 명을 걸려 보냈다. 실점은 하지 않았고 안타도 하나밖에 맞지 않았지만 볼넷이 투구 수를 늘리는 바람에 5이닝이 버틸 수 있는 마지막이었다. 에인절스의 불펜이 3점을 내주면서 경기는 패배했다.

    그때까지 나온 네 번의 선발 등판에서 오타니는 18과 3분의 2이닝을 던지는 동안 2.41의 평균자책점을 기록하고 30개의 삼진을 잡았다. 볼넷은 무려 19개로, 지속돼서는 안 될 충격적인 수치였다. 공격에서 오타니는 첫 27경기에서 홈런 아홉 개를 때리고 0.264의 타율을 냈다. OPS는 0.938이었다. 공격 면에서 짚어볼 난맥은 삼진을 28번 당하는 사이에 볼넷은 다섯 개밖에 얻지 못했다는 점이다. 시즌 첫 달에 오타니는 낙관할 이유를 많이 내놓았지만, 한편으로 마운드와 타석에서 모두 스트라이크 존을 컨트롤하는 데 공히 어려움을 겪고 있었기 때문에 변화를 주지 않으면 다른 모든 것까지 다 날려버릴 판국이었다. 하지만 오타니는 지구촌 저쪽뿐만 아니라 이쪽의 야구 인생에서도 살아남는 방법을 안다는 것을 입증해온 터였다.

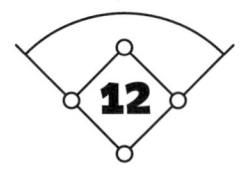

황금률

오타니에게 제약을 두지 않는 방침은 한 미래 명예의 전당 입회자의 자리가 날아가는 대가가 따랐다. 에인절스는 2021년을 계획하면서 투구 일정이 있는 날 즈음에 오타니를 쉬게 하려고 했다. 과거에도 그런 식으로 했기 때문이다. 그러나 스프링 트레이닝과 시즌 첫 달을 지나면서 구단은 오타니에게 그런 휴식이 반드시 필요한 것은 아니라는 깨달음을 얻었다. 오타니는 투수로 나서기 전날에도, 다음 날에도 지명타자로 나설 수 있었다. 같은 날에 공을 때리기도 하고 던질 수도 있었다. 그것은 이제 근사했던 야구 인생의 종착역으로 향해가고 있던 마흔 한 살의 알버트 푸홀스가 지명타자로 뛸 기회가 줄어들었다는 의미로 이어졌다. 에인절스에게 방출당했던 5월 6일에 푸홀스는 0.198을 치고 있었다. 푸홀스가 더 이상 생산성이 없다는 사실이 분명해졌다고는 해도 에인절스가 그를 내보내는 방식은 뜻밖이었다. 푸홀스는 지난 아홉 시즌을 에인절스에서 뛰는 동안 600개의 홈런 고지를 넘고 3000안타라는 기념비를 세우며 이 구단 유니폼을 입고 쿠퍼스타운에 입성할 이력을 추가해나간 터였다. 구단은 2억 4000만 달러의 계약에서 아직 2500만 달러의 짐에 묶여 있었다. 웨이버 공시에 푸홀스를 데려가겠다고 나서는 구단이 하나도 없었기 때문이다. 그의 계약을 가져가겠다는 팀은 없었다. 에인절스에서 공식적으로 방출당하고 나서, 푸홀스는 최소 급여에 벤치 자리를 채우려고 LA 다저스와 계약했다. 최소 급여를 뺀 나머지는 에인절스가 질 몫이었다.

에인절스는 대타자와 멘토 역할로 푸홀스를 데리고 있을 수도 있었으나, 그에게 내줄 주전 자리가 없다는 사실은 분명했다. 떠오르는 젊은 선수 재러드 월시가 1루를 보았고 지명타자는 오타니였다. 두 선수 다 푸홀스의 생산성을 훨씬 웃돌고 있었다. 시즌이 시작되기 전에는 구단이 확신하지 못했던 전개였다. 월시는 2020년 시즌 말미에 뜨거운 한 달을 보냈다가, 2021년 스프링 트레이닝에서는 엉망진창이었다. 오타니는 2020년 시즌에 어려움이 많았다.

그랬던 오타니의 2021년이 폭발하기 시작했다. 4월에 타석과 마운드에서 온갖 고무적인 신호를 보냈다면, 5월에 그의 게임은 새로운 차원으로 올라가기 시작했다.

5월 11일에 오타니는 휴스턴의 미닛메이드 파크 마운드에 올랐다. 2년 반 전 토미 존 수술을 피하려던 그의 꿈이 허망하게 사라지고만 곳이었다. 오타니는 2018년 9월 2일 애스트로스전에 나섰다. 척골측부인대 손상으로 3개월간의 재활을 마친 다음이었다. 투구 수는 49개였고, 며칠 후 그의 인대가 파열됐음이 밝혀졌다. 그때 이래로 야구계의 눈은 오타니가 수술 전과 마찬가지로 최선봉의 선발투수가 다시 될 수 있을지 보기 위해 기다려왔다. 이번에는, 그가 돌아왔다.

타자에게 유리한 구장에서 위험한 타선을 마주한 오타니는 7이닝 동안 1점을 내주었다. 더 인상적인 부분은 시즌 첫 네 번의 선발에서 그를 물고 늘어지던 컨트롤 문제가 사라진 것이었다. 그는 볼넷 하나를 주고 10명을 삼진으로 잡았다. 21개의 아웃카운트를 잡는 데는 88개의 공밖에 필요하지 않았다. "엄청난 광경이었다." 조 매든 감독이 말했다. "오타니가 패스트볼 제구력을 찾을지 두고 보자는 것, 그것이 내가 계속 말해오던 것이다. 오타니는 오늘 같은 모습을 앞으로도 계속 보여줄 것이다. 이상적인 플레이였다. 정말 눈이 부셨다."

프리게임 웜업에서는 "몸이 무겁고 물 먹은 솜같이" 느껴졌다고 경기 후 말했으나, 그럼에도 3년 만에 보여준 최고의 게임에서 그루브를 한껏 이끌어냈다. "몸이 아주 효율적으로 작동하는 것처럼 느껴졌고 불필요한 동작이 전혀 나오지 않았다." 오타니가 말했다.

이 게임은 또한 에인절스의 '오타니 사용설명서'에 새로운 이정표를 찍어주었다. 구단은 오타니를 마운드와 동시에 라인업에 넣기 위해 지명타자를 포기하고 그를 2번 타순에 넣었다. 구단은 경기 후반에도 오타니가 계속 타격을 하도록 전에 없던 작전을 취했다. 에인절스의 9번 타자 커트 스즈키가 8회 초 마지막 아웃을 당하면서 오타니의 타석은 한 타자 다음이 되었다. 매든 감독은 7회 말을 던지는 것을 끝으로 오타니의 투수 임무는 끝내기로 했지만 게임은 동점 상황이었고 오타니를 계속 타석에 세우는 것이 좋겠다고 생각했다. 8회 말에 에런

슬레거스가 마운드를 이어받으면서 오타니는 우익수로 자리를 옮겼다. 오직 오타니 같은 선수에게만 적용할 수 있는 더블 스위치의 반대 버전이라고나 할까. 에인절스에게는 안타깝게도 슬레거스와 이어 나온 구원투수 두 명이 애스트로스에게 4점을 내주면서 오타니가 다시 타석에 들어섰을 때 막상막하의 게임은 무너져 있었다.

에인절스는 시합에서 졌고, 오타니를 다시 한번 타석에 세운 것도 의미를 잃었다. 하지만 그 순간만큼은 의미가 없지 않았다. 오타니에게 지워진 제약을 풀어준 또 다른 예를 만든 순간이었기 때문이다. 오타니는 외야 수비는 연습도 하지 않았지만 구단은 그의 타고난 운동 능력이면 충분할 것이라고 생각하고 내보냈다. 부상의 위험도 무릅쓰고 이를 강행했다. 펜스에 부딪칠 수도 있고, 송구를 하다가 팔을 다칠 수도 있었다. 그럼에도 오타니가 타석에 또 한 번 나갈 수 있다면 해낼 수 있다고 다짐을 두었기에 구단도 도박을 걸어볼 의지가 생긴 것이었다. "뒤집을 수도 있는 시합이었다." 오타니가 말했다. "타석에서 일을 낼 수 있다면 나는 얼마든지 나간다."

여러 날이 지난 5월 16일 보스턴에서 오타니는 그 일 낼 기회를 잡았다. 에인절스는 9회 초 투아웃에 레드삭스에 5 대 4로 밀리고 있었다. 일요일 오후의 연전 마지막 경기였다. 마무리투수 맷 반스와 마주한 마이크 트라웃이 우측 빈 공간에 떨어지는 행운의 안타를 만들어 냈다. 트라웃 앞 순번에서 치다가 그날은 트라웃 뒤로 타순이 바뀐 오타니가 시속 156킬로미터 패스트볼을 잡아당겨 저 유명한, 우측 라인 끝 페스키 폴 바로 안쪽에 떨어뜨렸다. 에인절스가 경기의 마지막 아웃카운트를 남겨놓고 역전 홈런을 터뜨린 것은 8년 만의 일이었다. 오타니는 메이저리그 생활을 하면서 그때까지 친 59개의 홈런 중에서 그 홈런이 가장 의미가 컸다고 이야기했다. 특히 에인절스가 시리즈의 앞 두 경기에서 무참하게 패한 다음에는 더욱 그랬다. 금요일에는 7회에 역전을 당해버렸고, 토요일에는 9 대 0으로 완패했다. "앞선 두 경기가 패한 방식이 좋지 않았다." 오타니가 말했다. "이 시합에서 만회한 것이 우리에게는 의미가 아주 크다. 우리는 어느 팀이든 물리칠 수 있고, 잘 굴러갈 수 있음을 보여주었다."

그러나 그 좋은 기분은 고작 하루밖에 가지 않았다. 5월 17일 애너하임에서 열린 클리블랜드 시리즈 첫 경기 첫 이닝에서 트라웃은 주루를 하던 중 오른쪽 다리에 이상을 느꼈다. 얼마나 아팠던지 처음에 트라웃은 공에 맞은 줄로 생각했다고 한다. 다음에 든 생각은 아킬레스를 날려버렸나 하는 것이었다. 트라웃은 그것이 2급 종아리 염좌에 지나지 않는다는 것을 알고 안도했지만, 그럼에도 6주에서 8주가 날아갈 것이 예상되는 부상이었다. 그게 다가 아니었다. 훨씬 더 나쁜 일이 기다리고 있었다. 7월에 또 부상을 입어 시즌 아웃이 되고 만 것이다.

5월에는 트라웃이 부상으로 부재해도 에인절스에게도 어찌어찌 지탱할 희망이 있었다. 오타니가 한 주 한 주가 지날수록 적응하고 더 좋은 퍼포먼스를 펼친 덕분이었다.

2021년 에인절스에서 뛰게 되었을 때 우완투수 알렉스 콥은 빅 리그에서 10번째 시즌을 맞이하는 베테랑이었다. 그는 산전수전 공중전을 조금씩 다 맛본 롤러코스터 같은 선수 생활을 이어왔다. 신동이라는 찬사 속에서 스물세 살에 탬파베이 레이스로 승격한 후 스물일곱 살에 토미 존 수술을 거치고, 부상과 싸우고 귀환해 서른 살에 볼티모어 오리올스와 5700만 달러 계약을 따냈으나, 서른세 살에 그 계약이 에인절스에 덤핑으로 던져졌다. 콥은 오타니 쇼헤이와 시합에서 마주친 적이 별로 없었지만, 같은 유니폼을 입게 되자 이내 팬이 되었다. 시즌 몇 달이 지나면서 콥은 새로운 의미에서 오타니에게 경탄하기 시작했다.

 오타니가 노장들이 힘으로 누를 원초적 구위를 더 이상 구사하지 못하게 되었을 때 쓰는 방식의 플레이도 할 줄 안다는 것이 어느 날 문득 콥의 눈에 들어왔다. 다만 오타니에게는 타자를 윽박지를 구위가 여전히 있었지만 말이다. "투구를 실행하는 그는 엘리트 타입의 분위기를 풍긴다." 콥이 말했다. "그는 점점 더 장기를 더해 가는 최고의 선수일 뿐만 아니라, 최고의 투구 능력을 갖춘 선수로 변신하고 있다. 바뀐 그의 모습은 그야말로 무시무시할 것이다. 올해는 그가 빅 리그에서 진정한 투수로서 보내는 첫 풀 시즌이 될 것이다. 투수가 배워나가며 자신의 방식을 세우는 데는 오랜 시간이 걸린다. 오타니와 같은 구위를 가진 투수들은 많다. 하지만 그 구위를 공을 던지는 능력과 결합

12. 황금률

시켰을 때 메이저리그에서 톱 5에 드는 투수가 되는 것이다."

투수로서 오타니의 상승 기세는 그가 마운드에서 마침내 충분한 시간을 보내게 되었다는 사실이 크게 작용했다고 할 수 있다. 2019년과 2020년 시즌에 그는 두 번의 메이저리그 경기에서 도합 16명의 타자를 상대했다. 그는 팔의 힘을 되찾기 위해서는 마운드에서 벗어날 시간이 필요했고, 그 밖에 다른 모든 것을 되찾기 위해서는 마운드에 있는 시간이 필요했다. 얼마나 참아내야 했을까. 투수 코치 맷 와이즈가 2021년 6월에 한 말이다. "그는 작년에 많은 이닝을 소화하지 못했다."

투수로서 건강을 유지하고 있을 때조차 그의 루틴에는 방해하는 요소가 종종 끼어들었다. 2018년 4월에는 물집이 말썽이었고, 사소한 발목 부상에도 시달렸다. 2021년 4월에도 물집이 또 속을 썩였다. 그다음 달에는 팔꿈치에 공을 맞아 선발 등판이 미루어졌다. 하지만 그 후로는 마운드에 오를 기회를 계속 빼앗는 신체적 문제를 전혀 겪지 않고 몇 달간 순항했다. 그 시기에 그의 선발이 연기된 유일한 때는 에인절스가 5월 27일 오클랜드에 있을 때였다. 오타니는 에인절스의 전세 버스에 탔다가 교통 체증 때문에 구단이 샌프란시스코에 잡은 호텔 근처에서 발이 묶이고 말았다. 버스가 시간에 맞추어 베이 브리지를 건널 길은 난망했고, 오타니와 통역사 미즈하라 잇페이, 포수 커트 스즈키는 지역 전철인 바트를 탔다. 그런데 열차를 잘못 타는 바람에 구장에 늦게 도착해서 오타니의 선발은 다음 날로 미뤄질 수밖에 없었다.

교통 문제 따위는 오타니의 가는 길을 막지 못했다. 오타니는 그로부터 두 달간 정규 이닝을 충분히 던지고, 그 사이에 투구 메커니즘과 구종 레퍼토리를 정제했다. 일본을 떠난 이래로 거의 던지지 않았던 컷패스트볼이 그 기간에 상당히 향상되었다.

커터. 마리아노 리베라와 로이 할러데이의 시그니처 구종으로, 그들은 메이저리그 커리어 초반에 이 구종을 레퍼토리에 덧붙이면서 명예의 전당으로 향하는 길을 닦기 시작했다. 커터는 전통적인 포심이나 투심 패스트볼과는 살짝 다른 그립으로 던지는데, 좀 더 수평적인 궤적을 갖는다. 오타니는 일본에서는 커터를 던졌지만 메이저리그에 들어온 2018년이나 2020년 두 번의 선발에서는 커터를 한 번도 던지지 않았다. 2021년 4월에 그는 커터를 실험해보았고, 5월 무렵에는 그의 무기고에 커터가 의미 있는 자리를 차지하기에 이르렀다. "그냥 또 다른 장난감이다." 스즈키가 말했다. "그에게 무기는 차고 넘친다." 오타니는 커터를 20~30퍼센트 섞어 던지기 시작했다. 커터는 보통 공이 방망이에 약하게 맞도록 유도하기 때문에 투구 수를 늘리지 않고 아웃카운트를 빠르게 잡는 데 유용하다. 2021년에 오타니의 커터는 평균 시속 140킬로미터였고, 상대 타자들은 커터에 맞서 0.241밖에 치지 못했다. 포심 패스트볼은 대조적으로 평균 시속 154킬로미터로 훨씬 세게 던지는데도 피안타율이 0.294였다. 투타 겸업 선수로서 오타니는 에너지를 보존하는 문제를 끊임없이 관리해야 했고 커터는 그 과제에 딱 도움이 되었다. 그는 팔에 스트레스를 주는 최대 구속의 패스트볼이나 브레이킹볼에 기대지 않으면서도 아웃카운트를 잡을 수 있게 되었다. 투구를 한층 더 효율적으로 관리하게 되면서 공 100개의 선을 넘지 않고도 더 많은 이닝을 던질 수 있게 된 것이다.

오타니는 포심 패스트볼의 구속을 가지고 노는 능력도 계속해서 시연해 보였다. 시즌 첫 선발 경기에서 그는 시속 161킬로미터를 아홉 번 찍었다. 그러고선 올스타게임에서 관중의 흥을 돋우기 위해 한 번 던졌을 뿐, 9월까지 그런 볼을 다시 던지지 않았다. 구속을 낮춘 것이 더 나은 컨트롤로 이어졌고, 그것이 4월에 그를 성가시게 하던 물집 문제에도 종지부를 찍어주었다. 오타니는 한 게임에서 물집 때문에 구속을 낮추었는데, 그 변화는 오로지 물집 때문이지 다른 이유로 고의적으로 준 것은 아니었다고 말했다. 그러나 공을 받은 포수의 생각은 달랐다.

"엄청나게 영민한 친구다." 스즈키가 말했다. "나는 그가 내가 함께 호흡했던 그 어떤 투수들보다 자신의 몸을 잘 알고 있다고 생각한다. 그는 언제 빼야 하고 언제 더해야 하는지를 안다. 중대한 상황에서는 필요하면 158킬로미터짜리 공 두어 개를 퍼올린다. 하지만 스트라이크를 던질 때도 스플리터와 브레이킹볼과 온갖 구종으로 타자들의 출루를 막을 수 있다는 것을 여전히 안다."

메이저리그에서 9년간 공을 던지고 마이너리그와 메이저리그에서 10년간 코치를 해온 맷 와이즈는 이렇게 말했다. "오타니는 내가 본 어느 투수보다도 더하고 빼는 능력이 출중하다. 시속 146~160킬로미터를 자유자재로 왔다갔다한다. 그런 기술을 가진 선수는 많지 않다."

야구 연구자인 에릭 프리덴은 스스로 '비축 파워 reserve power'라고 명명한 것을 추적했다. 이것은 압박이 큰 상황에서 투수의 구속이 늘어나는 양상을 재는 것이다. 2021년 오타니의 패스트볼 평균 구속은 주자가 없는 상황에서는 평균 시속 153.4킬로미터, 득점 주자가 나간 상황에서는 155.8킬로미터였다. 프리덴은 2008년부터 이 통계를 내기 시작했는데, 그의 측정에 따르면 2021년 오타니의 비축 파워는 장래 명예의 전당 입회자 저스틴 벌랜더와 구원투수 앤드루 밀러 말고는 능가하는 투수가 없었다. 밀러는 딱 한 시즌 그런 기록을 가졌고, 벌랜더는 일곱 시즌 동안 최고의 비축 파워를 발휘했다. 오타니는 이런 현상을 스스로 아주 잘 인식하고 있었다. "타자들이 베이스에 나가면 구속이 올라가는 느낌이다." 오타니가 말했다. "그건 뭐랄까, 그냥 저절로 되는 것이다. 내가 일부러 컨트롤하고 그런 게 아니다."

프리덴은 '지속 파워staying power'라고 부르는 것도 추적했다. 투수가 경기 후반에 가서 얼마나 구속을 늘릴 수 있는지 측정하는 것이다. 오타니의 2021년 시즌은 프리덴의 리스트에 따르면 7위였다. 스즈키가 말하기를 오타니는 구속을 능숙하게 조절하면서 "자기 페이스를 지켰다".

하지만 오타니에게 패스트볼의 속도보다 더 중요한 것은 컨트롤이었다. 4월에 조 매든 감독은 오타니의 패스트볼을 두고 "천지 사방에 가서 꽂힌다"라고 묘사했다. 첫 선발 네 경기에서 9이닝당 9.2명의 타자를 볼넷으로 출루시켰고, 그 후 19번의 선발 경기에서는 9이닝당 2.0명을 걸어서 내보냈다. 오타니는 스트라이크 존에 공을 집어넣지 못하고 볼카운트에서 밀릴 때면 그의 시그니처 스플릿 핑커 패스트볼로 타자를 속이는 데 어려움이 더 커졌었다.

그러던 것이 6월 4일에 한꺼번에 정리가 되었다. 오타니는 시애틀 매리너스전에서 10명을 삼진으로 잡고 단 한 명도 걸려 보내지 않으면서 승을 거두었다. 통산 20경기를 선발로 나와서 볼넷을 주지 않은 것은 그때가 처음이었다. 그는 여덟 개의 스플리터를 던졌고, 매리너스 타자들은 그중 일곱 개의 공에 삼진을 당했다. "그는 야구가 보여줄 수 있는 특별한 구종 하나를 가졌다." 스콧 서비스 매리너스 감독이 말했다. "오타니의 스플리터는 최고다. 오늘 밤처럼만 그 공을 제구한다면 상대 팀은 정말 쩔쩔 맬 것이다. 메이저리그에서 이보다 좋은 피치는 볼 수 없을 것이다.'

두 번의 선발 등판 후에 오타니는 투수로서 얼마나 발전했는지를 한 걸음 더 나아가 증명해 보였다. 6월 17일 디트로이트 타이거즈전 마운드에 오른 그는 이제까지 슬라이더를 많이 던지지 않았음을 인식하고 있었다. "나는 원래 좌타자들에게 슬라이더를 더 많이 던지려는 계획을 세웠었다. 피안타율이 아주 낮았기 때문이다." 오타니가 말했다. "일단 슬라이더를 던지고 보니, 점점 잘 들어가는 기분이 들었다. 그래서 좌우를 가리지 않고 계속 던져보았다." 오타니의 그날 밤 투구 중 41퍼센트가 슬라이더였다. 지난 선발에서는 단 2퍼센트밖에 안 되었던 구종이다.

그것은 오타니의 특별한 자질을 보여주는 또 하나의 예였다. 한 게임 한 게임마다 그가 이번에는 어떤 구종에 집중할지 종잡을 길이 없는 것이다. 2021년 시즌에 그의 패스트볼 구사는 76퍼센트에서 19퍼센트까지의 범위로 이루어졌다. 예전 경기들에서 아예 던지지 않았던 커터는 29퍼센트로 치솟았다. 네 가지 이상의 구종을 구사하며 2021년에 500명 이상의 타자를 마주한 투수들 중에서 오타니는 구종 사용에 가장 많은 변화를 준 투수였다. '더 링어'의 벤 린드버그의 분석이다. 스즈키는 오타니가 게임에서 던진 투구 하나하나의 느낌을 토대로 해서 원정길 비행기 안에서 경기 계획을 짜는 일이 많다고 했다.

타이거스를 마주한 오타니는 슬라이더로 내달리며 6이닝까지 1점밖에 내주지 않는 퍼포먼스를 펼쳤다. 에인절스는 7회에 터진 테일러 워드의 만루 홈런으로 아슬아슬하던 게임의 균형을 깼다. 에인절 스타디움의 3만 790명 팬들이 함성을 분출했다.

그날은 에인절 스타디움이 관중 수 제한 없이 627일 만에 경기를 연 첫날이었다. 2020년 메이저리그는 코로나19 탓에 텅 빈 구장에서 경기를 했다. 2021년 초에도 지역별 규정에 따라 제한적으로 관중을 받았다. 마침내 규제가 풀리고 에인절스가 '재개막일'이라고 이름 붙인 날이 되자 관중석은 다시 채워질 수 있게 되었다. 두 시즌 만에 관중을 꽉 채운 첫 게임에 오타니가 투수로 나선 것은 우연이었지만 어딘가 딱 들어맞는 우연이었다. 2018년 투타 겸업 선수로서 메이저리그에 데뷔했을 때 징검다리 식으로 퐁당퐁당 쓰이다가, 2021년에 문이 완전히 개방되자 그의 게임은 다시 한번 최고조를 달리게 되었다.

이와세 카오루는 서른여덟 살의 웨딩 플래너로 2014년 일본에서 캘리포니아주 오렌지카운티로 이주했고, 첫 몇 년 동안 에인절스의 게임을 보러 주기적으로 경기장을 찾았다. 2018년에 오타니가 에인절스로 오자 그녀의 경기 관람은 집착에 가까운 것이 되었다. 이와세는 오타니의 첫 두 해에 시즌당 60경기 정도를 관람했다고 한다. 팬데믹 후 2021년 구장들이 팬들에게 다시 열리자 이와세는 더 대담한 계획에 착수했다. 그녀는 162경기 전부를 가고 싶었다.

"오타니 쇼헤이의 플레이를 보는 건 현재 내 삶에 일종의 동기부여가 된다." 2021년 시즌이 끝났을 때 이와세는 이렇게 말했다. "그는 볼 때마다 뭔가 훌륭한 일을 해낸다. 홈런, 도루, 기록 깨기. 내가 그날 경기를 놓치면, 뭔가를 놓치게 되는 것이다."

이와세는 원정 게임도 다수 포함해서 136번의 에인절스 경기를 보는 것으로 2021년을 마감했다. 그녀와 그녀의 남편 도모유키는 오타니를 따라다니려고 미 전역을 돌며 약 5만 달러를 썼다. 그녀는 웨딩 플래너 사업 운영은 남편에게 맡겨놓고 원거리로 일을 하며 혼자서도 많은 경기에 갔다. "솔직하게 말하면 올해 나는 웨딩 플래너 일을 접은 것이나 다름없었다."

이와세는 오타니의 넘버원 팬임을 자처하며, 누군가는 이견이 있을 수도 있지만 오타니 마니아를 주도하는 얼굴을 자처하며 일종의 브랜드를 세웠다. 2018년 오타니가 도착하자마자 메이저리그를 꽉 휘어잡은 브랜드 말이다. 2021년 시즌 초반에 이와세는 오타니를 따라다니는 여정을 기록하기 위해 인스타그램 계정과 유튜브 채널을 열었다. 5월 보스턴 레드삭스의 펜웨이 파크에서 오타니의 9회 역전 홈런을 포스팅

했을 때, 그녀의 유튜브 채널은 크게 바이럴되었다. 시즌이 끝나갈 때 구독자는 15만 명이 넘었고, 몇 개 안 되는 동영상은 모두 100만 뷰를 넘었다.

이와세는 여행을 가고 동영상을 편집하느라 밤마다 두 시간밖에 자지 못한다고 했다. 그녀는 또 게이트가 열리는 즉시 구장으로 들어가기 위해 애썼다. 오타니가 프리게임 웜업을 하는 모습을 보거나, 어쩌면 사인을 받을지도 모를 기회를 잡고 싶어서였다. 한번은 뉴욕에서 사인을 받을 뻔했지만 오타니가 딱 그녀 차례 앞에서 사인을 끝내 버렸다고 한다. 이와세는 대개 1루 쪽 자리에 앉았다. 오타니의 홈런 볼을 얻을 수 있는 가능성이 가장 큰 위치이기 때문이다. 비록 홈런 볼은 손에 넣지 못했지만 오타니가 프리게임 훈련에서 던져주는 공을 두 번 받은 일은 있었다. 그녀는 시즌이 끝나고 플라스틱 케이스에 공을 넣어 자랑스럽게 전시했다.

이런 시간을 지나오면서 이와세는 다른 구단의 팬들을 오타니의 팬으로 만들기도 했다. "처음에는 야유를 받았지만 나는 계속 소통을 이어나갔고 게임이 끝날 즈음에 우리는 하이파이브를 하고 있었다." 그녀는 애너하임이나 다른 곳에서 만난 다른 에인절스와 오타니 팬들과 친구가 되기도 했다.

이와세를 오타니의 가장 열성적인 팬 중 한 명이라고 할 수도 있겠지만 사실 그녀 같은 사람은 아주 많다. 일본에서 온 팬들이 에인절 스타디움으로 줄지어 들어온다. 1루 관중석에는 일단의 팬들이 '오타니 랜드'라고 적은 플래카드를 들고 정기적으로 나타난다. 오타니의 원정

길을 따라다니는 팬들의 열성적인 면을 잘 보여준 경기가 2018년 4월에 열린 캔자스전이었다. 일본에서 온 여대생 세 명이 어찌나 크게 소리를 질러댔던지 안전요원이 오타니가 배팅을 할 때는 소리를 줄여달라고 부탁할 정도였다. 일본에서 그런 대접에 익숙했던 오타니는 자기는 조용히 해달라는 요청을 한 적이 없다고 주장했다. 에인절스가 가는 구장마다 오타니 저지를 입은 팬 무리, 일본에서부터 온 많은 팬들이 점점 자리를 차지하고 있었다.

시즌이 열리는 동안에는 오타니 덕분에 일본에서 오렌지카운티로 가는 관광이 활기를 띠었다. 시의 관광 업무 담당 기관인 '비짓 애너하임'은 2018년에 일본 관광객 수가 그전의 두 해보다 4퍼센트가 늘었다고 전했다. 오타니가 부상자 명단에서 풀린 2019년 5월에 이 현상은 재계되었다. "작년에 그랬듯이 이제 오타니 쇼헤이가 부상에서 돌아오니 게임을 보러 가는 사람들이 부쩍 늘었다."[1] 2019년에 비짓 애너하임의 마케팅 전무 찰스 해리스가 한 말이다.

오렌지카운티 일본인 협회 회장인 오타니 키헤이가 2021년에 말하기를, 야구팬이든 아니든 현재 모든 일본 사람들에게 오타니는 자부심의 원천이다. "우리 지역사회에서 그는 말할 것도 없이 환하게 빛나는 존재다. 여기 사는 일본계 미국인들은 모두 그의 경기를 볼 생각에 흥분해 있다. 일본계 미국인들 중에서 그를 응원하지 않고, 경기를 보러 가서 응원할 생각이 없다는 사람은 상상조차 할 수 없다."[2]

물론 오타니는 일본만의 자부심은 아니다. 그는 단연 독보적인 야구 스타다. 그는 거의 1세기 동안 아무도 하지 못했던 투수와 타자 겸업에 성공한 스타다. 그가 2018년 마운드를 밟는 순간 관중 수는 비약했고, 그런 현상은 2021년에도 마찬가지로 이어졌다. 야구 통계 전문 매체 '베이스볼 프로스펙터스Baseball prospectus'의 로버트 아서에 따르면, 시즌 중반 무렵에 오타니가 투수로 나오는 날에는 평균 3000명의 팬들이 에인절 스타디움에 더 들어왔다.

6월에 팬데믹 규제가 드디어 풀리고 에인절 스타디움의 모든 좌석을 팔 수 있게 되었을 때, 에인절스는 이 목요일 '재개막일'에 오타니를 마운드에 세우고 3만 709장의 티켓을 팔았다. 이어지는 주말에 열린 주말 3연전은 최대로 모은 관중 수가 2만 3175명이었다. 오타니가 지명타자로만 뛴 경기들이다. 원정경기에서도 마찬가지였다. 6월 말 에인절스는 뉴욕으로 원정을 떠났고, 오타니가 선발로 등판한다고 하자 수요일 밤인데도 3만 714명의 팬들이 운집했다. 월요일과 화요일 게임에는 관중 수가 적어도 5000명은 덜 들어왔다. 에인절스는 8월 2~5일까지 텍사스에서 4연전을 했고, 오타니 선발 경기는 2만 7360명의 관중을 끌어들였다. 시리즈의 나머지 세 경기보다 6000명은 더 들어온 수였다.

늘어난 팬들은 오타니가 타격하는 모습도 보고 싶어 했다. 2021년에 적어도 두 번, 그러니까 미네소타와 볼티모어에서 오타니가 고의 사구로 출루하자 홈 관중이 자기 팀에 야유를 보내는 일도 있었다.

한편 지구 반대편의 팬들도 오타니에 대한 굳건한 관심을 놓지 않았다. 오타니가 태어난 일본 북부의 오슈에서는 매달 17일을 '오타니데이'로 기념한다. 그의 등번호에 대한 일종의 경배다. 17일이면 은행이고, 식당이고, 병원이고 온 도시 사방에 오타니 저지를 입은 사람들이 돌아다닌다. 이 전통은 2018년 이래 점점 자라나고 있다.

메이저리그 첫 두 해에 오슈 주변의 논들은 오타니의 얼굴 모양으로 그려지고 파이고 했다. 그들은 2020년 팬데믹 와중에 몰려오는 관광객을 막기 위해 이 예술 작업을 중단할 수밖에 없었다. 오슈 시청에는 레이저로 정교하게 디자인한 오타니 손 모형 조각이 있다. 오슈가 낳은 가장 유명한 아들과 악수를 하고 가라는 의미다. 오슈시에서 오타니의 업적에 대한 자부심이 역사적인 2021년 시즌에는 언제까지고 부풀어 올랐다.

"우리는 아주 오랫동안 오타니를 응원해왔다." 오슈시 홍보부장 오코시 가쓰요시가 말했다. "하지만 이번 시즌에 그는 차원이 다른 레벨로 올라갔다. 그래서 친구들과 얘기하다 보면, 그가 이젠 너무도 거물이 된 나머지 이렇게 자문하게 된다. 그가 정말 여기서 자랐다고? 이 도시에서 나온 사람이라고?"3

팬들이 2021년 시즌 전반기에 오타니가 해낸 일을 하나하나 음미하고 있는 사이, 야구의 궁극적인 '인기 경연대회'에서 그가 멀찌감치 앞질러 나간 것은 그리 놀랄 일도 아니었다. 6월 14일에 발표된 첫 올스타 투표 결과에서 오타니는 지명타자 부문에서 2위 선수보다 두 배에 가까운 표를 얻었다. 그가 1위로 얻은 표는 52만 5000표를 조금 넘었다. 보스턴 레드삭스의 J. D. 마르티네즈는 저 멀리 떨어진 2등으로 30만 표를 조금 못 미쳐 받았다. 하지만 2021년에 올스타 선정은 두 단계로 이루어졌다. 1차에서 오타니는 200만 표 가까이를 얻으며 끝냈고, 마르티네즈는 75만 표를 약간 넘었다. 그러고 나서 마르티네즈, 그리고 3등으로 끊은 휴스턴 애스트로스의 요르단 알바레스와 나흘간에 걸친 결승 투표에 들어갔다. 오타니는 7월 1일 2차 투표에서도 공식적으로 지명타자 자리를 차지하며 1등을 했다. "내겐 꽤 커다란 사건이다." 오타니는 말했다. "내가 가장 원하고 최우선으로 삼는 것은 팀의 승리다. 내가 경기에서 뛰고 팀이 이기는 데 보탬이 된다면 올스타로 뽑히는 것은 자연스럽게 따라올 일이다."

하지만 이야기는 거기서 끝이 아니었다. 오타니가 과연 올스타에서 투구를 하게 될지 하는 두 번째 질문이 남아 있었다. 올스타게임에 나가는 투수들은 팬들이 아니라 선수들과 커미셔너 사무실 몇몇 사람들의 표로 뽑힌다. 여기서 좀 복잡해지는 것이, 표준적인 야구 규칙은 선수가 같은 게임에서 지명타자와 투수로 동시에 뛰는 것을 허용하지 않는다는 점이다. 에인절스는 오타니를 투수와 타자로 동시에 뛰게 한 경기에서는 지명타자 사용권을 반납했다. 오타니가 공을 던질지, 메이저리그 사무국이 그에게 맞추기 위해 룰을 살짝 비틀 것인지, 이 질문은 7월 13일 덴버 쿠어스 필드에서 열리기로 된 게임이 가까이 다가오면서 전부 해소되었다.

오타니가 참여할 수 있을지 사람들이 궁금해하는 올스타게임 이벤트가 또 하나 있었고, 오타니가 올스타에 공식적으로 뽑히기도 전에 이 의문 역시 해결되었다. 넉넉하게 1등을 차지한 첫 번째 투표 결과가 발표되고 며칠 후, 오타니는 홈런 더비 참가자로 선정되었다.

오타니는 2018년 장타 홈런을 뻥뻥 치기 시작한 루키 시절부터 홈런 더비와 인연이 있었다. 첫해에 투수든 타자든 올스타로 뽑힐지조차 미지수였음에도, 오타니가 홈런 더비에 뽑혀야 하는지를 주제로 많은 의견이 오갔다. 당시 오타니는 관심을 보였지만, 부름은 결국 오지 않았다. 그는 올스타게임 한 달 전쯤에 팔꿈치를 다쳤고, 대회가 열리기 일주일 전에야 타자로서 라인업에 돌아왔던 차였다.

하지만 2021년에는 예전과 같은 건강 문제가 없었다. 유일한 질문은 그가 더비 초청을 받아들일지 여부뿐이었다. 선수들은 세계 곳곳으로 송출되는 TV 중계와 100만 달러의 상금 덕에 뿜어져 나오는 아드레날린으로 갈비뼈가 덜컥거릴 만큼 방망이를 휘두른다. 그렇지 않아도 투구와 타격 업무량의 균형을 맞추려고 애쓰는 선수 입장에서는 이 더비는 건너뛰어야 마땅할 일이었다. 하지만 오타니는 해보고 싶었다. "며칠간 어떤 선택이 좋을지 따져보고 생각했다. 그러고 나서 참여하고 싶다는 결론을 내렸다." 조 매든 감독도 관리라는 명목하에 오타니를 가로막을 생각은 없었다. "여느 홈런 더비나 다름없다. 참여해야 하나 말아야 하나, 나갔다가 다치지는 않을까, 지치지는 않을까? 같은 질문을 할지도 모르겠다. 그런데 나는 정말 그런 식으로 생각이 돌아가는 사람이 아니다. 홈런 더비는 그를 심지어 지금보다도 더 세상에 드러내줄 좋은 기회다."

홈런 더비가 오타니를 더 드러내줄 기회이기는 했지만, 그렇다고 그의 참가가 단순히 홍보나 일본 시청자들을 TV 앞에 끌어들이려는 목적이 아니냐고 꼬집는 사람은 어디에도 없었다. 오타니는 시즌 내내 입이 떡 벌어질 만한 페이스로 홈런을 뻥뻥 터뜨렸다. 오타니와 토론토 블루제이스의 블라디미르 게레로 주니어는 4월 말부터 메이저리그의 홈런 선두 자리를 놓고 엎치락뒤치락하고 있었다. 5월 14일부터 올스타 브레이크까지 오타니는 사실 1루타보다 홈런을 더 많이 치고 있었다. 1루타가 14개, 홈런이 23개였다.

에인절스는 6월 8일 에인절 스타디움에서 캔자스시티 로열스의 유망주였던 크리스 부비치를 마주했다. 1회에 스물세 살의 이 좌완투수는 투 앤 투 볼카운트 상황에서 오타니에게 플레이트 정중앙으로 날아든 체인지업을 던지고 말았다. 오타니는 그의 메이저리그 인생에서 가장 긴 143미터짜리 홈런을 터뜨렸다. 공은 녹색 배터스 아이에서 불과 몇십 센티미터 옆 좌석에 떨어졌다. "이 구장에서 내가 본 홈런 중에 가장 멀리 날아간 것 같다." 에인절스에서 메이저리그 팀 코치와 감독으로서 12년을 보낸 매든이 말했다. "공이 거기에 떨어지는 건 본 적이 없다." 에인절스는 부비치를 상대로 4이닝 동안 6점을 뽑았고, 매든은 오타니의 홈런 덕분에 분위기가 흐름을 탔다고 말했다. "부비치에게 타격을 안긴 홈런이다. 당연하다. 부비치도 꽤 잘하는 친구인데 우리가 일찌감치 난타를 했다. 그런 상황에서 투수는 자신감을 잃지 않기 힘들다."

2주 후 에인절스는 탬파베이의 트로피카나 필드에 있었다. 매든이 9년 동안 감독을 했던 곳이다. 동굴 속 같은 레이스의 실내 홈구장 지봉 밑에는 동심원 모양의 구조물이 네 개 걸려 있다. 가장 작은 'A' 고리는 필드의 정중앙 위에 걸려 있고, 네 번째 'D' 고리는 구장의 벽과 닿아 있다. 바로 그 D 고리가 오타니가 앤드루 키트리지의 체인지업을 강타해 날린 공이 멀리멀리 가서 도착한 곳이다. 스탯캐스트Statcast는 그 공이 138미터를 날아갔다고 측정했다. 매든은 믿지 않으려고 했다. "미안하지만, 138미터일 리가 절대 없다. 내가 여기 한두 번 드나든 것도 아니고 경기에서나 배팅 훈련에서나 그런 공은 본 적이 없다."

오타니는 올스타 브레이크 바로 전인 7월 9일 시애틀에서 또 한 번 일을 냈다. 그는 야구 인생의 다양한 시점에서 좌완투수들에게 약한 모습을 보여왔다. 하지만 마르코 곤잘레스가 4회에 던진 패스트볼, 스트라이크 존 꼭대기에 걸린 공은 문제없었다. 오타니가 친 공은 141미터를 날아가 T-모바일 파크 꼭대기 층 관중석으로 빨려들어 갔다. 그는 21년 된 구장 역사에서 그 구역으로 공을 쳐낸 여섯 번째 선수가 되었다. TV로 경기를 보고 있던 시청자들은 볼이 어디로 떨어졌는지 확인조차 할 수 없었다. 카메라맨이 그 괴물타구를 잡을 만큼 카메라를 높이 올리지 않았기 때문이다. 카메라는 팬들로 메워진 아래쪽 데크를 비추고 있었다. 많은 관중이 위를 올려다보며 공이 대체 어디로 갔는지 궁금해했다. 구장의 그 구역에는 관중이 딱 세 명밖에 없었다. 레지 펠카는 친구 두 명과 북적거리는 군중에서 조금 떨어져 있고 싶어 구장의 그 구역으로 갔던 차였다. 에인절스 전문기자인 샘 블룸이 '디 애슬레틱'에 쓴 바에 따르면 그렇다. 블룸은 T-모바일 파크에서 가장 먼 곳까지 쫓아가 오타니의 홈런에 대한 이야기를 얻어왔다. "공이 점점 더 가까이 날아왔다. 나는 '대체 이게 무슨?' 이랬다." 펠카가 블럼에게 말했다. "무슨 일이 일어나고 있는 건지 바로 알아채지 못했다."4

그 무슨 일이란 펠카가 쇼의 일원이 될 참이라는 것이었다. 팬들과 팀 동료들을 즐겁게 해주는 오타니의 홈런 하나하나마다 달아오르는 쇼의 일원 말이다. 오타니가 홈런을 터뜨릴 때마다 그와 유격수 호세 이글레시아스는 더그아웃에서 웃고 떠들고 즐기고 현란한 하이파이브로 장식된 의식을 전통으로 치르게 되었다. 그러나 팬들로서는 원통하게도 9월에 이글레시아스가 다른 팀으로 트레이드되면서 전통은 맥이 끊겨버렸다.

오타니는 스프링 트레이닝 첫 인터뷰에서 더 재미있게 플레이했으면 좋겠다고 했고, 그게 바로 그가 타석과 마운드에서 지금 하고 있는 일이었다. 5월 오타니는 에인절 스타디움 탬파베이전 선발 경기에서 외야수 오스틴 메도우스가 친 투수 앞 땅볼을 낚아챘다. 오타니는 1루로 뛰어가면서 메도우스에게 장난스럽게 사과를 했다. 오타니는 필드에서 뛰는 동안 상대편 선수들에게 종종 농담을 던지며 향상 중인 영어와 스페인어를 뽐낸다.

중요한 아웃을 잡고 마운드에서 펼치는 세리머니도 좀 더 세졌다. 기쁨에 겨워 주먹을 휘두른다든지, 중요한 순간을 극복했을 때 고함을 지른다든지 하는 식이었다. 일본 선수들은 서구 선수들보다 감정을 잘 드러내지 않는 경우가 많은데, 오타니는 2021년에 무언가 새로운 것을 보여주고 있었다.

매든 감독은 오타니의 그런 모습이 전혀 놀랍지 않다고 1년 내내 줄기차게 말했다. 그는 오타니의 퍼포먼스와 행동이 서로 연결되어 있다고 믿었다. "작년에 얼굴에 드리워져 있던 스트레스가 사라졌다." 매든이 말했다. "내가 이 팀에서 하려는 핵심적인 일은 선수들이 자기 자신을 잃지 않는 자유를 느끼게 하는 것이다. 그렇게 했을 때 선수들은 더 큰 존중과 더 좋은 결과로 보답해준다. 그는 오타니로 있을 자유, 자기가 하는 일에 더 많은 권한을 가지고 있다는 생각을 즐기고 있는 것 같다. 그런 마음가짐이 있기 때문에 그의 경기에서는 훨씬 더 큰 자유, 다치는 것도, 누군가를 실망시키는 것도 괘념치 않는 자유를 보게 될 것이라고 믿는다. 그는 그냥 자신의 야구를 해나갈 것이다."

메이저리그에서 뉴욕 만한 무대가 또 어디 있을까?

에인절스는 6월 28일 양키 스타디움에서 시리즈의 문을 열었다. 오타니 쇼헤이가 정규 시즌에서 누릴 수 있는 가장 환한 스포트라이트 아래서 자신이 해낼 수 있는 일을 과시할 기회였다. 2021년은 오타니의 메이저리그 네 번째 시즌이었지만 양키 스타디움에서 뛰는 건 이번이 겨우 두 번째였다. 팬데믹으로 축소된 2020년 시즌에는 두 개의 서부 디비전 팀들만 상대하도록 제한이 걸려서 뉴욕에 올 일이 없었고, 2019년 9월 원정경기에서는 무릎 수술로 이미 시즌 아웃이 된 후였다. 2018년 5월에는 경기에 출장했지만 타석에서는 안타가 없었고, 마운드에서는 대놓고 모습을 안 보였다. 이제 타블로이드 《뉴욕 데일리 뉴스》에게 오타니를 노릴 호재가 다시 찾아왔다.《뉴욕 데일리 뉴스》는 선정적이고 비아냥거리는 헤드라인으로는 둘째가라면 서러울 타블로이드지다. 2017년 12월에 양키스가 일곱 팀으로 이루어진 오타니의 1차 합격 리스트에 들지 못했다는 뉴스가 터지고 나서《뉴욕 데일리 뉴스》는 오타니를 '겁쟁이'라고 표현했다. 오타니가 압박감이 큰 뉴욕에서 공 던지는 걸 두려워한다는 뜻이었다. 2018년에 에인절스는 그의 피로도를 조절하려고 뉴욕에서 예정된 선발 스케줄에서 그를 뺐다.《뉴욕 데일리 뉴스》가 이를 눈감고 넘어갈 리 없었다. 뒷 페이지에는 '쇼는 어디에? 무엇ㅇ이 두려운가? 살인 타선에 맞서 마운드에 오르지 않는 오타니'라고 적혀 있었다. 오타니는 양키스전 세 경기 모두 타자로 출장했지만 9타수 무안타를 기록했다.

2018년의 부진과 2019년과 2020년의 부재를 감안하면 뉴욕 팬들이 2021년 여름 양키 스타디움에 도착한 오타니에 대해 회의적인 시각을 품을 만도 했다. 베이브 루스를 놓고 이뤄진 그 온갖 비교를 생각하면 오타니는 브롱크스에서 입증해내야 할 것이 있었다. '루스가 지은 집', 옛 양키 스타디움 자리 건너편에 새로 지은 지 12년이 된 야구장에서 말이다.

조 매든 감독은 '그냥 또 다른 게임일 뿐'이라는 상투적인 말로 오타니와 뉴욕의 서사를 늦칠 생각이 없었다. 매든은 아무래도 뉴욕이니만큼 오타니의 쇼가 좀 더 흥분된 분위기에서 펼쳐질 것임을 인정했다. 그래도 그는 오타니가 해낼 것이라고 장담했다. "그는 재미있게 즐길 것이다." 시리즈가 시작되기 전에 매든이 말했다. "만반의 준비가 되어 있을 것이다. 그는 이런 분위기를 잘 받아들인다. 말할 필요도 없이 이런 순간들을 좋아한다. 그의 심장은 침착하게 뛰고 있으며 자신감이 넘친다."

오타니는 오래지 않아 매든이 옳았음을 증명했다. 시리즈 첫 경기의 1회 초에 오타니는 우완 마이클 킹과 맞서 쓰리 볼 투 스트라이크 상황에서 날아오는 체인지업을 부셔버릴 듯이 쳐냈다. 공은 그의 배트에서 시속 189킬로미터의 속도로 출발해 날아갔다. 이 시즌에 가장 멀리 친 홈런 중 하나였다. 공은 127미터를 날아가 오른쪽 담장 너머 관중석에 떨어졌다. "본때를 보여줬지 싶다." 매든이 말했다. "뉴욕 원정의 시작으로 딱 좋은 방식이다. 오타니의 홈런은 말이다."

에인절스는 경기에서 승리했다. 딜런 번디가 열사병으로 몸이 너무 안 좋아 2회에 마운드 뒤에 토를 하는 어려움을 겪으며 거둔 승리였다. 좌완 계투 호세 수아레즈가 5와 3분의 1이닝을 잘 던지고 5 대 3 상황에서 내려왔다. 다음 날 밤 오타니는 양키스의 우완 제임슨 타이욘에게 홈런 두 개를 더 뽑아냈다. 시즌 26번째와 27번째 홈런이었다. 그때는 에인절스가 시즌 78번째 경기를 치른 시점이었다.

하지만 시리즈 두 번째 게임은 11 대 5로 패했다. 경기는 에인절스가 시즌 첫 세 달간 보여준 모습의 요약본이었다. 오타니는 놀라운 플레이를 펼쳤지만 팀을 승자로 만들어주는 데까지는 끌고 가지 못했다. 팀은 38승 41패로, 승률이 여전히 5할 아래를 헤매고 있었다. 하지만 또 하루가 지나고 세 번째 게임에서 시나리오의 장면이 획 바뀌었다. 오타니가 양키 스타디움에서 생애 첫 선발 등판을 할 차례였다.

오타니는 D. J. 르메이휴를 볼넷으로 내보내며 경기를 시작했다. 쓰리 볼 투 스트라이크에 던진 공이 스트라이크 존 꼭대기에 걸린 것처럼 보였는데도 콜을 받지 못했다. 그러고는 또 루크 보이트를 걸려 보내더니, 게리 산체스에게까지 쭉 볼넷을 주는 바람에 베이스를 꽉 채우고 말았다. 시즌 초반 컨트롤 문제가 좀 있었지만 그때를 지나고 나서는 괜찮았던 오타니였다. 그는 선발로 나선 지난 일곱 경기 중 딱 한 경기에서만 두 명 이상을 걸려 보냈다. 그런데 뉴욕에서의 이날 밤에 첫 세 타자를 걸어서 나가게 한 것이다.

그 후 지안카를로 스탠튼과 글레이버 토레스에게 각각 1타점씩 올려주는 안타를 허용했다. 오타니는 삼진 하나를 잡고, 득점이 난 땅볼 아웃까지 잡고서 클린트 프레이저에게 몸 맞는 공을 던지며 또다시 베이스를 채웠다. 그다음 브렛 가드너에게 볼넷을 내주면서 밀어내기로 1이닝에서만 네 번째 점수를 허용했다.

그것으로 오타니의 그날 밤 투구는 끝이 났다. 기대를 한 몸에 받던 양키 스타디움에서의 첫 선발 등판은 엉망진창이었다. 빅 리그 커리어에서 최악의 졸전이었다. 그는 주자 세 명을 놔두고 마운드에서 내려왔고, 양키스 주자들은 계투로 올라온 에런 슬레거스에게서 모두 득점을 올렸다. 오타니의 자책점은 7점이었고, 평균자책점은 2.58에서 3.60으로 훌쩍 뛰었다.

그런데 그날은 시즌 대부분과는 대조적으로 오타니의 팀 동료들이 웬일로 그를 궁지에서 꺼내주는 날이었다. 1회에 7 대 2로 지던 에인절스는 11 대 8로 대 역전극을 이루어냈다. 이틀 전에 속이 좋지 않아 투구를 43개밖에 하지 못했던 번디가 구원으로 나올 수 있었고, 중요한 두 이닝을 실점 없이 던지고는 다른 구원투수들로 연결되는 틈을 메워주었다. 재러드 월시가 양키스의 압도적인 마무리투수 아롤디스 채프먼에게 때려낸 그랜드 슬램을 비롯해서 타선이 폭발했고, 9회에만 7점을 올렸다. 게임은 새벽 1시 8분이 되어서야 끝났다. 두 차례의 우천순연으로 2시간 13분을 흘려보낸 탓이다. 하지만 밤이 아무리 깊어가도 에인절스의 열광적인 기쁨을 진정시키지는 못했다.

"올해 치른 모든 경기 중에서 오늘의 하이파이브가 가장 요란하고 흥에 넘쳤다." 오타니가 말했다. "그건 분명하다. 내가 원하던 결과는 얻지 못했지만 팀이 나를 끌어내주었다."

경기에 대해서 오타니는 '제구 문제'라고 간결하게 답했다. 양키 스타디움에서 경기를 한다는 압박감에 무너졌느냐는 물음에 그는 전 두 경기에서 터뜨린 세 개의 홈런을 상기시켰다. 그렇지 않았다는 뜻이다.

오타니에게 스포트라이트는 문제된 적이 단 한 번도 없었다. 그리고 그는 곧 자신이 메이저리그의 가장 큰 무대들을 얼마나 즐기는지 보여줄 예정이었다.

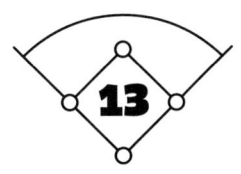

스타들의 스타

오타니 쇼헤이는 투수와 다른 포지션 두 부문에서 메이저리그 올스타로 선정된 최초의 선수다. 2021년 한여름 축제의 선수 선정 과정에서는 매우 다른 두 그룹의 투표자들이 참여했다. 팬들이 선발 타순을 선택하고, 메이저리그 선수들이 투수진과 나머지 로스터를 투표로 채우는 형식이었다. 팬들 사이에서 오타니는 아메리칸리그 선발 지명타자로서 압도적인 승자였다. 성적이 다른 후보들과는 비교가 안 되게 우월했기 때문에 놀랄 일은 아니었다. 팬 투표는 전 세계에 열려 있었기 때문에 오타니는 일본으로부터 얻은 지지도 상당했을 것이다.

투수 쪽으로 말하자면 선수들은 더 까다로운 유권자라고 할 수 있었다. 성적으로 보았을 때 오타니는 다섯 명의 선발투수 가운데 한 자리를 선택받을 가능성이 확실하지는 않았다. 특히 양키 스타디움에서 어마어마한 졸전을 마치고 난 후였다. 그래도 선수들은 그에게 여전히 감탄 중이었고, 7월 4일에 뚜껑을 열었을 때 그는 최고의 투수 다섯 명 중 한 명으로 뽑혔다.

올스타 브레이크 전까지 오타니는 타율 0.279에 홈런 33개, 70타점, 도루 12개를 기록하고 있었다. OPS는 1.062였다. 홈런은 메이저리그 전체 1등을 달리고 있었고, OPS는 토론토 블루제이스 블라디미르 게레로 주니어의 1.089에 살짝 못 미치는 2등이었다. 투수로는 4승 1패에 평균자책점 3.49를 기록 중이었다. 13번의 선발 등판에서 67이닝을 던져 삼진아웃 87개를 기록했다. 내구력도 과시했는데, 에인절스의 90경기 중 85경기에 나갔던 것이다.

7월 12일에 열린 미디어 행사에서 야구 최고의 거물 스타들은 야외 광장에 두 줄로 늘어선 테이블 앞에 앉아 오타니에 대한 갖가지 질문을 받았다. 덴버의 쿠어스 필드에서 열리게 될 올스타게임 전날이었다. 세계 최고의 야구 선수들이 오타니를 두고 그 자신만의 클래스에 혼자만 속해 있다며 선뜻 고개를 끄덕였다.

"공격에서도 그렇고 마운드에서도 그렇고 그가 하는 일은 두말할 필요도 없이 아주 특별하다." LA 다저스의 3루수 저스틴 터너의 말이다. "두 영역 모두에서 최고가 된다는 것은 믿을 수 없는 일이다. 투수 입장에서는 내가 말할 수 있는 게 없지만 야구에서 공격이 얼마나 어려운지 아는 입장에서 우리가 지금 보고 있는 이 친구는 평생 한 번 볼까 말까 한 선수라고 생각한다. 그는 한 세대에 한 명 나올 선수이고, 사람들은 아주 오랫동안 그에 대해 얘기할 것이다."

터너의 다저스 동료이자 1루수인 맥스 먼시가 오타니의 쇼를 집약했다. "공은 메이저리그의 그 누구보다도 멀리 치고, 메이저리그의 누구보다 세게 던지며, 메이저리그의 그 누구보다도 빨리 달린다. 그는 자연이 낳은 괴물이다. 보고만 있어도 정말 즐겁다."

애틀랜타 브레이브스의 1루수 프레디 프리먼은 "그가 하고 있는 일은 직접 보면서도 두 눈을 믿지 못하게 만든다"라고 말했다.

에인절스의 오타니는 타석에서 그리고 마운드에서 눈이 부셨다. 하지만 올스타게임에서 그의 정확한 역할은 케빈 캐시가 정하기로 되어 있었다. 탬파베이 레이스의 캐시 감독은 전년도에 레이스를 아메리칸리그 우승으로 이끈 공으로 올스타게임 아메리칸리그 감독에 오르는 영광을 누렸다.

오타니로 말하자면, 그가 공을 던지기는 할 것인지가 최우선 관심사였다. 오타니가 설령 투수로서 올스타에 뽑히지 않았다고 해도 캐시가 그를 투수로 쓰는 것은 룰에 어긋나지 않았다. 그랬다면 올스타게임이 더 관심을 얻고 쇼적인 요소로 홍보 효과도 더 있었을 것이다. 투수로 올스타게임에 뽑힌 누군가의 자리를 빼앗아 마운드에 오르는 셈이기 때문이다. 그러나 캐시와 MLB가 그를 투수와 지명타자로 뛰는 길을 이미 깔끔하게 닦아놓은 터였다. 오타니만 뜻이 있다면 말이다. 매해 올스타로 선발되고도 게임에서 공을 던지지 않는 투수들이 몇몇 있다. 시즌 중반에 이르러 팔을 쉬게 하는 것이 훨씬 중요하다고 생각해서 그런 선택을 하는 것이다. 구단이나 오타니나 쉬는 쪽이 낫다고 생각했다면, 그랬다면 그는 그냥 올스타게임에서 지명타자로만 뛰어도 되었다. 하지만 유일한 이도류 선수가 올스타게임에서 그의 모든 재능을 발휘하지 못하게 하는 처사를 원할 사람이 어디 있겠는가.

"올스타게임을 위해 매우 좋은 일이다." 올스타게임이 열리기 며칠 전, 오타니를 투수로도 쓰겠다는 캐시의 계획을 알고 나서 조 매든 감독이 말했다. "한계 안에서 오타니가 최대치로 참여하는 것, 그게 옳은 일이다. 최대로 한다는 것은 타격과 투구를 모두 의미한다. 게다가 그는 이미 홈런 더비에도 뛰기로 되어 있다. 더 무엇을 바랄 수 있겠는가? 우리는 그저 그를 망가뜨리지 않는 방법으로 활용하기만 하면 된다."

말인즉슨 오타니가 단순히 투구를 한다는 뜻이 아니었다. '선발투수'로 나온다는 얘기였다. 오타니는 이미 1번 선두타자로도 지목됐기에 계투로 나오면 투구 준비가 복잡하게 얽힐 게 뻔했다. 오타니는 시즌 내내 선발투수로 게임에 나갔고, 투수로 나간 대부분의 경기에서 타격도 했다. "그가 이미 했던 대로 하는 것이 가장 이치에 맞다. 타격 먼저 하고 투수로는 나중에 나오라고 하는 것보다는 그 편이 낫다." 캐시가 말했다. "에인절스에서 그가 팀을 위해 해왔던 일이다. 우리도 같은 식으로 하는 게 가장 맞게 느껴진다."

오타니는 미 전역으로 방송되는 기자회견에서 올스타게임 선발투수 자리를 받았다는 공식적인 발표가 나자 환한 미소를 발사했다. 오타니는 캐시와 함께 연단에 있었다. 내셔널리그 선발로 나올 워싱턴 내셔널스의 에이스 맥스 슈어저와 내셔널리그 팀을 이끌 LA 다저스 감독 데이브 로버츠도 함께였다.

"두말할 필요 없이 엄청난 영광이다." 오타니는 말했다. "사실 투수로 뽑히리라고는 기대하지 않았다. 캐시 감독과 다른 모든 사람들이

나에게 매우 큰 기대를 걸고 있다는 걸 잘 안다. 그 기대에 부응했으면 좋겠다."

메이저리그 사무국은 오타니 때문에 룰을 약간 더 손 볼 필요가 있었다. 아메리칸리그가 게임의 나머지 부분에서 지명타자를 계속 쓰면서 지명타자가 투수로 나오는 것이 가능하도록 말이다. 캐시는 "룰을 약간 변경해준 메이저리그 사무국에 감사하다"면서 "그래주지 않았으면 내 계획은 어그러졌을 것이다"라고 말했다.

MLB가 룰을 슬쩍 바꾸는 건 생각을 조금이라도 할 줄 아는 사람이라면 당연히 해야 할 일이었다. 메이저리그 사무국은 2003년부터 2015년까지 올스타게임을 좀 더 진지한 행사로 부흥시키려고, 심지어는 월드시리즈와 연결시켜가면서까지 노력했다. 올스타게임에서 승리한 리그에게 월드시리즈에서 홈 필드 어드밴티지를 주었던 것이다. 하지만 2016년 이래로 올스타게임은 다른 단서 조항 없이 온전히 시범경기로만 진행됐으며, 그러니 규정에 융통성을 발휘하는 것쯤이야 오히려 구미가 당기는 일이었다.

"이것이야말로 팬들이 보길 원하는 장면이다." 오타니를 경기 선두 타자로 지명한 캐시가 말했다. "그리고 나 또한 보고 싶은 장면이기도 하다. 역사적인 재능을 가진 선수와 뭔가 해볼 수 있는 기회란 정말 특별하다."

오타니도 계획에 완전히 동참했다. 홈런 더비 참가도 동의했고, 다음 날 올스타게임 선발투수로 나가는 것도 동의했다. 지명타자로서 타석에 두어 번 설 수도 있었다. 시즌 전반에 팀을 위해 너무 많은 일을 한 것을 감안하면 쉬어도 좋으련만, 그는 이 기회를 놓칠 생각이 없었다.

"이 이틀이 지나면 꽤 피곤하고 힘들 것 같긴 하다." 올스타게임 기자회견 중에 오타니가 말했다. "하지만 많은 사람들이 내 플레이를 보고 싶어 한다는 걸 안다. 나는 그 사람들을 기쁘게 해주고 싶고, 기쁘게 해줄 생각이다."

오타니가 아메리칸리그 선발투수와 선두타자가 되었다는 소식이 알려지기 며칠 전에 메이저리그 사무국은 이 이도류 스타를 부각시키려는 30초짜리 광고를 내놓았다. 광고는 영어와 일본어로 말하는 흥분된 아나운서들의 목소리를 배경으로 오타니가 투구하고 타격하는 장면을 담았다. 스크린에 글자들이 번쩍거렸다. 투수. 타자. 경이. 더비 슬러거. 전 세계의 슈퍼스타. 야구팬들의 우상. 빠른 발. 역사상 최초의 투타 올스타. 이제 쇼 타임Sho-Time이다.

오타니의 이름만으로도 광고는 완벽한 효과를 보았다고 MLB 마케팅부 부사장 바버라 맥휴가 말했다.

"그의 이름과 그의 플레이가 다했다. 말 그대로 지금 우리는 그의 쇼를 올리고 있는 중이다. … 우리는 그의 플레이를 최대한 활용하고 가능한 한 최대로 많이 보여주려고 한다. 그는 야구 역사상 가장 독보적이고 변화무쌍한 선수 중 한 명이니까 말이다." 맥휴는 여기에 덧붙이며 "우리가 쇼헤이를 봐온 지도 꽤 시간이 흘렀다. 그라는 모멘텀을

활용하는 데 많은 계획과 추진 과정이 있다"라고 말했다.[1]

MLB는 뉴욕 본사 빌딩 한 면에 오타니의 거대한 사진을 붙여놓았다.

오타니에게 편승해보겠다는 메이저리그 사무국의 몸부림은 최고 책임자인 커미셔너 롭 맨프레드가 올스타게임에서 오타니의 팀 동료인 마이크 트라웃에 관해 논란이 된 발언을 한 지 바로 3년 뒤의 일이었다. 에인절스의 이 중견수가 2018년 7월의 축제에서 뛸 준비를 하던 무렵은 그가 이미 최고의 야구 선수로 자리매김한 후였다. 그는 MVP를 두 번이나 차지했고, 명예의 전당에 이름을 올린 미키 맨틀, 윌리 메이스, 켄 그리피 주니어 등과 종종 비견되는 커리어를 쌓아가고 있었다. 하지만 야구장에서 놀라운 일들을 해내고 있는 것과 별개로 그는 다른 곳에서는 비교적 무명이나 다름없었다. 그것은 메이저리그 사무국의 무능함 탓이라고도 할 수 있었다.

"메이저리그가 홍보하는 방식을 보면 NFL이나 NBA와 달리 선수들을 미 전국적으로 노출시키는 활동이 부족하다." 소비자에게 어필하는 유명인사의 인지도와 호감도를 조사하는 회사 'Q 스코어스'의 전무이사 헨리 샤퍼가 말했다.

샤퍼의 회사는 미국인들이 한 특정 인물의 이름을 아는지 따져보는 조사를 실시했다. 그리고 나서 응답자들에게 해당 인물이 그들이 가장 좋아하는 스타인지 물어서 그것도 퍼센트로 나타냈다. 그것을 'Q 스코어'라고 부른다. 2021년에 가장 이름이 알려진 남자 운동선수는 타이거 우즈였다. 응답자의 85퍼센트가 알고 있었다고 샤퍼는 밝혔다. 운동선수들 중에 Q 스코어가 가장 높은 인물은 NBA 밀워키 벅스 소속의 스타 야니스 아데토쿤보와 NFL 캔자스시티 치프스의 스타 패트릭 마홈스였다. 두 사람 다 Q 스코어 29퍼센트를 얻었다.

2018년에 한 조사에 따르면 겨우 21퍼센트의 미국인들만이 트라웃을 알았다. LA 레이커스 스타 르브론 제임스의 70퍼센트와 극명하게 비교가 된다. 하지만 제임스의 Q 스코어는 20퍼센트였고, 트라웃은 24퍼센트로 나왔다. 제임스에게 익숙한 사람들보다 트라웃을 익숙하게 아는 사람들 중에 더 많은 사람들이 그에 대해 긍정적인 이미지를 가지고 있다는 뜻이었다. 이 결과는 단순히 더 많은 사람들에게 유명한 것과 자기 일을 잘함으로써 알려지는 것 사이에 어떤 차이가 있음을 보여준다.

트라웃은 메이저리그에서 뛰면서 비교적 낮은 유명세에 관한 질문을 종종 받았다. 그는 한사코 신경 쓰이지 않는다고 주장했다. 그는 유명세가 최고의 야구 선수가 되기 위해 노력할 시간을 빼앗아간다면 더 유명해지고 싶은 마음이 없었다. 자유 시간에 그는 낚시를 하고 가장 좋아하는 미식축구 팀인 필라델피아 이글스를 응원하며 가족과 조용하게 지내는 편을 더 좋아한다.

트라웃은 관심이 없는 것 같지만, 그래도 MLB가 그의 존재감을 더 부각시킬 수는 없는 걸까? 맨프레드는 트라웃의 대중적 인지도에 대한 질문을 받았다. 2018년 올스타게임이 열리기 몇 시간 전 커미셔너와 미국 야구기자 협회가 함께하는 연례 미팅에서였다.

"플레이어 마케팅에는 한 가지 필요한 게 있다. 바로 플레이어다." 맨프레드가 말했다. "수동적으로는 선수를 마케팅할 수 없다. 그 무엇이라도 동적으로는 마케팅을 할 수 없다. 효과적인 마케팅을 하려면 대상이 적극적으로 관여를 해야 한다." 맨프레드는 트라웃에 대한 비판은 아니라고 덧붙였다. "마이크 트라웃은 훌륭하다. 훌륭한 선수고, 정말로 좋은 사람이다. 하지만 그는 무엇을 원하고 원하지 않는지, 무엇을 하며 비는 시간을 보내고 싶은지, 비는 시간에 하고 싶지 않은 일이 무엇인지 마음을 정했다. 그건 그에게 달린 일이다. 만약 그가 대중적인 인지도 면에서 더 적극적으로 움직일 마음이 있다면, 우리는 그라는 브랜드를 진심으로, 정말로 크게 만드는 데 도움을 줄 수 있다. 하지만 그쪽 방면으로 나설 준비가 됐는지는 그의 결정에 달려있다. 마케팅은 시간과 노고가 드는 일이다."

많은 사람들이 맨프레드가 광고와 토크쇼 대신 가족을 택한 트라웃을 공격한 것이라고 느낀 반면에, 트라웃은 맨프레드의 발언에 전혀 기분 나빠 하지 않았다. 다음 날 그 주제로 언론이 여전히 시끄러운 가운데, 트라웃은 상황을 가라앉히려는 뜻으로 입장문을 발표했다. "맨프레드 커미셔너가 최근에 한 말에 관해 아주 많은 질문을 받았다. 나는 쩨쩨한 사람이 아니고, 다른 사람들도 이 일은 다 털고 지나갔으면 좋겠다. 나와 맨프레드와의 사이는 괜찮다. 그뿐이다. 나는 그냥 야구를 할 준비가 되어 있을 뿐이다!" 에인절스도 트라웃의 편에 서서 자기 홍보보다는 자선 활동과 가족을 택한 그에게 찬사를 보낸다는 성명을 냈다.

3년 후에도 트라웃은 상대적으로 이름 없는 스타였다. 2019년에 그는 세 번째 MVP를 따냈다. 2019년 시즌 직전에 에인절스와 12년

4억 2650만 달러 계약에 사인한 터였다. 그것은 북미 팀 스포츠 역사상 가장 큰 규모의 계약이었다. 이전 계약에서 남은 2년에 10년을 얹은 계약으로서, 사실상 그가 메이저리그 전체 커리어를 에인절스와 함께하겠다는 의미였다. 2021년 서른 번째 생일로 다가가는 중에도 트라웃은 메이저리그에서 여전히 최고의 선수로 여겨졌다. 그는 종아리 염좌 때문에 출전하지 못함에도 팬들의 투표로 올스타게임 선발 선수로 뽑혔다. 트라웃이 뛰는 동안 에인절스가 포스트시즌에 계속 진출하지 못한지라, 매해 올스타게임은 그에게 자신의 얼굴을 사람들에게 알릴 최고의 기회, 가장 큰 규모의 행사였다.

   트라웃이 없는 2021년 올스타게임은 오타니의 쇼였다. 샤퍼는 올스타게임이 그가 한층 뜨는 계기가 되었다고 말했다. 2021년 여름 오타니를 아는 미국인 비율은 15퍼센트로 올라갔고, Q 스코어는 23퍼센트였다. 두 부문 다 2018년보다 올라간 수치이지만 그토록 역사적인 시즌을 써 내려가고 있는 선수치고는 기대보다 낮다고 해야겠다.

   "그는 메이저 마켓에 있기는 하지만 시차 때문에 전국적으로 노출되기가 어렵다." 서부 시간이 동부 시간보다 3시간 늦다는 점을 상기시켜주는 샤퍼의 말이다. "동부에서는 에인절스 게임을 잘 안 본다. 서부에서는 언론이 그의 기사로 도배되지만, 미국의 나머지 지역들에서는 그의 기사가 그렇게 쏟아져 나오지 않는다. 그렇지만 그는 올해 홈런 더비에서 대단한 쇼를 보여주었고, 그것이 그에 대한 호감을 높이는 데 크게 기여했다. 그는 굉장한 운동선수다. 전국적으로 노출시켜 보라. 더 많은 사람들이 그가 무슨 일을 해낼 능력이 있는지 알아보게 될 것이다."

샤퍼는 오타니의 대중 노출에서 한 가지 중요한 이슈가 언어 장벽이라는 데 동의했다. 이는 그가 미국에서 광고를 많이 따내지 못하는 이유이기도 하다. 물론 오타니는 일본 제품을 팔 수 있다. 《포브스》가 밝힌 2021년 그의 광고 수입은 600만 달러로, 메이저리그에서 가장 큰 액수이며 그의 연봉 300만 달러의 두 배에 달한다. 일본에 중점을 둔 스포츠 마케팅 회사 트랜스 인사이트 코퍼레이션의 회장 스즈키 도모야는 오타니가 마음만 먹는다면 훨씬 더 많은 돈을 벌 수 있을 것이라고 말했다. "광고를 두고 말하자면 그는 몹시, 몹시 까다롭다. 그런 까닭에 지금까지 대단히 많은 제안을 거절했다고 들었다."[2] 오타니의 에이전트인 네즈 발레로는 "오타니는 정신을 딴 데 팔거나 산만해지는 것을 극도로 경계한다. 그에게 가장 중요한 것, 필드 위에서 최고의 플레이를 보여주기 위해서다."[3]

그런 측면에서 보면 올스타게임은 오타니에게 야구 경기에 집중하는 것을 방해받지 않으면서 대중적 인지도를 올릴 수 있는 절호의 기회였다. 홈런 더비에서 경쟁하고 올스타게임에서 투수와 타자로 참여한 것은 분명 흥미와 이목을 끌고도 남았다. 하지만 정작 그의 관심사는 그런 것과는 거리가 멀어도 한참 멀었다. "나는 더 많은 사람들이 야구를 보고, 야구를 좋아하게 되기를 바란다. 나는 그럴 때 행복을 느낀다." 오타니는 말했다. "그리고 그것이 야구에도 이로운 일일 것이다."

오타니 쇼헤이 덕분에 2021년 홈런 더비는 2017년 이후 가장 많은 사람들이 본 홈런 더비가 되었다. 이 이벤트는 ESPN 앞에 평균 710만 명의 시청자를 끌어 모았다. 최고 시청자 수는 오타니와 워싱턴 내셔널스의 외야수 후안 소토가 1라운드 매치업에서 방망이를 휘둘러댈 때 치솟은 870만 명이었다.

1991년 이래로 홈런 더비는 ESPN이 터줏대감으로 중계해왔다. 그동안 홈런 더비는 여러 번 형식이 바뀌었다. 시합에 참여한 두 선수가 아웃카운트를 다 채우지 않는 한 계속 타격을 할 수 있었던 때는 승부를 가리기 위해 대결이 세 시간까지 늘어지는 일도 있었다. 2015년에 시합을 신속하게 진행하기 위해 제한 시간을 두는 것으로 룰이 바뀌었다. 선수들은 펜스를 노리고 제한된 시간 안에 스윙을 해야 하고, 대회는 토너먼트 방식으로 이루어진다. 2021년 더비에는 여기에 한 가지 요소가 덧붙여졌는데, 모든 선수들이 행크 에런을 기리며 44번이 달린 저지를 입은 것이다. 메이저리그 통산 최고 홈런 기록을 33년 동안 가지고 있었던 이 전설적인 슬러거는 2021년 초에 세상을 떠났다.

오타니는 빅 리그 홈런 선두에 대한 예우로 넘버원 시드에 들어가 소토와 맞붙었다. 소토는 스물두 살 도미니카공화국 출신의 선수로, 야구계의 가장 빛나는 젊은 스타 중 한 명이었다. 소토는 2018년 열아홉 살의 나이에 메이저리그 도달에 성공했다. 오타니가 아메리칸리그 올해의 신인상을 받았다면 소토는 내셔널리그에서 2등을 했다. 소토는 메이저리그 2년 차에 내셔널스의 월드시리즈 우승을 도왔다. 팬데믹으로 단축된 2020년에 내셔널스는 고전했지만 소토는 그렇지 않았다. 그는 타율 0.351로 타격왕이 되었고, 1.185로 전체 메이저리그에서 OPS 1등을 차지했다. 그는 오타니와 마찬가지로 2021년에 올스타 팀에 처음으로 입성했다. 하지만 시즌 전반기에는 그다지 파워를 보여주지 못했다. 메이저리그에서 풀 시즌을 보냈던 2019년에는 홈런 34개를 쳤는데, 2021년에는 11개밖에 못 치고 있었다. 오타니의 3분의 1 수준이었다.

오타니와 소토는 1라운드에서 다른 세 조의 매치업이 끝나기를 기다렸다 시합을 벌였다. 소토가 화끈하게 포문을 열었다. 이 좌타자는 쿠어스 필드의 온 사방에 홈런을 뿌려댔다. 4분 동안 22개를 쳤는데, 이 4분은 145미터 이상인 공을 두 번 이상 쳐서 얻은 1분간의 보너스 타임이 포함된 시간이었다.

오타니가 친숙한 얼굴을 근처에 두고 타석에 들어섰다. 그의 통역사 미즈하라 잇페이가 포수로 홈플레이트 뒤에 앉았다. 포수는 홈런더비에서는 크게 하는 일이 없다. 대부분의 공이 미트까지 닿지도 않기 때문이다. 미즈하라는 오타니를 도와주려고 그 자리에 있는 것만으로도 기뻤다. "나보다 더 긴장한 사람이 내 바로 뒤에 있을 생각을 하니까 내 마음이 한결 진정된다." 오타니는 더비 전에 진행한 MLB 네트워크 인터뷰에서 미즈하라를 거쳐 농담을 던졌다. 오타니는 자신이 직접 고른 투수, 에인절스의 불펜 포수인 제이슨 브라운과 마주해 스윙을 하기 시작했는데, 모든 사람들의 기대에 미치는 쇼를 보여주지는 못했다. 그는 우측 라인으로 가는 낮은 라인드라이브와 땅볼만 치고 있었다. 50초가 되도록 홈런이 한 개도 안 나왔고, 1분 19초가 남은 상황에서 타임아웃을 불렀을 때는 겨우 다섯 개밖에 치지 못했다. 수건으로 얼굴을 닦는 오타니는 누가 봐도 지쳐 있었지만 미소를 잃지 않았다. 바로 그때 팀 동료이자 올스타 동료인 재러드 월시가 휴대폰을 들고 타석으로 다가와 오타니의 귀에 가져다 댔다. 마이크 트라웃이 짧게 힘내라는 얘기를 하려고 전화를 건 것이었다. "긴장 풀고 하던 대로 해." 그날 밤 트라웃이 했다는 말이다.

여전히 17개의 홈런이 필요했던 오타니는 휴식 후에 날기 시작했다. 시간이 다 될 때까지 11개의 홈런을 쳤는데, 마지막 두 개는 저 위층 관중석으로 152미터를 넘게 날아갔다. 그리하여 1분의 보너스 타임을 얻게 됐고, 그것은 소토와 타이를 이루는 22개의 홈런을 채우기에 충분한 시간이었다. 공은 하나같이 오른쪽으로 날아갔다.

승부를 가리는 연장 라운드에서 두 사람은 각각 1분씩을 더 받았다. 소토는 계속해서 필드 만방에 공을 쏘아대며 여섯 개의 홈런을 만들어냈다. 오타니는 승리까지 15초의 시간을 남겨놓고 펜스를 때리는 공만 두 개 치는 바람에 결국 두 번째 연장전에 들어가게 되었다. 각자 세 번씩 스윙하는 결투였다. 이번에는 시간을 재지 않았다. 소토는 적당한 공을 기다리며 몇 개를 흘려보냈다. 그의 방망이에 맞은 세 개의 공은 센터 필드로, 우중간으로, 라이트 필드 쪽으로 날아갔다. 한 개는 꼭대기 층 관중석으로 154미터를 날아갔다. 세 번 스윙 대 세 번 스윙이므로 오타니에게는 단 한 번의 실패의 여지도 없었다. 첫 번째로 친 공이 오른쪽으로 흘러가는 땅볼이 되었고, 시합은 거기서 끝이었다. 오타니와 소토는 포옹하며 웃어댔다.

오타니가 지기는 했지만 많은 에인절스 팬들이 마음을 놓았다. 그는 첫 라운드를 할 때부터 눈에 띄게 지쳐 보였고, TV 방송에서 힘을 과시하자고 계속 밀어붙일 필요는 없었다. 하지만 에인절스 직원들은 어디까지 응원을 해야 맞았던 건지 알 수 없었다. 오타니가 상금을 따면 30명 정도 되는 트레이너들과 클럽하우스 직원들, 미디어 홍보 직원들과 나누겠다고 더비 전 그의 에이전트에게 말해두었던 것이다. 우승을 했다면 상금 100만 달러를 탔을 것이다. 우승자는 뉴욕 메츠의 피트 알론소였다. 팬데믹이 2020년 홈런 더비를 지워버렸으니 그는 2019년에 이어 디펜딩 챔피언이 된 셈이었다. 오타니는 참가상으로 15만 달러를 받았다. 그는 며칠 후 애너하임으로 돌아와 수혜자들에게 기분 좋은 놀라움을 안기며 돈을 나누었다.

더비에서 탈락하고 얼마 지나지 않아 오타니는 아메리칸리그 클럽하우스 바깥 복도에서 바글거리는 기자들과 만났다. 그는 미소 지으며 더비가 재미있었다고 말했다. 하지만 힘들기도 했다며 솔직한 마음을 털어놓았다. "두 라운드 다 마지막 30초는 정말이지 진이 빠졌다. 완전히 녹초가 되어버렸다."

다음 날 투구를 위한 재충전은 어떻게 할 생각이냐고 기자들이 묻자 오타니가 답했다. "할 수 있는 한 최대로 많이 자려고 한다. 할 수 있는 일이라고는 그것뿐이다."

13. 스타들의 스타

설령 오타니가 참가하지 않았다고 해도 메이저리그 역사상 91번째 올스타게임은 다른 어떤 해보다도 열광적이었다. 팬들은 사회적 거리두기 없이 덴버의 쿠어스 필드를 꽉꽉 메웠고, 마스크를 쓴 사람은 별로 눈에 띄지 않았다. 7월 중순의 미국은 2020년에 너무도 많은 것을 취소시켜버렸던 코로나19 팬데믹에서 빠져나와 회복을 하면서 아주 고조된 분위기에 있었다.

밤이 지나고 나서, 도시의 심장부에서 단 몇 블록 거리에 자리한 26년 된 볼파크는 4만 9184명의 팬들로 채워졌다. 쿠어스 필드에서 올스타게임이 열린 적은 1998년에 딱 한 번 있었다. 이번에 콜로라도 로키스와 덴버시는 평소 때보다 준비할 시간이 부족했다. 쿠어스 필드가 4월에서야 개최지로 선정되었기 때문이다. 롭 맨프레드가 조지아주가 최근에 통과시킨 새 선거법에 항의하는 의미로 조지아주 애틀랜타에서 열리기로 되어 있던 올스타게임을 취소했던 것이다. 많은 사람들이 이 선거법을 소수인종 투표 금지를 가리려는 얄팍한 술수로 보았다.

대신 메이저리그는 희박한 공기가 방망이를 가장 힘차게 불 뿜게 해주는 곳, '1마일 고도 도시'(덴버의 해발고도가 정확히 1마일이어서 붙여진 별명—옮긴이)에 그 귀중한 이벤트를 옮겨오기로 했다. 로키스는 공이 건조해지는 것을 막으려는 노력의 일환으로 2002년부터 야구공을 쿠어스 필드의 습도 조절실에 보관해오고 있다. 고도의 영향을 완화해 홈런을 줄이려는 시도였다. 그렇다고 해도 콜로라도에서의 투구는 특별히 어려운 도전이다. 게다가 올스타게임은 이런 환경에 최고의 타자들과 투수들을 한데 모아놓는 행사다.

오타니 쇼헤이는 물론 방정식의 양쪽을 다 경험하는 유일한 사람이 될 것이었다.

이 신기한 일은 캐스터 조 벅이 관중과 TV 시청자들에게 선발 라인업을 소개할 때 한층 부각되었다. "선두타자는 지명타자, 그리고 투수, 오타니 쇼헤이입니다!" 그 순간에 오타니는 불펜에서 웜업할 준비를 하며 외야에서 공을 던지고 있었다. 다른 모든 선발 선수들이 1루와 3루 라인을 따라 뛰어나와 카메라에 손을 흔드는 동안 오타니는 웜업을 계속 이어갔다. 선수들은 구장에 울려 퍼지는 미국과 캐나다 국가에 경의를 표했다. 그러고 나서 오타니는 그 어떤 투수들도 하지 않은 일을 했다. 불펜에서 나와 더그아웃으로 간 뒤 배트를 집어들고 타석에 들어서서 게임을 시작한 것이다. 남색 바지와 남색 저지를 입고 있다는 사실을 빼놓으면 그는 마치 어느 화요일 밤 캔자스시티에서 투구 준비를 하는 듯 편안해 보였다. 외야를 가로지를 때는 심지어 몸을 숙여 종잇조각을 줍기도 했다. 고등학교 시절 감독에게 쓰레기 줍는 자에게 복이 온다는 말을 들은 이래로 쭉 유지해온 습관이었다.

몇 분 후 오타니는 타석에 들어서서 맥스 슈어저를 마주했다. 그는 정 가운데로 날아오는 시속 154킬로미터의 패스트볼에 배트를 마구 휘둘러 파울로 날렸다. 다음 피치는 커터였고, 오타니는 공을 낚아채 시프트 쪽으로 바로 보내버렸다. 2루수 애덤 프레이저가 백핸드로 공을 잡았는데, 오타니를 잡기 위해서는 재빨리 공을 던져야 했다. 오타니가 초속 9미터에 가까운 속도로 내달리고 있었기 때문이다. 그의 최고 기록에 가까운 속도였다. 전날 밤 홈런 더비에 참가했음에도 그의 다리는 피로한 기색이 없었고, 이제 곧 그는 자신의 팔을 시험에 들게 할 참이었다.

1회 말 내셔널리그 선두타자는 샌디에이고 파드리스의 유격수 페르난도 타티스 주니어였다. 오타니는 그에게 패스트볼 두 개를 던지고서 슬라이더를 던져 헛스윙을 시킨 후 원 볼 투 스트라이크에서 스플리터를 던졌다. 타티스는 그 공을 파울로 끊었다. 오타니는 슬라이더로 돌아왔고, 타티스는 필드 왼쪽으로 가는 평범한 플라이볼을 쳤다. "나는 그가 패스트볼만 던질 거라고 생각했다." 타티스가 나중에 인터뷰 룸에서 한 말이다. "안 그런가. 161킬로미터를 던지는 사람이 아닌가! 하지만 그는 슬라이더와 스플리터를 던졌다. 이번에는 그가 운이 좋았지 말이다." 타티스가 방긋 웃었다.

다저스의 1루수 맥스 먼시가 다음 타자였다. 오타니는 투구 세 개에 2루수 마커스 세미엔으로 향하는 평범한 땅볼로 그를 처리했다.

놀런 아레나도가 타석에 들어서자 관중이 열광했다. 메이저리그 첫 8년을 로키스와 보낸 스타였다. 그는 골든 글로브 여덟 번에, 올스타 팀에 다섯 번을 뽑혔다. 하지만 리빌딩 중이던 로키스는 2021년 시즌이 시작하기 전에 아레나도를 세인트루이스 카디널스로 트레이드했다. 그는 이 시즌에 이미 콜로라도로 원정을 온 적이 있었고 그때도 쿠어스 필드 관중은 그를 따뜻하게 반겨주었다. 이번에는 꽉꽉 들어찬 볼파크가 타석에 들어서는 그에게 우렁찬 기립박수를 보냈다. 그는 팬들에게 감사하다는 의미로 헬멧을 툭 쳤다.

열광적인 분위기에 덩달아 오타니도 들떴던 모양이다. 그는 타티스에게나 먼시에게나 시속 157킬로미터가 넘는 공은 하나도 던지지 않았다. 하지만 아레나도와는 땅에 가서 박히는 160킬로미터의 패스트볼로 시작했다. 둘은 6구까지 가는 결투를 벌였다. 아레나도는 원 볼 투 스트라이크일 때 날아온 시속 163킬로미터의 패스트볼을 파울로 쳐내기도 했다. 오타니가 4월 4일 첫 선발투수 등판 때 이후로 처음으로 시속 100마일을 깬 투구였다. "던지고 말고." 오타니의 슬라이더에 아웃을 당한 아레나도가 웃음을 터뜨리며 말했다. 오타니는 나중에 정규 경기에서 하듯이 에너지를 아낄 필요가 없었다고 말했다. 딱 1이닝만 던지면 되었기 때문이다. "그냥 태우자." 그렇게 오타니는 시속 160킬로미터 패스트볼을 던졌으나 스트라이크 존을 놓쳤고, 다음으로 좋은 구질의 스플리터를 던졌다. 아레나도는 배트를 아래로 떨어뜨리면서 공을 툭 건드려 유격수 쪽으로 보내며 오타니의 이닝을 끝내주었다. 투구 수는 14개였다. "익히 알려진 대로였다." 아레나도가 말했다. "그는 경이롭다."

오타니는 투수로서의 소임은 다했지만 지명타자로 한 번 더 서면서 게임에 남았다. MLB가 특별히 룰을 살짝 비튼 덕분에 얻은 타석이었다. 오타니는 시즌이 끝나고 장차 사이영상을 받을 밀워키 브루어스의 우완 코빈 번스를 마주했다. 그는 커터였던 첫 피치에 방망이를 갖다 대면서 1루로 가는 평범한 땅볼을 쳤다. 그것으로 오타니의 올스타 경기는 끝이 났다. 그는 승리투수가 됐다. 아메리칸리그가 라파엘 디버스의 2루타 타점으로 잡은 리드를 끝까지 내주지 않은 덕분이었다. 5 대 2 아메리칸리그의 승리였다. MVP는 143미터짜리 홈런을 날린 블라디미르 게레로 주니어가 받았다.

박스 스코어를 보면 오타니는 딱히 한 일이 없다. 타석 그리고 마운드에 섰다는 사실만 빼놓고 말이다. 그것도 그 일을 홈런 더비에 참가하고 난 다음 날에 했다는 것이 그의 퍼포먼스를 한없이 돋보이게 했다. 전에 홈런 더비에 참가해본 적이 있고 내셔널리그 서부지구 라이벌로서 콜로라도를 자주 방문했던 먼시는 오타니가 홈런 더비를 하고 난 다음 날 마운드에 올랐다는 사실이 특별히 더 대단하다며 찬사를 보냈다. 그것도 이 공기가 희박한 곳에서 말이다.

"기가 막히는 일이다." 먼시가 말했다. "이곳은 그냥 플레이하기도 힘든 곳이다. 아니, 숨을 쉬는 것도 힘들다. 이곳에서는 아주 금방 피곤해진다. 어젯밤에 사람들이 금세 헤롱거리지 않던가. 그런데 오늘 다시 돌아와 투구를 하다니, 그저 기가 막힐 따름이다."

먼시와 다른 내셔널리그 올스타들은 날이면 날마다 오지 않아 아무 때나 볼 수 없는 오타니의 플레이를 지켜보았다. 하지만 오타니의 팀 동료이자 동료 올스타인 재러드 월시는 오타니의 투타 퍼포먼스에 익숙해져 있었다. 타자로 폭발하기 전에 잠깐이나마 투타 겸업을 해봤던 월시는 경기 후에 오타니에 대한 단상을 밝혔다.

"나는 그가 하는 일을 정상적이라고 여겨본 적이 없다. 정말이지 그건 정상적이지 않다. 그래서 이해하기도 힘들다. 세월이 좀 흐른 뒤에야 지금을 되돌아봤을 때 무슨 일이 있었던 건지 제대로 이해하게 되지 않을까. 지금은 그저 그가 팀 동료이자 친구고, 매일 밤 홈런을 치는 것 같다는 것 말고는 할 수 있는 말이 없다."

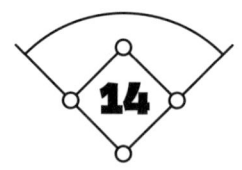

역경 속에서
더 빛나는

2021년 이틀간 벌어진 올스타게임의 화려한 쇼는 오타니 쇼헤이에 대한 찬사로 뒤덮였다. 그 48시간 동안 오타니는 메이저리그 베이스볼의 넘버원 스타로서 스포트라이트의 한복판에 있었다. 하지만 올스타게임 후 눈 깜짝할 사이에 자신을 둘러쌀 가혹한 현실을 외면할 수는 없었다. 남색 올스타 유니폼을 에인절스 유니폼으로 갈아입자, 모든 사람들이 오타니의 선풍적인 시즌이 에인절스의 실망스러운 시즌을 배경에 두고 있음을 떠올리지 않을 수 없었다.

구단은 올스타 브레이크 후인 7월 16일부터 다시 행동에 착수했다. 트레이드 마감일인 7월 30일이 다가오고 있었다. 정규 시즌 동안에 트레이드 마감일은 달력에서 가장 중요한 날 중 하루인데, 구단들이 종종 플레이오프 진출에 총력을 기울이느냐, 포기하고 미래에 초점을 맞추느냐를 결정하는 때이기 때문이다. 포스트시즌 진출을 다투는 구단들, 즉 구매자들은 시즌 마지막 두 달간의 로스터를 강화하기 위해 유망주와 다른 젊은 선수들을 포기하고 인정받는 노련한 선수들을 데려온다. 그 거래의 다른 쪽 편에 있는 구단들, 즉 판매자들은 대개 현 시즌에 대한 희망을 버린 상태라고 봐야 한다. 대부분의 단장들은 이런 일을 너무 흑백으로 보지 않으려고 한다. 때로 그들은 '구매' 혹은 '판매'같이 깔끔하게 분류할 수 없는 모종의 행보를 취하기도 한다. 어쨌거나 데드라인이 지나고 구단들이 시즌 나머지에 더 이상 의미 있는 변화를 취할 수 없게 되면, 어느 팀이 어느 방향으로 가는지가 대략 판명난다.

오타니의 역사적이고 평생 한 번이나 있을 법한 시즌은 에인절스를 플레이오프로 끌어 올려야 마땅했다. 그러기는커녕 올스타 브레이크 때 에인절스는 45승 44패로 승패가 거의 똑같이 양분되어 있었다. 아메리칸리그 서부지구 4위로, 1위인 휴스턴 애스트로스와는 아홉 게임 차가 났다. 와일드카드 두 번째 자리에 앉아 있는 오클랜드 애슬레틱스와는 5.5게임 차로 뒤져 있었다. 에인절스의 7월 일정은 데드라인 전에 바닥 다지기를 할 기회가 조금은 보였다. 디비전에서 에인절스에 역시 앞서 있고 와일드카드 경쟁에서도 앞선 시애틀 매리너스와 여섯 번의 경기가 있었다. 데드라인 전까지 오클랜드와는 세 경기를 해야 했다. 미네소타 트윈스와 콜로라도 로키스와 벌이게 될 일곱 게임 사이에 끼어 있는 시리즈였다. 트윈스나 로키스나 비참한 시즌을 보내는 중이었다.

이 중대한 대진표를 앞에 두고서 에인절스는 여전히 일손이 모자랐다. 5월 17일부터 종아리 염좌에 시달리던 마이크 트라웃은 7월 초

중순에는 돌아오기로 되어 있었다. 그는 올스타 브레이크 때 이미 예정보다 복귀가 약간 늦어지고 있었는데 그래도 희망을 품을 만한 몇 가지 근거가 있었다. 트라웃은 부상당한 후 처음으로 오클랜드와 미네소타로 가는 원정경기에 합류하기로 했다. 7월 19일과 20일에 그는 필드에 나가 오클랜드 콜로시엄의 베이스 사이를 달려보았다. 그는 언제라도 재활 경기를 시작할 준비가 되어 있다고 말했다. 마이너리그에서 서너 경기를 뛰고, 에인절스 라인업으로 돌아온다는 뜻이었다. 트라웃은 미네소타에서도 다시 필드 훈련을 했다. 하지만 그는 어느새인가 사라졌다. 조 매든 감독은 트라웃이 훈련에 박차를 가할수록 "종아리에 뭔가 느껴진다"고 하는 말을 들었다. 그리하여 그의 마이너리그 재활 경기 출장은 보류되었다. 데드라인이 일주일 전인데 갑자기 트라웃이 언제 돌아올지 알 길이 막막해져버린 것이다.

보는 사람에 따라 트라웃, 오타니와 더불어 메이저리그 최고 타자 트리오를 이루고 있다고 할 수 있는 앤서니 렌던 역시 시즌 아웃되었다. 그 역시 언제 돌아올지 기약이 없었다. 7년 2억 4500만 달러 계약의 2년째에 접어들었던 렌던은 속 터지는 시즌을 견뎌내고 있었다. 그는 4월에 사타구니 부상으로 고생하면서 2주간 경기에 나가지 못했다. 5월에는 자신이 친 파울볼에 무릎을 맞아 11일을 또 결장했다. 그러더니 몸에 이상도 없고 성적도 올릴 수 있을 것 같은 신호가 막 보이기 시작할 즈음인 7월 초에 햄스트링 부상을 당하고 말았다. 트라웃의 재활 훈련이 7월 말로 차일피일 밀리고 있는 가운데, 거의 같은 시기에 부상을 당한 것이었다. 매든 감독은 렌던이 야구와 관련된 활동은 여전히 전혀 하지 못하고 있다고 말했다.

투수진도 어기적거리기는 마찬가지였다. 개막일 선발이었던 딜런 번디는 너무 형편없는 플레이로 로테이션에서 자기 자리를 잃었다. 겨울을 넘기며 1년 800만 달러에 계약했던 좌완 호세 퀸타나는 6월에 불펜으로 보내졌다. 우완 알렉스 콥은 재기에 성공한 시즌을 누리고 있었지만 물집 때문에 부상자 명단에 올라갔다. 그는 부상자 명단에 올라 있는 동안에 손목 부상까지 얻었다. 앤드루 히니는 어떤 때는 안정감 있게 보이다가 어떤 때는 왜 이러나 싶은 예의 그 롤러코스터 같은 퍼포먼스를 지속했다.

이러한 총체적 난국의 상황에서 에인절스가 승률 50퍼센트 근처에 머물 수 있었던 데는 부분적으로 오타니 쇼헤이의 공이 컸다. 그는 구단 최고의 타자와 최고의 투수로서 여전히 팀을 끌고 가고 있었다. 올스타 브레이크 후 13경기에서 홈런 네 개를 치고 0.298의 타율에 OPS 1.069를 기록했다. 그는 올스타 브레이크 후 데드라인 사이에 두 번 마운드에 섰는데, 13이닝을 던지는 동안 단 1점만을 허용했다. 삼진은 13개, 볼넷은 하나였다. 7월 26일 콜로라도 로키스를 상대로 7이닝을 던지고 난 후, 매든 감독은 오타니의 가치는 너무도 자명해서 아메리칸리그 MVP는 그의 것일 수밖에 없다고 호언장담했다. "좋은 한 해를 보내고 있는 선수들이 또 있다는 걸 누가 모르겠나. 하지만 일단 멈춰서 지금 이곳에서 무슨 일이 일어나고 있는지 따져봐야 한다." 매든은 말했다. "그가 지금 하고 있는 일 근처에 비슷하게라도 간 선수가 있는가? 없다. 아무리 생각해봐도 말이 안 되는 일이기 때문이다. 근처라도 간 선수가 있는가 떠올려보면, 없다. 사람들이 비슷한 예를 말하곤 하는데, 나는 동의하지 않는다. 그가 하는 일은 너무도 고유하고, 너무도 다르다. 그를 누군가와 비교하고 싶다고 해도, 그렇게는 안 될 것이다." 그 시점에 오타니는 홈런 35개로 메이저리그 전체 1위에 평균자책점은 3.04를 찍고 있었다.

하지만 에인절스는 로키스에 승리를 거두면서 재러드 월시를 복부 부상으로 잃었다. 올스타게임 후 고작 몇 주가 지나고 나서 월시는 트라웃과 렌던이 있는 부상자 명단에 합류했다. 오타니는 에인절스 라인업에서 문득 망망대해에 홀로 떠 있는 것처럼 외떨어진 존재가 되었다.

트레이드 데드라인 날 아침, 에인절스의 타선은 해골같이 비실비실했고 투수 로테이션은 누더기 상태였다. 구단은 다른 두 팀, 매리너스와 애슬레틱스를 쫓아가는 데 꼭 필요한 만큼 밀어붙이지를 못했다. 에인절스는 51승 51패로 서부지구에서 애스트로스에게 11.5게임 차로 끌려가고 있었다. 와일드카드 두 번째 자리를 놓고 벌어지는 경쟁에서는 애슬레틱스에게 여섯 게임이 뒤져 있었다. 매리너스, 뉴욕 양키스, 토론토 블루제이스, 클리블랜드 인디언스도 와일드카드 경쟁에서 에인절스보다 앞서 있는 팀들이었다. 페리 미내시언 단장이 후에 선수들을 데려오기 위해 "매우 공격적"으로 나갔다고는 말했지만, 메이저리거는 단 한 명도 얻지 못하고 오히려 선수 두 명을 트레이드로 내보냈다. 히니를 양키스로 보내고 두 명의 마이너리그 투수를 받았고, 좌완 구원투수 토니 왓슨은 마이너리그 투수 세 명과 바꾸어 샌프란시스코 자이언츠에 보냈다. 에인절스는 구단의 가장 값어치 나가는 트레이드 칩인 레이셀 이글레시아스는 쥐고 놓아주지 않았다. 미내시언은 팀을 와해시키지 않을 것이라고 말했다. "이 그룹은 이제까지 쌓아온 방법으로, 어떤 상황에서 플레이한다고 해도 경쟁을 계속할 기회를 얻어왔기" 때문이었다.

그러나 미내시언이 말한 것과는 다르게 며칠이 지난 후에 그의 행보는 다른 메시지를 보내고 있었다. 요컨대 팀이 2021년에서 멀어져 미래로 방향을 튼 것이다. 2020년 드래프트에서 에인절스가 1라운드에 뽑았던 리드 데트머스가 히니를 대신해 빅 리그 로테이션으로 부름을 받았다. 데트머스는 이제 막 스물두 살이 되었고, 겨우 13번의 정규게임에서 공을 던졌다. 한 경기만 빼고 모두 더블 A 경기였다. 팀은 또 우완 크리스 로드리게스를 소환해서 로테이션에 넣었다. 로드리게스는 이제 막 스물세 살이 된 선수로 지난 세 시즌에는 거의 뛰지도 못했다. 심각한 허리 부상과 2020년의 팬데믹이 마이너리그를 통째로 날려버리며 그의 성장 기회를 앗아갔기 때문이다. 그는 스프링 캠프에서 눈도장을 찍어 자리를 얻었고, 빅 리그에서 구원투수로 두어 달 잘 던졌다. 에인절스는 선발투수로 잘 자라서 오라고 그를 다시 마이너리그로 보냈었다. 그리고 트레이드 데드라인이 지나고 며칠 후에 구단은 그에게 또 다른 기회를 주었다. 구단은 외야수 조 아델도 메이저리그로 다시 데리고 와서 주전으로 뛰게 될 것이라고 알렸다. 아델은 2020년 시즌에 들어갈 때만 해도 에인절스의 최고 유망주였다. 하지만 단축된 시즌에서 그가 보여준 모습은 실망스러웠고 그는 2021년에 마이너리그로 돌아갔다. 그는 트리플 A에서 세 달을 보내고, 프런트 오피스에서 보고 싶어 하는 진일보한 모습을 보여주었다.

데트머스와 로드리게스, 아델의 기회는 렌던이 엉덩이 수술을 받느라 시즌 아웃된다는 구단의 발표와 동시에 나왔다. 트라웃은 여전히 복귀 시점이 잡히지 않은 상태였다. 이 모든 일이 벌어지는 와중에 에인절스는 마지막 두 달을 오타니 쇼헤이 쇼의 무대 배경으로, 엑스트라로 보낼 준비가 된 듯 보였다.

오타니 쇼헤이는 8월 4일 텍사스 레인저스전에서 투수로서 그가 어디까지 왔는지를 증명해 보였다. 비장의 구종들을 가지고 있으나 제구가 엉성했던 시즌 초반과는 날카롭게 대조가 되는 모습으로, 오타니는 예의 짜릿한 패스트볼이나 고약한 브레이킹볼 없이 레인저스전 마운드에 섰다. 그는 사소한 부상으로 며칠을 더 쉬고 투구를 하러 나왔다. 7월 28일에 에인절스 더그아웃으로 파울볼이 날아들어 엄지 손가락을 맞았던 것이다. 8일을 쉬고 레인저스전에 착수한 오타니는 최고의 비기 없이 6회까지 안간힘을 쓰며 가야 했지만 레인저스를 1점으로 묶어두며 5연승을 내달렸다. "무엇이든지 아주 좋은 느낌으로 하고 있다." 조 매든 감독이 말했다. "그의 가장 역동적인 경기는 아니었을지 모르지만 이제 그는 마운드에 올라가서 자신이 해야 하는 일을 잘 안다. 몹시 효율적인 투구를 했다."

8월 12일 6이닝까지 2점을 준 블루제이스전이 끝나고 오타니는 말을 듣지 않는 구종을 다시 해결해야겠다고 이야기했다. "솔직히 상태가 아주 좋지는 않았다. 하지만 나는 최고가 나오지 않을 때면 아웃을 잡고 이닝을 헤쳐 나갈 다른 길을 찾아낸다. 지금 마운드에서 잘 해내고 있다고는 생각하지 않는다. 육체적으로는 상태가 아주 좋은 느낌이다. 매번 마운드에 설수록 나아지고 있다고 느낀다. 나는 아직 내 잠재력을 폭발시키지 않았다. 나에게는 더 좋아질 공간이 여전히 있다."

이 시점에 오타니는 17번 선발로 나와 92이닝을 던졌다. 이전 두 시즌에는 다 합쳐 1과 3분의 2이닝이 다였다. 구위가 떨어진다는 말이 나올 때마다 함께 꼭 따라오는 주제는 피로에 관한 것이었다. 오타니는 8월 18일 디트로이트에서 뛰어난 퍼포먼스를 보이면서 우려를 잠시 잠재웠다. 그 경기에서 그는 메이저리그 커리어 처음으로 8이닝을 던졌고, 1점밖에 내주지 않았다. 삼진 여덟 개에 걸어 나간 타자는 한 명도 없었다. 거기에 또 시즌 40호 홈런까지 쳤다. 매든 감독에 의하면 '리틀리그에서나 있을 법한 일'(투타 겸업을 하며 좋은 기록을 내는 것을 의미—옮긴이)을 그는 피로가 누적되는 8월 말까지도 여전히 하고 있었다.

적절하게도 오타니는 8월 말 리틀 야구의 성지에서 자신의 게임을 보여줄 기회를 가졌다. 에인절스는 펜실베이니아 윌리엄스포트에서 클리블랜드 인디언스를 만났다. 윌리엄스포트는 리틀리그 월드시리즈의 홈이다. 메이저리그 사무국은 해마다 윌리엄스포트의 마이너리그 구장에서 한 번씩 시합을 열었다. 빅 리그 스타들이 세계 최고의 열한 살, 열두 살짜리 팀들과 어우러지는 자리를 마련하는 것이다. MLB로서는 미래의 메이저리그 선수들을 현재의 스타들과 연결해주는 완벽한 기회다. 오타니와 에인절스 선수들, 인디언스 선수들은 아이들에게 사인을 해주고 얘기를 나누면서 열 몇 명의 어린 선수들에게 어느 비 오는 날을 평생 잊지 못할 날로 만들어주었다. 마이크 트라웃은 기자회견에서 자신이 열두 살 때 어떤 선수였는지 이야기하며 매든 감독이 오타니를 두고 한 말을 다시 반복했다. "나는 유격수를 하고 투수를 했다." 트라웃이 말했다. "오타니가 바로 지금 하고 있는 쇼와 비슷하다. 그건 정말 특별한 일이다. 오타니는 다른 세계에서 온 피조물이다."

자신이 불러일으키는 그 모든 경외감을 뒤로 하고, 오타니의 시즌은 삐걱거리기 시작했다. 8월 25일 당시 19연패 중이던 오리올스와의 원정경기에서 오타니는 5이닝 동안 4점을 허용했다. 더 큰 이슈는 타석에서의 퍼포먼스였다. 오타니는 8월 16일부터 9월 15일까지 0.174를 쳤다. 그 기간에 홈런은 다섯 개밖에 나오지 않으며 메이저리그 선두자리를 빼앗겼다. 그의 스윙이 홈런 더비에서 뒤엉켜버리고 말았다는 의견을 제시하는 사람들도 있었지만, 구단 관계자들 중에는 그 의견을 믿는 사람이 아무도 없었다. 오타니는 더비 후 바로 이어진 몇 주 동안 공격에서 문제가 없었다. 시즌 후반기 메이저리그에서 가장 핫했던 타자 두 명은 워싱턴 내셔널스의 후안 소토와 캔자스시티 로열스의 살바도르 페레즈였다. 그들도 홈런 더비에 참가했다.

더 그럴 법한 시나리오는 오타니가 마침내 빈약한 타선의 영향을 느끼고 있다는 것이었다. 트라웃이나 렌던이 부재한 상태에서 오타니는 종종 저니맨 필 고슬린을 다음 타순으로 두고 타석에 섰다. 타자 대기석에 고슬린을 두고 오타니에게 방망이라도 갖다 댈 만한 좋은 공을 주려는 투수는 없었다. 오타니는 그냥 순순히 걸어 나가기보다는 존을 벗어나는 피치에 방망이를 휘둘렀다. "지난달에는 플레이트를 통과하는 공, 제대로 맞힐 만한 공을 별로 볼 수 없었다." 오타니가 말했다. "그런 공이 보이면 아주 좋은 스윙으로 날려야 한다. 그런 공이 보이지 않으면 단순하다. 볼인 공은 흘려보내고 스트라이크에 스윙을 해야 하는 것이다."

제러미 리드 타격 코치는 오타니의 슬럼프에 대해 조금 다른 설명을 내놓았다. "피로가 문제다. 이 친구는 처음부터 끝까지 던지고 쳤다. 그렇게 9월까지 왔다." 오타니와 매든 두 사람 다 인정하기 꺼려하는 의견이었다.

스프링 트레이닝 첫날에 에인절스는 많은 제약을 두지 않고 오타니를 기용한다는 계획에 마음을 열었다. 구단이 2018년에 오타니에게 부여한, 이런저런 경우에 따라 짜여진 날은 전부 사라졌다. 휴식이 필요하면 오타니가 입을 열 거라고 구단이 믿었기 때문이다. 네 달 정도는 더 바랄 수도 없게 좋았다. 오타니는 타석에서, 그리고 마운드에서 최상급의 퍼포먼스를 펼치고 있었다. 그토록 많이 뛰게 되어 즐거워하는 것이 너무도 눈에 보였고, 새로 얻은 자유 덕분에 그가 정말 더 잘한다고 구단은 믿었다. 9월 초에 이르러서도 매든 감독은 오타니에게 휴식을 주려는 의향을 조금도 내비치지 않았고 오타니 스스로도 휴식을 요청하지 않을 것임은 말할 필요도 없었다.

    9월 3일 텍사스전에서 매든 감독은 공을 117개 던질 때까지 오타니를 마운드에 내버려두었다. 2021년에 그가 가장 많이 던진 투구 수는 105개였고, 수술 전 가장 많은 투구 수는 2018년의 110개였다. 오타니는 투구에 손목을 맞은 후 처음으로 공을 던지고 있었다. 매든은 오타니가 공에 맞고 나서 며칠 더 쉬었으니 재량권을 좀 더 주어도 되겠다고 생각했다. 아닌 게 아니라 그 경기에서 오타니는 시속 161킬로미터 패스트볼을 두 개나 던졌다. 지난 4월 4일 이후로 정규 경기에서 그렇게 빠른 공을 던진 적은 없었다. 오타니는 5회와 6회를 삼자범퇴로 마쳤고, 매든은 7회에 오타니를 다시 마운드로 올려 보냈다. 그때까지 투구 수는 92개였다. 오타니는 안타와 볼넷 하나씩을 내주며 어찌어찌 이닝을 끝냈다. 게임이 끝나고 나서 그는 자신을 강판시키지 않은 매든에게 감사하다고 말했다. "이러다 강판당하겠지 했는데, 감독님은 나에 대한 믿음이 있었다. 이길 수 있게 되어 기쁘다." 오타니가 말했다. "이 경기는 앞으로 분명히 도움이 될 것 같다. 특히 마지막에 내줄 수도 있었던 점수를 내주지 않았던 것이 컸다. 정말 좋았고, 감독님은 내가 100개를 넘게 던져도 마운드에 계속 내보낼 만큼 나를 더 신뢰하게 될 것이라고 생각한다."

    매든 감독은 4월에 오타니가 밀고 나가게 했을 때 했던 말을 되풀이했다. 그는 그런 경기들이 장기전에서는 보상으로 돌아올 것이라고 말했다. "나는 선수들이 그런 식으로 경기에 더 깊숙하게 들어갈 때가 좋다." 매든은 말했다. "한번 늘어진 정신을 원래 상태로 되돌리기란 힘든 일이다. 투수도 마찬가지다. 경기에 그렇게 깊숙이 들어갔다가 경기 후반에 어려운 상황에서 빠져나오고, 그때도 A급 구질을 유지할 수 있다면 선수 생활을 해나가는 데 아주 큰 자양분이 될 것이다. … 117개의 공을 던진 오늘은 단언하건대 그가 한 단계 올라서는 순간이었다."

매든 감독은 다음 날 라인업에 지명타자로 오타니의 이름을 올림으로써 그에 대한 신뢰에 다시 한번 강조점을 찍었다. 9월의 아무 의미 없는 시합이었고 누가 봐도 최다 투구 수를 던진 다음 날은 쉬어야 마땅해 보였다. 매든 감독은 오타니가 괜찮다고 했다고 전했다. "그가 어떻게 그런 일을 해내는지, 그가 어디에서 왔는지 나로서는 알 길이 없다." 매든은 말했다. "그렇게 던질 수 있다는 것, 그렇게나 많이 던질 수 있다는 것, 그렇게 힘껏 던지고 난 다음 날 지명타자로 나갈 수 있다는 것, 그저 비현실적이다. 하지만 나는 그의 출장 방식과 양에 대해 부정적인 얘기는 그에게서도, 혹은 다른 누구에게서도 전혀 듣지 못했다."

하지만 공격 슬럼프가 한창인 시점의 경기였다. 그리고 그 다음에 마운드에 섰을 때, 피로가 그의 투구에도 영향을 미치고 있다는 신호가 나타났다.

9월 10일 휴스턴에서 1회에 44번째 홈런을 터뜨리면서 오타니의 밤은 꽤 좋게 시작되었다. 1회 말에 오타니는 안타 두 개를 내주었지만 점수를 허용하지 않았고, 2회 말은 삼자범퇴를 시켰다. 그러다 3회에 들어서며 안타 네 개에 3점을 내주었다. 3회에만 공을 30개 던졌고, 애스트로스 선수들은 휘두르는 스윙마다 공을 맞혀냈다. 그는 4회에 상대한 네 타자 중 한 타자만 아웃시키고 강판되었다. 그가 내보낸 주자 세 명 모두 득점했고, 오타니는 3과 3분의 1이닝 동안 6실점을 했다. "최고 구종이 잘 구사되지 않았다." 매든이 말했다. "헛스윙이 없었으니 말 다했다." 애스트로스가 오타니의 공에 헛스윙을 한 비율은 7.1퍼센트였다. 오타니의 2021년 시즌 평균인 28.9퍼센트와 비교하면 말도 안 되는 수치였다. "그는 싸우고 있었다. 하지만 내가 볼 때 여기서 더 밀어붙일 이유가 없었다." 매든이 말했다. "그가 잘 풀리지 않는 날에 짐을 더 보태주고 싶은 마음은 없다."

후에 오타니는 불안한 신호가 되는 듯한 말을 했다. 전 게임에서 117개를 던진 것이 어떤 여파라도 있었느냐는 질문에 "지난번 등판 후에 약간 쑤시는 느낌이 있었다"라고 대답한 것이다. 통역사 미즈하라가 일본어로 '당기는 느낌はり'을 '쑤심soreness'이라는 영어로 바꾸었는데, 일본 기자들은 정확하지 않은 단어 선택 같다며 '당김tightness' 정도로 옮기는 게 더 낫지 않겠느냐고 말했다. 다음 날 매든 감독은 오타니 혹은 미즈하라에게서 의료적 개입이 필요한 문제가 있다는 얘기는 전혀 듣지 못했다고 말했다. 그러나 나흘 후 이야기는 달라진다. 오타니는 9월 15일 시카고에 있었고, 선발 등판을 앞두고 평소대로 투구 연습을 하고 있었다. 9월 17일 오클랜드 애슬레틱스와의 홈경기 선발에 대비한 훈련이었다. 그때 오타니는 뭔가 잘못되었다고 느꼈고, 구단은 그를 오클랜드전 선발에서 빼기로 했다.

이번에 매든 감독은 '쑤심'이라는 단어를 썼다. 그러면서 '고된 한 해'로부터 비롯된 피로일 뿐 부상은 아니라고 강조했다. 매든은 병원에 가거나 검사를 받을 계획은 전혀 없다는 말도 했다. 플레이오프 경쟁에서는 진작 나가 떨어졌고, 2주 남짓이면 시즌이 끝난다는 점을 감안하면 여기서 투수 오타니의 막은 그냥 내리는 것이 나아 보였다. 오타니가 나아졌다고 느낀다면 신중하게 여지를 두겠다고 했지만 매든 감독은 소중한 선수를 조심스럽게 대할 것이라고 말했다. "쑤시는 증상이 사라지지 않으면 피칭은 하지 않을 수도 있다." 매든이 말했다. "지금은 그냥 답을 모르겠다."

오타니 쇼헤이의 역사적인 시즌이 신음과 함께 막을 내리는 것처럼 보이던 바로 그때, 그는 이야기의 진로를 바꾸었다.

타격에서 오타니는 한 달째 슬럼프였다. 피로에 지쳤기 때문일 수도 있고, 부상으로 황폐해진 라인업 때문일 수도 있고, 투수들이 그에게 스트라이크를 던지지 않기 때문일 수도 있었다. 그 모든 것이 합쳐진 결과는 분명히 맞다. 그것이 9월 15일에 이르러 그의 타율과 OPS를 0.254와 0.956으로 끌어내린 요인이기도 했다. 오타니는 아홉 경기 동안 홈런 한 방 나오지 않는 가뭄의 와중에 있었다. 에인절스가 이번 시즌에는 오타니의 투수 업무를 중단시키자고 의논하던 바로 그때, 조 매든 감독은 타격도 멈추게 할 것이냐는 질문을 받았다. "그렇지 않아도 그에게 얘기를 꺼내보았는데, 그는 여전히 상태가 좋다고 하고 계속 하고 싶어 한다." 매든이 말했다. "살펴볼 생각이다. 타격도 끝내는 게 좋겠다는 것의 그의 생각이라면 그대로 따를 것이다."

다음 날 애너하임으로 돌아온 오타니는 공을 다시 던져보았고 매든 감독에게 훨씬 나아졌다고 보고했다. 그렇다면 그런 것이라 에인절스는 9월 19일 선발 자리에 그를 집어넣었다. 원래 잡았던 일정에서 겨우 이틀 후였다. "그를 아기 다루듯 하지 않고 필드에 나가 야구를 하게 하겠다는 것은 우리가 올 시즌 내내 일관되게 견지해온 태도다." 매든이 말했다. "그가 만약 '아직 몸이 좋지 않다'라고 말했다면 우리는 다른 방향으로 갔을 것이다." 오타니는 때 이르게 시즌을 마감하고 싶지는 않다고 했다. 지난 세 시즌의 마지막과 같은 결말은 원하지 않는다는 뜻이었다. "나는 계속 던져야 한다." 오타니는 말했다. "던지는 공 하나하나에 뭔가 배울 점이 있고 그 경험을 통해 실력이 더 좋아진다. 나는 내년에도, 그 후에도 쭉 투수를 할 것이다. 올해 겪은 모든 경험이 내가 가는 길에 도움이 될 것이다." 그렇게 오타니는 오클랜드전 선발 등판에서 그가 건강하다는 점을 확실하게 증명했다. 통산 최다인 8이닝을 다시 한번 던지면서 2실점을 했다. 투구 수는 108개였는데, 그중 헛스윙을 끌어낸 비율은 42퍼센트에 달했다. 애슬레틱스 선수들이 그의 스플리터에 방망이를 휘두른 38번 중 18번이 헛스윙이었다. 즉 그의 스플리터에 한 38번의 스윙 중 47퍼센트가 헛스윙이었다는 것이다. 그는 55개의 스플리터를 던졌고, 7회에는 스플리터로 세 타자를 모두 아웃시켰다.

그다음 주에 오타니는 타격에서도 개선된 접근 방법을 보였다. 투수들이 시즌 후반기 동안 오타니에게 좋은 공을 주지 않기는 했다. 그렇다고 해도 8월 중순부터 그의 타격이 흐트러졌다는 것도 틀린 얘기는 아니었다. 나쁜 공에 방망이가 나가는 경우도 더 잦아지고 있었다. 9월 중순이 되면서 오타니는 볼넷을 더 많이 골라내기 시작했다. 9월 22~25일까지 열린 네 차례의 경기에서 오타니는 고의사구 네 번을 포함해 13번을 걸어 나갔다. 9월 24일 경기에서 시애틀 매리너스는 7회에 그를 걸려 보내더니 9회에도 걸려 보냈다. 두 번 다 그가 득점하면 동점이 될 상황이었다. 그는 2003년 배리 본즈 이래로 세 경기 연속 세 번 이상 걸어 나간 최초의 타자가 되었다. 그때는 본즈가 홈런을 한창 뻥뻥 쳐내며 야구의 가장 역사적 장면 중 하나를 만들어가고 있던 때였다. 오타니가 2003년 본즈의 수준으로 공을 치고 있지 못했던 것은 맞다. 하지만 그는 뒷받침이 되지 않는 타순 한복판에서 치고 있었다. "볼넷을 얻어 나가는 것이 매우 마음에 든다." 매든 감독이 말했다. "나쁜 공에 배트를 휘둘러서 나쁜 아웃을 당하는 것보다 당연히 훨씬 좋다. 그는 출루하고, 도루하고, 득점하는 등 다른 방식으로도 팀에 기여할 수 있다. 지금 그에게 필요한 것이 그것이다."

걸어 나가는 횟수가 많아지면서 지난 11경기를 치르는 동안에 OPS도 1.128로 올라갔다. 출루율만 0.540이었다. 투수들이 스트라이크를 주지 않다 보니, 오타니는 트로이 글로스가 2000년에 세운 에인절스 단일 시즌 최다 홈런 기록 47개를 깰 수도, 2021년 메이저리그 홈런왕이 되기 위한 진짜 타격도 할 수 없었다. 오타니는 시즌 마지막 경기에서 홈런을 두 개 치며 시즌 통산 46개로 마감했다. 토론토 블루제이스의 블라디미르 게레로 주니어와 캔자스시티 로열스의 살바도르 페레즈는 각각 48개씩을 쳤다.

오타니는 시즌 마지막 몇 주에 다른 부문에서도 의미 있는 성적을 냈다. 마지막 주에 100번째 득점과 100번째 타점을 기록한 것이다. 도루도 25개였다.

투수로서 10승을 달성했더라면 오타니로서는 참 좋았을 것이다. 일본에서는 두 자릿수 승수를 메이저리그에서보다 더 귀한 성취로 여긴다. 오타니는 9월 3일에 9승 1패를 기록하고 있다가 패를 한 번 당하고 다음 두 경기에서는 승패를 기록하지 못했다. 그는 9월 26일 에인절 스타디움에서 매리너스를 상대하면서 7이닝에 1실점, 탈삼진 10개, 볼넷 0개를 기록했다. 이전 선발로 나간 애슬레틱스전과 마찬가지로 승을 얻어야 마땅할 만큼 잘 던졌다. 그러나 그는 두 경기 모두에서 승을 기록하지 못했다. 두 경기 다 불펜의 불쇼로 역전패를 당했기 때문이다.

두 번 연속으로 승을 놓치고 타석에서는 볼넷만 얻어 걸어 나간 끝에 오타니는 경기 후 인터뷰에서 마침내 실망감을 내비쳤다. 에인절스가 82번째 패배를 기록한 날이었다. 이로써 에인절스는 여섯 시즌 연속 루징 시즌이 확정됐다. 그중 네 번이 오타니가 팀에 속해 있을 때였다.

"낭패감이 정말 크다." 오타니가 말했다. "정말 실망스럽다. 나는 시즌을 마치고 플레이오프에서 뛰기를 늘 간절히 고대해왔다."

후에 오타니는 그 실망이 선수 생활에 관한 결정에 어떤 영향을 미치겠느냐는 질문을 받았다. 기자들은 2023년 시즌이 끝나면 프리 에이전트가 되는 이 스타에게 그때 가서도 에인절스에 남겠냐는 단도직입적인 질문을 던졌다.

"나는 우리 팀이 정말로 좋다." 오타니는 말했다. "그리고 팬들도 사랑한다. 팀의 분위기를 사랑한다. 하지만 그보다 내가 더 원하는 것은 이기는 것이다. 그것이 나에게는 가장 큰 의미다. 그러니 이쯤 말해두겠다."

그의 대답은 며칠간 조각조각 해부되었다. 팬들은 통역사 미즈하라가 영어로 한 말뿐 아니라 오타니가 일본어로 직접 한 말도 뜯어보았다. 그의 발언은 마이크 트라웃과 매든 감독이 패배에 대한 답답함과 팀이 이기기 위해 꼭 필요한 업그레이드를 보고 싶다는 소망을 토로한 후 바로 나온 것이었다.

이틀 후 에인절스는 텍사스주 알링턴으로 시즌 마지막 원정길에 나섰다. 페리 미내시언 단장은 구장에서 오타니와 트라웃과 매든이 최근에 한 발언을 어떻게 받아들이느냐는 미국과 일본 기자들의 질문을 상대하고 있었다. 미내시언은 그들의 말을 관리자 측에 대한 항의로 해석하지 않는다고 말했다. 그는 승리를 위해서는 변화가 필요하다는 것을 이미 알고 있으며, 겨울을 대비해 마련한 계획의 방향을 바꿀 말을 전혀 듣지도, 읽지도 못했다고 했다. "지는 팀에서 뛰고 싶은 사람은 없다." 미내시언이 말했다. "그런 사람이 어디 있겠는가. 놀랄 일도 아니다. 하지만 그 마음만으로는 겨울에 아무것도 바꿀 수 없다."

14. 역경 속에서 더 빛나는

며칠 후 에인절스가 시즌 마지막 경기에 들어가기에 앞서 오타니는 일전에 자신이 한 말을 명확히 정리했다. 그는 패배에 실망은 했지만 여전히 계약 연장을 논의할 마음이 있었다. "당연히 협상에는 열려 있다." 오타니가 말했다. "구단은 4년 내내 나를 지지해주었고, 나는 그 점에 정말로 감사함을 느낀다. 장기 계약 연장을 하거나 말거나, 나는 그저 다음 시즌 퍼포먼스를 대비하고 싶을 뿐이다."

2021년 오타니의 경이로운 시즌에도 오타니와 에인절스에게는 해결되지 못한 마지막 문제가 남았다. 그들은 시즌 마지막 날에 매리너스를 물리쳤고, 오타니는 46번째 홈런을 쳤다. 에인절스는 77승 85패의 기록으로 시즌을 마쳤다. 누가 봐도 만족스럽지 않은 결과였다. 하지만 오타니가 아니었다면 훨씬 더 나쁠 수도 있었다. 에인절스는 시즌 대부분을 마이크 트라웃과 앤서니 렌던이 없는 채로 경기했다. 오타니는 시즌 최후까지 남은 유일한 선발투수이기도 했다.

오타니는 실제로 구단에서 자신이 가장 튼튼한 선수임을 증명했다. 시즌 전체 로스터에서 빠지지 않은 포지션 플레이어는 2루수 데이비드 플레처와 포수 커트 스즈키, 그리고 오타니가 유일했다. 그는 부상을 당하지 않았을 뿐더러 쉬는 날도 거의 필요하지 않았다. 오타니는 겸업 선수로서 등판하기 전날과 등판한 다음 날은 쉬어야 했던 2018년과 다르게 2021년에는 어떠한 제한도 없이 시즌 전체를 보냈다. 그는 에인절스가 치른 162경기에서 155경기에 나갔다.

"힘들지 않았다고 하면 거짓말이다. 하지만 동시에 정말 재미있기도 했다." 11월에 만장일치로 MVP를 수상한 후 오타니가 말했다. "팀의 기대가 아주 높다는 것을 느꼈고, 기대에 부응하기 위해 최선을 다하려고 했다."

그는 그 기대를 넘어섰다.

"나는 의구심을 품은 수많은 사람들을 늘 상대해왔다. 일본에서는 더 심했다." 오타니는 말했다. "나는 그 압박감이 나를 삼키지 않게 하려고 노력했다. 나는 그저 재미있게 플레이하고 싶었고, 내가 어떤 성적을 올릴 수 있으며 어떤 종류의 퍼포먼스를 펼칠 수 있는지 보고 싶었을 뿐이다."

유니콘

1997년 봄에 릭 앤키엘은 미국에서 최고로 실력이 좋은 고등학생 야구 선수였다. 플로리다주의 포트세인트루시 고등학교에 다니던 좌완 투수 앤키엘은 74이닝을 던져 11승 1패에 평균자책점 0.47, 162개의 삼진을 잡았다. 타율은 0.359에 홈런 일곱 개를 쳤다. 스카우터들은 앤키엘이 드래프트 톱 10에 들 재능을 가졌다고 확신했다. 하지만 그는 드래프트 1차에서 돈 때문에 미끄러졌다. '그가 마이애미 대학교의 장학금을 포기하게 하고 프로 계약에 사인하게 하려면 얼마가 필요할까?', 그것이 문제였다.

세인트루이스 카디널스가 2라운드에서 최종적으로 그를 잡아서 250만 달러에 계약했다. 앤키엘은 야구계에서 앞날이 가장 창창한 투수 중 한 명이 되었고 마이너리그를 섭렵했지만, 여전히 타격에 대한 생각을 놓지 못했다. 그는 코치들이나 카디널스 프런트 오피스 직원들에게 자기가 진짜 투타 겸업 선수가 되면 어떻겠냐고 간간이 제안했다. 단순히 공 좀 치는 투수가 아니라 진정한 이도류 말이다. 그들은 그의 의견을 묵살했다. "그 생각이 머리에서 떠나질 않는데 그들은 내 말을 전혀 받아들이지 않았다." 앤키엘이 2021년에 말했다. "그 말을 하면 이런 대답이 돌아온다. '하하, 좋은 생각이네. 자, 꺼져.'"

앤키엘은 1999년 스무 번째 생일을 맞고 몇 주 후에 메이저리그에 입성했다. 그는 2000년에 11승 7패에 평균자책점 3.50을 기록하며 내셔널리그 올해의 신인상 투표에서 2등을 했다. 하지만 2000년 플레이오프에서 앤키엘은 알 수 없는 이유로 제구력을 잃어버리고 말았다. 그는 세 경기에서 4이닝을 던지며 볼넷 11개를 내주고 아홉 개의 와일드 피치를 했다. 앤키엘은 그해 10월 이후 스트라이크를 계속해서 던질 수 없는 저주에 빠지며 예전으로 다시는 돌아가지 못했다. 그는 스포츠 세계에서 '입스'라고 부르는 정신적인 장벽에 부딪쳤다. 두 번의 팔꿈치 부상에서 몇 년이고 재활을 한 이후에도 입스는 사라지지 않았다. 그는 투수 생활을 끝내 접었다. 하지만 야구를 접은 것은 아니었다.

앤키엘은 마이너리그에서 다시 시작했다. 이번에는 외야수로서 뛰었다. 그 후 그는 빅 리그 외야수로 2007년부터 2013년까지 536경기를 뛰었다. 통산 성적은 타석에 2115번 들어서서 타율 0.240에 홈런 76개, OPS 0.724였다. 투수로서 야구 인생의 첫 페이지에서는 13승 10패에 평균자책점 3.90을 기록했었다.

불굴의 의지는 논외로 하고, 앤키엘은 빅 리그에서 투수로 10승을 하고 70개 이상의 홈런을 친 세 명의 클럽에 들어가는 지위를 누리게 되었다. 다른 두 사람은 베이브 루스와 오타이 쇼헤이다.

15. 유니콘

오타니가 메이저리그를 씹어먹은 2021년은 베이브 루스가 세상을 떠난 지 73년이 되던 해였다. 앤키엘은 살아 있고 건강했다. 그는 오타니가 이뤄낸 일에 관한 자신만의 독자적인 시각을 기꺼이 일러주었다.

"경이롭다고 생각한다." 2021년 시즌이 끝나고 앤키엘이 말했다. "투수로서 그를 보면 구위가 절대적으로 끝내준다. 나는 우리가 아직도 최고를 본 것이 아니라고 생각한다. 그가 해내는 일을 보면 정신을 다 빼앗겨버린다. 지금 우리는 타격왕과 홈런왕과 사이영상을 모두 탈 수도 있는 사람을 보고 있지 않나 싶다. 그것도 같은 해에. 그런 일이 일어날 수도 있다는 게 너무도 엄청나다."

앤키엘은 또 오타니가 선구자가 되리라고 믿는다. 그 자신은 투타 겸업 선수가 될 기회를 영영 얻지 못했다. 오타니 덕분에 다음 세대의 야구는 다른 이야기가 전개될지 모른다.

"그가 트렌드를 만들어낼 거라는 생각이다." 앤키엘은 말했다. "그러지 못할 이유가 없다. 그를 보면 이런 생각이 든다. 아이들에게 너무나도 멋진 롤 모델이라고."

샌프란시스코 자이언츠의 파르한 자이디 사장은 아마추어 야구계의 잠재적 이도류 선수들이 오타니를 보고 틀림없이 새로운 시각을 얻었으리라는 의견에 동의했다. 하지만 그것은 등식의 일부만 채워진 것이다. 빅 리그 구단들이 그 선수들에게 기회를 줄 믿음이 생겨야 등식은 완성될 수 있다.

"오타니는 투타 겸업 선수들이 스스로를 바라보는 생각을 바꾸어놓았다고 할 수 있다. 이제 그들은 전부 '나도 저렇게 할 수 있어'라고 생각한다." 자이디는 싱긋거렸다. "좀 더 진지하게 보자면 이제 많은 선수들이 품는 포부가 달라졌다. 우리는 지금 최고 레벨에서 투타 겸업이 가능하다는 증거를 보고 있는 것이다. 물론 그 증거가 잠재적인 겸업 선수들에 대한 우리의 시각을 바꾸어놓을지는 아직 단언하기 어렵다. 사람들은 오타니를 유니콘 같은 존재로 바라보는 쪽으로 더 많이 기울어 있는 것 같다. 누구라도 그를 보면 그런 생각이 들지 않겠는가. 그가 가진 재능은 정말로 너무도 희귀해서 그 재능을 복제할 수 있다고 생각하는 실수를 저질러서는 안 될 것 같다."

오타니의 퍼포먼스가 다른 투타 겸업 선수들의 기회를 늘려준다는 말이 틀린 말은 아닐 수 있겠으나, 그것은 로또를 두 장 사면 백만장자가 될 기회가 두 배로 늘어난다고 말하는 것과 별로 다름이 없다.

구단 운영에 수십 년 뼈가 굵었으며 플로리다 말린스(현 마이애미 말린스―옮긴이)와 보스턴 레드삭스의 월드시리즈 우승을 함께 한 데이브 돔브로스키는 오타니가 투타 겸업에 대한 인식에 미칠 변화는 그리 크지 않을 것이라고 말했다. "오타니가 몇몇 사람들의 마음을 돌릴 수는 있겠지만 오타니 쇼헤이, 그런 능력을 가진 오타니를 염두에 두고 결정을 내리는 사람이 너무 많지는 않았으면 좋겠다. … 그는 매우 흔치 않은 경우다. 야구 역사에서 그와 같은 일을 해낸 사람들은 아주 적다."

야구 인생 어느 시점에서인가 투타 겸업의 능력을 보여준 프로 선수들의 목록은 짧다. 그래도 없지는 않다.

데이브 윈필드는 미네소타 대학교에서 처음 세 시즌을 투수로만 뛰었다. 1972년에 알래스카에서 열린 대학 여름 리그에서 그는 홈런 15개를 때려내면서 스카우터들의 눈을 번쩍 뜨이게 했다. 1973년에 윈필드는 미네소타 대학에서 타격과 투구를 하면서 팀을 대학 월드 시리즈로 이끌었다. 윈필드는 이 시리즈에서 최우수선수상에 뽑혔다. 타율은 0.467이었고, 개막 경기에서는 14명을 삼진으로 잡으며 완봉승을 거두었다. 그해 여름 드래프트에서 샌디에이고 파드리스는 윈필드를 전체 4순위로 뽑았다. 운동 능력이 워낙 출중했던 윈필드는 NFL의 미네소타 바이킹스와 프로농구 팀 두 군데, 즉 NBA의 애틀랜타 호크스, 지금은 사라진 농구리그 ABA의 유타 스타스에 드래프트되기도 했다. 윈필드는 앞날을 두고 손에 쥔 것은 아주 많았지만 야구를 선택했고, 외야수로 뛰기로 했다. 파드리스는 그를 곧장 메이저리그로 올렸다. 그는 빅 리그에서 22번의 시즌을 보내고 명예의 전당에 입성했다. 그는 메이저리그에서는 단 한 개의 투구도 던져본 적이 없다.

윈필드는 타자로서나 투수로서나 드래프트 1차에 지명될 만큼 최고의 실력을 가진 작은 그룹의 일원임이 분명하다. 엠엘비닷컴의 드래프트 전문가 짐 칼리스에 따르면 그렇다. 최초의 드래프트의 역사는 1965년으로 거슬러 올라간다. 그리고 칼리스가 2020년에 적기를,

이제까지 야구계에서 타자와 투수로 동시에 1차 지명될 만큼 재능이 있는 선수들은 11명밖에 되지 않았다.

이 리스트에는 전 MVP 조시 해밀턴, 1루수 존 올러루드, 외야수 닉 마카키스, 외야수 에런 힉스 등이 포함되어 있다. 윈필드와 마찬가지로 이들 모두 아마추어 시절에 투수를 했지만, 메이저리그에서 주전으로 뛸 만큼 성공하면서 투수로는 한 번도 나서지 않았다.

앤키엘을 포함해 리스트에 든 대부분의 선수들은 결국에 가서는 한 가지 역할에 정착했는데, 부상이나 경기력 문제 때문이었다. 볼티모어 오리올스는 2003년 드래프트 1라운드에서 애덤 로웬을 뽑았다. 그는 메이저리그에서 2006~2008년까지 투수로 뛰다가 다쳤다. 그리고 2011년에 외야수로 되돌아왔다. 그러다가 또 2015~2016년에는 투수로 돌아왔다. 로웬은 별 볼 일 없던 커리어에서 다 합쳐 63번의 빅리그 게임에 투수로 올라갔고, 여덟 경기에 외야수로 나왔다.

명예의 전당 입성자인 조지 브렛의 형 켄 브렛은 메이저리그에서 투수로만 뛰었다. 그는 타자로서도 뛰어나서 그가 속한 팀들은 두어 번 지명타자 사용권을 반납하고 그에게 타격을 시켰다. 구단들은 그를 대타자로 쓰기도 했다. 그러나 그는 현대판 공 좀 치는 투수인 매디슨 범가너나 브랜던 우드러프의 옛 버전이라고 할 정도지, 투타를 겸업할 만큼은 못 되었다.

야구 역사에는 메이저리그에 진출하기 전에 역할을 바꾼 선수들이 여기저기 있다. 메이저리그 역사상 가장 뛰어난 마무리투수 네 명인 트레버 호프먼, 트로이 퍼시벌, 켄리 잰슨, 조 네이션은 마이너리그 생활을 시작할 때 포지션 플레이어였다. 호프먼과 네이선은 유격수였고, 퍼시벌과 잰슨은 포수였다. 너클볼 투수로 유명한 팀 웨이크필드는 메이저리그에서 200승을 거두었는데, 마이너리그에서 내야수로 재미를 보지 못하고 경로를 튼 경우다. 구단들은 모두 그들의 방망이보다 팔이 훨씬 낫다는 것을 그들의 선수 생활 초기에 알아본 것이다.

마크 맥과이어와 제이콥 디그롬처럼 일찍이 포지션을 바꾼 선수들도 있었다. 맥과이어는 서던캘리포니아 대학교에서 투수와 1루수를 했다. 하지만 메이저리그에서는 타격만 해서 583개의 홈런을 기록했다. 디그롬은 플로리다주 스텟슨 대학교에서는 유격수를 보았는데, 마운드로 자리를 옮겨 사이영상을 두 번 탔다.

이 모든 선수들이 아마추어나 마이너리그의 어느 시점에서 아주 높은 수준의 투수와 타자로 재능을 보이기는 했지만, 그중에 투타를 겸업으로 한 선수는 없었다. 투수도 하고 반 고정이라고 해도 지명타자나 다른 포지션을 같은 시즌에 플레이한 선수는 훨씬 적다. 그나마도 대부분은 20세기 중반까지만 나왔다. 21세기에 투타 겸업의 근처에라도 간 선수는 브룩스 키슈닉과 마이클 로렌젠인데, 그것도 하나마나 한 정도였다.

1993년 드래프트에서 시카고 컵스가 10순위로 픽한 키슈닉은 텍사스 대학교에서 이도류 스타 플레이어였다. 키슈닉은 1996년부터 2001년까지는 외야수만 보았다. 선수 생활이 위태로운 상태에서 2002년 시카고 화이트삭스에 합류한 키슈닉은 트리플 A에서 투구와 타격을 했다. 이듬해 시즌에는 밀워키 브루어스가 그에게 투타 겸업의 기회를 주었다. 2003년에 키슈닉은 53이닝을 던지고, 대타, 지명타자, 외야수로서 선 50번을 포함해 70타석에 섰다. 선수 생활 마지막 해이던 2004년에는 43이닝을 던지고, 대타 44번을 포함해 63타석에 들어섰다. 선발투수로는 한 번도 뛰지 않았다.

로렌젠은 캘리포니아 주립대학교 풀러튼에서 투수와 외야수로 뛰었고, 2012년에는 존 올러루드 올해의 투타 선수상 최종 후보까지 갔다. 신시내티 레즈가 2013년 38순위로 로렌젠을 골랐고, 그는 2년 후 빅 리그 선발 로테이션에 들게 되었다. 2015~2018년까지 로렌젠은 레즈에서 대타로 몇 번 등장했을 뿐 투수로만 뛰었다. 2019년에는 여섯 번 선발투수로 나왔고, 29경기를 외야에서 뛰기도 했다. 2019년 9월 4일에 로렌젠은 승을 거두고 홈런 하나를 쳤으며, 야수로 플레이했다. 1921년 베이브 루스 이래로 한 게임에서 삼중 임무를 수행한 최초의 선수가 되었던 것이다. 2020~2021년에 로렌젠은 풀타임 투수로 완전히 돌아왔다고 할 수 있다. 두 시즌 동안 4게임에서 총 6이닝 외야수로 뛰기는 했다. 우연히도 에인절스는 2021년 11월에 오타니와 함께 로테이션에 넣으려는 계획으로 로렌젠과 계약했다(현재 필라델피아 필리스 소속인 로렌젠은 2023년 8월 생애 첫 노히트노런을 기록했다—옮긴이).

브룩스 키슈닉과 마이클 로렌젠은 투타 겸업 선수로서 아주 큰 기록을 모으지는 못했지만, 통상의 전문화된 역할을 벗어나 플레이를 해본 건 맞다. 키슈닉은 오타니 쇼헤이 전에 했고, 로렌젠은 오타니 뒤에 했다. 오타니 같은 선수가 더 이상 없다고 해도, 그가 거둔 성공은 구단들이 키슈닉이나 로렌젠 같은 선수들을 적어도 다시 들여다보는 계기가 되었다. 릭 앤키엘은 불펜을 점점 더 많이 가동하는 경향이 투수도 할 수 있고 포지션 플레이어도 할 수 있는 선수들의 가치 상승으로 이어질 수 있다는 의견을 냈다. 로스터에 융통성을 줄 수 있다는 의미에서다.

"뭐라도 있다면, 오타니가 구단들로 하여금 선수에게 두 가지 역할을 다 허용하는 문제를 한 번 더 생각하게 한다는 점이다." 뉴욕 메츠의 샌디 앨더슨 사장이 말했다. "그리고 그건 좋은 것이다. 우리는 좀 더 마음을 열어야 한다."

부상 때문에 경로가 어긋나기는 했지만 가장 잘 알려졌으며 여전히 현역으로 활동 중인 투타 겸업 선수는 탬파베이 레이스의 브렌던 맥케이다. 레이스는 2017년 드래프트에서 맥케이를 전체 4순위로 지명했다. 그때 맥케이는 루이스빌 대학교에 재학 중이었다. 오타니가 일본에서 성공을 거둔 후이고, 메이저리그에서 성공을 거두기 1년 전이었다. 레이스는 그가 마이너리그에 있을 때 세 시즌 동안 두 가지를 다 하라고 일을 꽉꽉 채워서 주었다. 하지만 그는 투수로서의 성적이 더 좋았다. 마이너리그에서 평균자책점은 2.19로 훌륭했지만, OPS는 0.679로 실망스러웠다. 2019년 메이저리그에 진출했을 때 맥케이는 13경기에서 투구를 하고, 타자 선발 출장은 지명타자로 딱 한 번만

했다. 대타로 타석에 들어선 적도 세 번 있었다. 2020년과 2021년에는 메이저리그에 아예 없었다. 어깨 수술을 받은 데다가 코로나19로 시간을 잡아먹은 것이다. 2021년 11월에는 흉곽 수술을 받아야 해서 그의 선수 생활은 또 멈추고 말았다.

로스앤젤레스 교외 노트르담 고등학교의 헌터 그린은 잠재적인 이도류로서 아주 떠들썩했다. 신시내티 레즈가 2017년 드래프트에서 전체 2순위로 그를 뽑았다. 맥케이보다 두 계단 위였다. 그린은 프로야구에 입문한 첫 여름에 30타석에 서서 OPS 0.600을 기록했다. 2018년 처음으로 풀 시즌을 뛸 때는 타격을 아예 하지 않았고, 토미 존 수술을 받았다. 2021년 시즌에 돌아왔을 때 그는 풀타임 투수였다.

맥케이와 그린에게는 투타 겸업이라는 꿈이 요원했던 반면, 2020년과 2021년 드래프트에서 이제 막 프로 경력을 시작한 유망주들은 이야기가 다르다.

'베이스볼 아메리카'는 2020년 시즌으로 향하는 시기에 메이신 윈을 세인트루이스 카디널스의 팜 시스템에서 여덟 번째 가는 유망주로 올렸다. 2020년 드래프드 2라운드에서 카디널스에 지명을 받아 가기 전에, 윈은 유격수와 투수로서 인상적인 플레이를 펼쳤다. 마이너리그 초기에 카디널스는 그를 타격과 유격수 수비에 집중시켰다. 그는 2021년 첫 마이너리그 시즌에서 OPS 0.680을 기록했다. 하지만 카디널스가 그를 본격적으로 성장시킬 준비가 되었을 때는 갈고닦을 시속 158킬로미터짜리 패스트볼이 기다리고 있었다(그러나 메이신 윈은 2023년 8월 메이저리그로 콜업되며 유격수로 포지션을 정했다―옮긴이).

"드래프트되기 전에는 투타 겸업을 하고 싶었다." 원은 말했다. "아직도 하고 싶다. 하지만 프로야구에서 그 일을 해내기란 여간 어려운 일이 아니다. 그런 의미에서 오타니 쇼헤이, 그가 해내는 일은 경이롭다. 사람들은 그게 얼마나 하기 힘든 일인지 잘 알지 못한다."[1]

피츠버그 파이리츠는 2021년 3라운드 지명권을 이용해 버바 챈들러를 데려왔는데, 그를 유격수와 투수로 뛰게 할 생각이었다. 챈들러는 2021년에 파이리츠 팜 시스템의 가장 하위리그에서도 뛰어보나 마나 했고, 프로 선수로서 피칭은 하지 않았다. 파이리츠의 선수 및 코치 개발부 부장 존 베이커는 초반에 뛰는 모습을 보면 고무적이라고 했다.

"그가 안타를 칠 때마다, 그가 홈런을 칠 때마다 우리 투수진 관리자는 한 방울 더 눈물을 흘린다." 베이커가 말했다. "버바는 특별하다. 특별한 재능이 있다. 몸을 제어하고 필드에서의 움직임을 보고 있자면 참으로 비범하다. 눈에 띄는 무리 중에서도 더 두드러진다. 성적이 따라주지 않는다면 모를까, 멀티 포지션이라는 그것, 그걸 우리도 탐험해보려고 한다."[2]

원과 챈들러 같은 선수들은 오타니의 길을 따라가려면 아직 멀었다. 심지어는 로렌젠을 따라잡기도. 중대한 문제점 중 하나는 빅 리그에서는 두 가지 역할을 다하는 것이 그냥 '원초적인 재능'만으로는 충분하지 않다는 것이다. 그런 재능이란 동시에 연마를 해야 발현될 수 있다.

"두 가지 역할에서 모두 성공할 능력과 잠재력을 다 갖고 있다고 치자." 탬파베이 레이스 사장 에릭 넌더가 말했다. "한쪽이 다른 한쪽을 밀치고 나가면 다른 모자란 쪽 개선에 치중해야 한다는 압박감을 느끼게 되고, 그러면 두 가지 역할이 조합을 이룰 수가 없다. 다시 말해 두 가지 능력을 다 갖는 것과 두 가지 능력의 발전 과정에서 완벽한 조합을 이룬다는 것은 전혀 다른 문제라는 얘기다. 이유는, 그저 그 두 가지를 다 잘해낸 전례가 없기 때문이다."[3]

요점이 그것이다. 앤키엘은 마이너리그에 처음 갔을 때 타격을 발전시킬 기회가 전혀 없었다고 했다. 왜냐하면 피칭을 훨씬 더 잘했기 때문이다. 그는 드래프트되고 나서 빅 리그에 투수로서는 딱 2년밖에 뛰지 않았다. "몹시 뛰어난 투수가 있다고 하자. 그리고 마이너리그에서 타격 능력을 높이려면 시간이 든다." 앤키엘이 말했다. "대부분의 구단은 타자로서 실력이 무르익을 때까지 기다려주지 않는다. 지금 빅 리그에 와서 피칭으로 구단에 보탬이 될 수 있으면 그러면 와라, 이런 식이다."

반대의 경우가 오타니의 팀 동료 재러드 월시에게 벌어진 일이다. 월시는 마이너리그에서 1루와 외야에서 수비했다. 나중에 에인절스는 그의 레퍼토리에 피칭을 덧붙였다. 마이너리그에서의 성과가 지지부진할 때 한 가지 툴을 더 쥐어주는 방법이었다. 월시는 2019년에 빅 리그에 입성했고, 에인절스는 그를 타격과 피칭에 다 썼다. 비록 마운드에서 그의 시간은 패전 처리용으로 다섯 게임에 나온 게 전부였지만 말이다. 월시는 2020년 봄에 팔을 다쳤고, 그 시즌에 투구를 할 수 없었다. 2020년 9월에 월시는 타석에서 돌풍을 일으키면서 2021년에 주전 1루수로 발돋움했다. 그때에 이르러서는 타자로서의 가치가 너무 높아졌던 터라, 그가 투수가 될 수 있는지 보려고 테스트할 시간이 더는 없었다. 월시는 2021년 올스타게임에 오타니와 함께했다. 전직 투웨이 플레이어이자 오타니의 팀 동료인 그는 또 같은 해에 그 일이 얼마나 굉장한 일인지 자신만의 독특한 시점에서 열변을 토하느라 많은 시간을 할애했다.

"빅 리그 타자들을 아웃시키는 일은 극도로 어렵다. 빅 리그 투수의 공을 치는 일은 극도로 어려운 일이다." 월시는 말했다. "그것에 매일 집중하려면 말 그대로 자신의 모든 것을 갈아넣어야 한다. 물리적으로 신체는 말도 안 되는 대가를 치러야 한다. 특히 타구를 시속 185킬로미터로 날려 보내거나, 시속 161킬로미터로 공을 던지거나 하는 힘을 만들 때는 말이다. 그가 하는 일이 대단한 이유는 바로 이 때문이다. 그는 절대적으로 유니콘이다. 그를 한마디로 표현할 수 있는 단어는 오직 그것뿐이다."

텍사스 레인저스 단장이자 전직 메이저리그 투수인 크리스 영은 메이저리그 미래의 투타 겸업 선수들이라는 주제를 곱씹어보다가 문득 팩트 체크가 필요하다는 생각이 들었다.

"둘 다 해낼 수 있다면 구단들은 마다하지 않을 것이라고 확신한다." 영이 말했다. "그것이 가능하다면 경기 운영에 융통성이 생긴다.

구단들도 둘 다 해낼 능력이 있는 선수라면 어떤 제약도 두지 않으리라 생각한다. 하지만 내 생각에 오타니는 몇 명 중 한 명… 잠깐, 세계 인구가 얼마라고?"

77억 명쯤 된다.

크리스 영은 2021년 11월 캘리포니아주 칼스배드에서 열린 단장 회의에 참석했다가 골프 코스를 옆에 두고 서 있었다. 30개 구단의 최고위 간부들이 이 연례행사에 모여들었다. 그들은 연습용 그린 옆 뜰에 여기저기 흩어져서 경기에 대해 묻는 기자들의 질문에 답하고 있었다. 그들은 방금 오타니 쇼헤이를 보고 온 얘기를 하면서 오타니의 투웨이 퍼포먼스가 장차 야구의 미래에 어떤 영향을 끼칠지에 대해 의견을 내놓았다. 그들은 오타니가 한 트렌드를 시작하기에는 너무 아웃라이어적인 존재라는 의견에 뜻을 모았다.

"그가 해온 일을 생각하면 아웃라이어라고 하는 것도 모자란 표현이다." 워싱턴 내셔널스의 마이크 리조 단장이 말했다. "그런 재능을 그처럼 세트로 가진 사람이 있다면 당연히 우리는 마음을 열 것이다. 하지만 그런 세트는 너무도 드물다. 나는 이 일을 40년 동안 해왔지만, 그가 처음이다. 그런 재능은 나무에서 그냥 떨어지는 것이 아니다."

시애틀 매리너스의 사장 제리 디포토는 이 일본 스타가 2017년에 에인절스를 점찍기 전부터 그를 열심히 쫓은 적이 있었다. 디포토는 오타니를 스카우트하려고 했을 때 그를 '엘비스'라고 생각했지만, 그가 2021년 메이저리그에서 해낸 일은 그의 기대조차 한껏 뛰어넘는 것이었다.

"그는 멋진 선수다." 디포토가 말했다. "양쪽을 다 하는 것, 그것도 일관되게 하는 것, 공짜로 얻지 못하면 돈을 내고서라도 얻고 싶은 재능이다."

디포토는 스카우터들이 선수의 특정한 기술을 점수 매기는 데 쓰는 전통적인 '20-80 시스템' 얘기를 꺼냈다. 다저스의 전설적인 단장 브랜치 리키가 20세기 초반에 이 정규분포라는 등급 측정척도를 만들어냈다. 0에서 100까지가 아니라 20에서 80으로 매기는 이유는 보통의 표준편차를 내는 방법으로는 극도로 못하거나 가능하지 않은 정도로 잘하는 등급까지 매기게 되기 때문이다. 그런 선수들은 사실 거의 없는 것이나 마찬가지이기 때문에 의미가 없다. 이 척도에서 메이저리그 평균 실력을 가진 선수는 50으로 매겨진다. 포지션 플레이어는 액면 툴로 등급을 매긴다. 툴은 타격, 장타력, 수비, 스피드, 어깨(송구 능력)다. 투수들은 패스트볼, 커브볼, 슬라이더 등 던지는 모든 구종을 놓고 등급이 매겨진다. 거기에 컨트롤에 대한 전반적인 점수도 포함된다. 메이저리그 선수의 대다수가 80에 이르는 등급의 실력을 가지고 있지 못하다. 70대도 거의 없다고 하겠다. 심지어 올스타나 MVP급의 선수도, 그가 진정한 엘리트라고 해도 다섯 가지 중 딱 하나가 80 정도에 있고 두어 개는 60~70대에 놓여있다. 대부분의 메이저리그 주전 선수들은 40~60대로 점수가 뒤섞여 있다.

그렇다면 오타니의 점수는 어땠을까? 디포토는 그의 점수에 감탄하지 않을 수 없었다.

"너무도 고유한 재능이다." 디포토는 말했다. "파워 80에 패스트볼

80에, 스피드 80 툴이라고? 그는 너무도 작은, 희귀한 그룹에 속해 있는 것이다."

얼마나 작다고? 디포토는 말했다.

"구성원이 전 세계에서 단 한 명인 그룹."

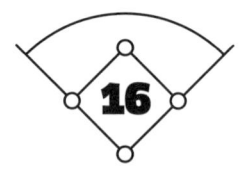

앙코르

2021년 오타니 쇼헤이는 그가 2017년에 일본을 떠나왔을 때 야구계가 품었던 아주 높은 기대마저도 뛰어넘는 놀라운 시즌을 조각해 냈다. 그러기까지 4년이라는 시간이 걸렸지만 '일본의 베이브 루스'는 만장일치의 MVP로 가는 길을 닦으면서 기대에 한껏 부응했다. 2021년 월드시리즈에서 커미셔너 특별상을 수상하며 오타니는 '평생에 딱 한 번 있을 시즌'이라고 생각하는 사람들에게 인상적인 메시지를 남겼다.

"나는 올해 했던 일을 되풀이할 수 있다는 확신을 꽤 크게 가지고 있다. 그냥 필드에 나가서 매일 야구를 하고, 좋은 점수를 올리고, 그러면 올해와 적어도 비슷한 시즌은 보낼 수 있을 거라고 생각한다."

오타니의 개인적인 역사를 보면 이는 빈말이 아님을 알 수 있다. 2016년 일본에서 그는 평균자책점 1.86에 OPS 1.022를 기록했다. 2018년 부상당하기 전, 에인절스에서 보낸 루키 시즌에는 평균자책점 3.10에 OPS 0.907이었다. 두 시즌 모두 2021년 평균자책점 3.18, OPS 0.965와 어깨를 나란히 한다. 이런 세상을 들었다 놨다 했던 시즌들은 부상이나 슬럼프로 중간에 끊기며 기대에 못 미치기도 했다. 그러니 2022년으로 향하면서 그에게는 여전히 증명해야 할 것이 있었다.

2021년 오타니의 눈부신 활약은 스프링 트레이닝에서부터 첫 조짐이 보였다. 하지만 2022년에는 그를 평가할 스프링 트레이닝이랄 게 딱히 없었다. 선수들과 구단들 사이의 연봉 문제를 가름하는 메이저리그 노사협약이 2021년 12월에 만료되었기 때문이다. 구단주들은 새로운 협약이 체결될 때까지 선수들을 상대로 '직장폐쇄'를 했다. 세 달이 넘게 계약을 맺은 선수도 없었고 트레이드도 이루어지지 않았다. 선수들과 구단들은 서로 어떤 접촉도 할 수 없었다. 심지어 에인절스는 오타니의 통역사 미즈하라 잇페이를 '해고'해야 했다. 그가 구단의 정식 직원이었기 때문이다. 자칫하면 오타니와 얘기하는 것도 금지될 뻔했다. 직장폐쇄가 해제되자마자 구단은 그를 다시 고용했다.

스프링 트레이닝 기간에 오타니와 에인절스는 '오타니 룰'로 알려지게 된 좋은 소식을 받았다. 이전에는 투수를 타석에 세우려면 지명타자 사용권을 포기해야 했다. 새로운 규정은 선수가 투수도 되고, 지명타자도 될 수 있게 했다. 즉, 투수 오타니가 게임에서 빠지더라도 지명타자 오타니는 남아 있게 된다. "정말 좋은 뉴스다." 조 매든 감독이 스프링 트레이닝에서 말했다. "그는 투타 겸업을 꾸준히 실현시킬 수 있는 유일한 선수다. 우리 입장에서 보자면 그가 할 수 있는 일에 토대를 두고 규정이 고쳐지는 건 마땅한 일이다." 사실상 오타니와 에인절스에게만 혜택이 돌아감에도 룰이 만들어진 것은 메이저리그 사무국이 이 리그 최고의 스타를 전면에 내세우기를 원했기 때문이다.

시즌이 시작되기가 무섭게 오타니는 마운드에서 2021년보다 더 좋아진 모습을 과시했다. 그는 2018년 토미 존 수술에서 또 한 해 멀어졌고, 또 한 번의 겨울을 방해받는 일 없이 훈련하며 보냈다. 그는 그렇게 언제, 어떻게 자신을 밀어붙여야 하는지에 대해 또 한 해의 경험을 얻었다. 2022년 그의 포심 패스트볼 평균 구속은 시속 154킬로미터에서 약 157킬로미터로 빨라졌다. 2021년에는 161킬로미터를 11번 찍었지만, 2022년에는 무려 40번을 찍었다.

시즌 첫 161킬로미터 피치는 5월 5일 보스턴 펜웨이 파크 선발 등판 때 나왔다. 베이브 루스가 한때 홈이라고 불렀던 구장에서 처음으로 투구한 오타니는 7이닝 무실점에 삼진 11개, 무사사구를 기록했다. 99개의 피치에서 82퍼센트가 스트라이크였는데, 개인 통산 최고 기록이었다. 레드삭스는 29개의 공에 헛스윙을 했다. 역시 오타니에게는 개인 통산 최고 기록이었다. 오타니는 5회에 선두타자 재키 브래들리에게 2루타를 내주었다. 그리고 플라이볼 하나를 잡고, 트레버 스토리와 라파엘 디버스를 삼진으로 잡으며 이닝을 벗어났다. 디버스에게는 161킬로미터 패스트볼을 던졌다. "주자가 나가 있을 때면 언제나 삼진을 잡으려고 노력하고 있다." 오타니의 이 같은 말에 포수 맥스 스태시가 덧붙였다. "나는 정말로 뛰어난 투수들의 공을 받아봤다. 거기에는 사이영상 수상자들도 포함되어 있다. 그리고 그들도 마찬가지다.

득점 주자가 있으면 기어를 더 올려 공을 던진다. 상황이 미칠 영향을 알고 그것을 극복하려고 한다. 그게 오타니가 오늘 한 일이다."

마운드에서 오타니의 시즌은 한결같고, 때로는 압도적인 퍼포먼스로 꾸준하게 이어졌다. 4월 20일에는 휴스턴에서 애스트로스와 붙어 6이닝까지 퍼펙트게임을 펼쳤다. 그는 안타 하나를 허용하고 삼진 12개를 잡으며 그날의 선발 투구를 마쳤다. 6월 22일에 캔자스시티 로열스를 상대로 해서는 8이닝 무실점에 삼진을 개인통산 최다인 13개를 잡았다. 그 경기가 유달리 두드러졌던 이유는 그 전날에 그가 홈런 두 방에 8타점을 올려 공격에서 개인 통산 최고 기록을 세웠다는 것이다. 9월 29일 오클랜드 애슬레틱스전에서는 8이닝 투아웃까지 노히트노런을 기록했다. 그의 가장 긴 기록이었다. 노히트노런 기록까지는 딱 네 개의 아웃이 모자랐다. 오클랜드의 코너 카펠이 백핸드로 막으려던 유격수 리반 소토의 글로브를 튕겨 나간 단타를 치면서 아쉽게도 기록은 달성되지 못했다.

같은 게임에서 오타니는 성장의 정점에서 우러나는 적응 능력을 발휘하기도 했다. 그날 밤 첫 두 개의 패스트볼은 시속 151.5킬로미터, 150.8킬로미터였다. 그의 패스트볼 평균 구속보다 한참 낮았다. 그는 그 경기에서 패스트볼을 버리고 2021년 시즌 끝 무렵부터 자신의 투구 레퍼토리에서 점점 더 큰 부분을 차지하게 된 구종을 던졌다.

'스위퍼'는 슬라이더와 커브의 중간을 뜻하는 피치로, 메이저리그 통계 사이트 '베이스볼 서번트Baseball Savant'는 2023년부터 구종 분류에 이 공을 독립적인 구종으로 추가했다(그전까지는 슬라이더로 분류됐다). 이 구종은 속도가 약간 줄고 더 아래로 떨어지는 슬라이더를 말한다. 오타니는 일본에서 뛸 때부터 이 공을 던졌지만 2021년 시즌 끝 무렵에 더 많이 던지기 시작했다. 그리고 2022~2023년을 거치면서는 그의 투구 레퍼토리에서 점점 더 큰 비중을 차지하게 되었다. 2022년 그의 피치에서 스위퍼는 37퍼센트를 차지했는데, 두어 경기에서는 반 이상을 스위퍼로 던지기도 했다. 시즌이 끝났을 때 그가 던진 스위퍼의 수는 983개였다. 두 번째로 많이 던진 볼티모어 오리올스의 조던 라일스보다 267개가 더 많다. 스위퍼를 그보다 더 잘 던지는 투수도 없었다. 대부분의 투수들은 공의 무브먼트를 더 크게 하려고 구속을 희생했지만 오타니의 스위퍼 평균 구속은 시속 137.3킬로미터였다. 스위퍼를 50개 이상 던진 투수들 중에 다섯 번째로 빠른 구속이다. "몸은 그대로 유지하면서도 구속은 늘렸다. 그건 특별한 재능이다." 맷 와이즈 투수 코치가 말했다. 2022년 오타니의 스위퍼 피안타율은 0.165였다.

오타니는 2022년 시즌에 새로운 투심 패스트볼을 선보이기도 했다. 오타니의 무기고에는 상당히 똑바로 날아가는 포심과 스위퍼, 슬라이더, 스플리터, 커터, 커브 등 그 밖의 다양한 구종이 있다. 전부 다 오른손 타자들에게는 브레이킹볼로 떨어지거나 달아나는 공이다. 2022년 6월에 오타니는 뉴욕 양키스의 우완 구원투수 클레이 홈스를 마주하고 타석에 서 있었다. 홈스는 그에게 시속 161킬로미터 투심 패스트볼 두 개를 던졌다. 공은 안쪽으로 브레이킹되며 날아왔다. 오타니의 무기고에는 그런 무브먼트의 공이 없었다. 홈스의 투심을 보고 오타니는 7월부터 그 구종을 실험하기 시작했고, 점차 경기에 쓰기 시작했다. 9월에 이르러 그의 새로운 투심은 벌써 '최고 레벨'이 되었다고 스태시는 말했다. 시즌이 끝날 무렵 그는 투심과 포심을 50개 이상 던진 메이저리그 투수 11명 중 한 명이 되었다. 두 구종 다 평균 시속 156킬로미터 이상이었고, 궤적은 적어도 41센티미터 이상이었다. 더 놀라운 사실은 이 피치가 7월 전에는 그가 생전 던져본 적도 없는 공이었다는 점이다. "투수들은 보통 투구 하나 던지는 법을 익히는 데 몇 년이 걸린다." 에인절스의 포수 맥스 스태시가 말했다. "손의 위치와 공을 움직이는 법에 대한 그의 학습 능력은 문자 그대로 이 세상 것이 아니다."

2021년 그의 경기력을 향상시켰던 새 구종들은 또 한 번의 멋진 시즌을 만들어내는 데 거의 모든 면에서 도움이 되었다. 그는 평균자책점을 3.18에서 2.33으로 깎아냈다. 9이닝당 삼진 비율은 10.8개에서 11.9개로 늘어났고, 볼넷은 3.0개에서 2.4개로 줄어들었다. 2022년 시즌 오타니의 투수 성적은 15승 9패였다. 2021년보다 6승이 더 늘어났다. 그는 1918년의 베이브 루스 이래 승수와 홈런에서 두 자릿수를 기록한 최초의 메이저리그 선수가 되었다. 아메리칸리그나 내셔널리그 모두에서 말이다. 루스 이후 니그로리그에서 같은 기록을 세운 선수들이 두 명 있었다. 1927년 디트로이트 스타스의 에드 라일과 1922년 캔자스시티 모나크스의 '불릿' 로건이다. 오타니는 166이닝을 던졌는데, 이는 2021년보다 35와 3분의 2이닝을 더 던진 수치다.

162이닝 이상을 던졌기 때문에 평균자책점 랭킹에 들 규정 이닝

수를 충족했다. 그렇게 그는 메이저리그 역사상 투수로서 규정 이닝과 타자로서 규정 타석을 모두 채운, 그래서 타격왕에 도전할 자격을 갖춘 최초의 선수가 되었다.

오타니가 시즌의 대미를 장식해가고 있는 사이에 2022년 에인절스의 정식 감독이 된 필 네빈도 이 스타에 대한 묘사를 더 이상 묻어놓지 않았다. "그는 이 세상 모든 사람들이 이제까지 본 최고의 야구 선수다. 솔직하게 말하자면." 네빈이 말했다. "나는 진심으로 믿는다. 어디를 가나 그가 야구를 플레이하는 최고의 선수라는 데 이의가 있을 수 없다."

2021년의 오타니 쇼헤이처럼 투수와 타자로서 모두 올스타에 뽑힌 선수는 아무도 없었다. 그는 그 일을 2022년에 또 해냈다(2023년에도 또 해냈다—옮긴이). 양 팀이 다저 스타디움에서 열리는 올스타게임에 앞서 훈련을 하던 중에 메이저리그에서 오래도록 뛴 투수 C. C. 사바시아는 오타니가 마운드에서 얼마나 발전했는지 보고서 경탄을 금치 못했다. 그 와중에 가장 뛰어난 타자 중 한 명이라니 말이다. "매해 MVP를 주지 않기가 힘들 거다." 사바시아가 말했다. "올해는 에런 저지와 오타니인데, 나 같으면 오타니에게 주겠다."

에런 저지도 그 나름대로 한창 역사적인 시즌을 써 내려가고 있었다. 이 외야수는 62개의 홈런으로 시즌을 마무리하며 1961년 로저 매리스가 세운 아메리칸리그 기록을 깨뜨렸다. 많은 팬들이 메이저리그 한 해 최다 홈런 기록은 매리스에게 '자격'이 있다고 여전히 믿고 있었다. 과거 한 시즌에 61개 이상을 친 모든 내셔널리그 선수들, 배리 본즈, 마크 맥과이어, 새미 소사가 모두 스테로이드의 영향 아래 기록을 세웠기 때문이다. 저지는 홈런 외에도 0.311의 타율에 OPS 1.111을 기록했다. 타점도 131점으로 아메리칸리그 1위를 차지했다. 미네소타 트윈스의 2루수 루이스 아라에즈가 타율 0.316을 기록하며 저지의 트리플 크라운을 간신히 저지했다.

오타니의 공격 성적은 저지 근처에도 미치지 못했다. 심지어 2021년의 자신에게도 미치지 못했다. 2022년 타율은 0.273이었고, 34개의 홈런, OPS 0.875였다. 홈런은 46개에서 내려갔고, OPS도 0.963에서 내려갔다. 좋은 면을 보자면 타율이 0.257에서 올랐고 삼진을 당하는 비율은 30퍼센트에서 24퍼센트로 낮아졌다.

공격 능력에서 자잘한 통계는 여전히 최상급이었고 2021년과 비슷했다. 타구 속도는 97번째 백분위수에 들어가고 타격 강도는 92번째 백분위수에 들었다.

하지만 기념비적인 순간들과 장타 홈런은 줄어들었다. 오타니의 2022년 시즌 타석에서 길이길이 기억될 장면은 6월 로열스전에서 승부를 원점으로 돌리는 3점 홈런을 쳤을 때였다. 그 경기에서 오타니는 두 개의 홈런을 쳤고, 에인절스는 연장전까지 갔지만 패했다. 이 경기는 오타니의 위대함을 상기시키는 또 다른 예가 되었는데, 정규 시즌에서 유의미한 성적을 거두어보려는 팀의 버둥거림을 배경으로 또다시 연출된 장면이었기 때문이다.

　MVP 투표자들이 에런 저지가 1위 팀을 위해 한 퍼포먼스와 오타니의 투타 겸업 퍼포먼스를 저울질할 때, 저지 쪽으로 기울게 될 것임은 시간이 갈수록 분명해졌다. 11월에 발표된 결과에서 저지는 총 30장의 1위 표 중 28표를 얻었다. "나는 9월 말이 되도록 결정을 내리지 못했다." '디 애슬레틱'에서 볼티모어 오리올스를 담당하는 MVP 투표자 댄 코놀리가 말했다. "오타니는 내가 생전 보지 못한 선수다. 하지만 아메리칸리그 62개의 홈런도 마찬가지다. 저지가 신기록을 내고 3관왕에 가까워질 가능성이 커보이자, 저지를 선택하고 2위로 오타니를 택해야겠다고 생각했다. 다시 말해 내게는 늘 그들의 차이가 근소했다. 하지만 저지가 기록을 세우자 내 선택에 약간 더 확신이 들었다." 《템파베이 타임스》에서 템파베이 레이스를 담당하는 MVP 투표자 마크 톱킨도 비슷한 심정이었다. "오타니가 이룬 일은 다시 한번, 괄목할 만했다. 전례 없이 경이로운 시즌을 또 한 번 봤다. 다른 해 같았으면 그의 수상이 분명하다고 생각했을 것이다. 하지만 저지가 올해 해낸 일도 진정으로 역사적이었고, 팀을 포스트시즌으로 끌고 가는 데 중요한 역할을 했다."

　에인절스는 오타니에게 챔피언십에서 뛸 기회를 주지 못했지만 그의 나라 일본은 주었다.

2006년 오타니가 스즈키 이치로의 경기를 보았을 때 그는 열한 살이었다. 이치로는 오타니의 어린 시절 우상 중 한 명이었다. 이치로는 그해 처음으로 열린 WBC에서 일본 국가대표팀을 우승으로 이끌었다. 그 이래로 WBC는 일본 전체의 집착이 되었다. 이 대회는 세계 최고의 야구 선수들이 자국을 대표해서 나온다. 2009년에 다시 열린 대회에서 일본은 또 한 번 우승 트로피를 거머쥐었다. 이후 WBC는 2013년, 2017년에도 열렸는데, 오타니는 2017년 대회 때 참가하기를 원했다. 일본 프로야구에서 네 번째 시즌을 치른 다음이었다. 하지만 2016년 일본시리즈에서 입은 발목 부상이 그를 가로막았다. 2021 WBC가 코로나19로 연기되고 2023년 다시 대회의 깃발이 올랐을 때, 오타니가 출전하리라는 건 의심의 여지가 없었다. 마이크 트라웃이 2022년 올스타게임에서 미국 대표팀을 위해 뛸 것이라고 발표했고, WBC의 미국와 일본 시합을 두고 트라웃과 오타니 사이에 즉각 지저분하고도 우호적인 욕설이 오고 갔다. 두 사람 다 스프링 트레이닝을 시작하면서 아웅다웅 다툼을 이어갔고, 대회 개막일이 다가오자 각자 지구 반대편으로 갈라졌다.

오타니는 첫 WBC 출전을 위해 팬들의 열광적인 환호 속에 일본으로 돌아왔다. 2017년 그의 마지막 닛폰햄 파이터스 경기 이래 일본 팬들은 그의 경기를 미국에서 중계되는 TV로만, 그것도 한밤중에 보기 일쑤였다. 아니면 태평양을 가로질러 직접 보러 가야 했다. "사람들의 흥분이 어마어마하다." 《스포츠 닛폰》의 야나기하라 나오유키가 말했다. "WBC 굿즈를 사려고 새벽 3~4시부터 수백 명이 줄을 섰다."

16. 앙코르

《스포츠 비즈니스 저널》에 따르면 일본이 치른 일곱 경기 모두 시청률이 미국의 슈퍼볼과 비슷했다고 한다. WBC가 시작되었을 때 오타니의 인스타그램 팔로워는 170만 명이었는데 끝나고 나서는 400만 명이 넘었다. 오타니는 팬들을 위해 플레이하고 싶은 마음이 간절했다. 보통 그는 필드보다는 실내 배팅 케이지에서 타격 연습을 한다. 하지만 WBC 기간에는 기회 될 때마다 필드에 나와 공을 쳤다. "그는 일본 사람들에게 자신의 기량을 보여주고 싶어 했다." '풀카운트' 기자 고타니 마사야가 말했다. "그 또한 이치로를 보면서 자랐다. 내 생각에 그는 자기가 할 수 있는 모든 일을 다해서 사람들에게 같은 것을 되돌려주고 싶은 마음인 것 같다."

오타니는 대회 첫 경기였던 중국전에 일본 대표로 마운드에 올랐다. 도쿄 돔에 모인 관중은 오타니에게 우레와 같은 환호를 보내다가 그가 경기 첫 투구를 준비하는 동안 마법처럼 조용해졌다. 그러더니 공이 그의 손을 떠나자 또 폭발했다. "관중이 꽉 들어찬 스타디움인데도 얼마나 조용하던지, 소름이 돋을 정도였다." 경기가 끝난 후 오타니가 말했다. "기이한 느낌이었다." 심지어 같은 일본 대표팀에 있던 선수 몇몇은 TV에서 보던 선수와 같은 필드에 있다는 데 경외심을 느꼈다. "우리는 그가 플레이하는 모습을 처음 실제로 보았고, 나는 1회에 극도로 긴장되어 있었다. 감정적으로 너무도 북받치는 순간이었기 때문이다." 2루수 마키 슈고가 말했다. "무슨 말이 필요하랴, 그냥 흥분되었다."[1]

오타니는 무실점으로 4이닝을 던졌고, 2안타를 치며 중국전을 이졌다. 그는 1라운드 조별 리그 네 경기에서 홈런 하나를 포함해 12타수 6안타를 쳤고, 일본은 네 경기 모두 승리했다. 가장 기억될 만한 타석은 어떤 홈런 하나를 쳤을 때와 어떤 삼진 하나를 당했을 때였다. 그는 오스트레일리아전에서 약 137미터짜리 선제 쓰리런 홈런을 쳤다. 공이 떨어진 곳 근처의 팬들은 그 기념품을 서로 돌려가며 셀카를 찍었다. 오타니는 또 체코의 좌완투수 온드레이 사토리아의 커브볼에 헛스윙을 하며 삼진을 당했다. 체코 더그아웃은 야단법석이 났다. 직장생활을 하며 비는 시간에 야구를 하는 남자들로 꽉 찬 더그아웃이었다. 그러니까 체코 대표팀은 다른 WBC 팀들의 프로 선수들과는 독특하게 달랐는데, 사토리아는 전기 기사였다. 경기 후 오타니는 선수 전부가 사인한 체코 저지를 선물로 받았다.

오타니는 도쿄에서 이탈리아를 상대로 한 준준결승전 마운드에 올라 4와 3분의 2이닝을 던지고 2실점을 하며 일본 대표팀을 준결승전으로 보내는 승리를 거두었다. 일본은 멕시코를 상대로 한 준결승전에서 9회 말에 2점을 올리며 드라마틱한 승리를 일구어냈다. 오타니가 2루타와 함께 승리로 가는 가도를 열었다. 미국 대표팀은 준결승전에서 쿠바를 물리치며 모두가 보고 싶어 한 일본 대 미국의 결승전 무대를 성사시켰다.

이탈리아전 선발로 마운드에 오르고 나흘밖에 되지 않았기 때문에 과연 오타니가 트라웃에게 공을 던질 수 있을지는 미지수였다. 그는 선발 등판 사이에 보통 닷새를 쉰다. WBC가 열리는 내내 메이저리그 구단들은 해외 팀들과 연락을 취해 투수들이 시즌을 준비하는

데 지장이 없게 해달라고 끊임없이 다짐을 두었다. 그런 까닭에 오타니가 결승전에 나가려고 보통의 스케줄을 거스르며 투구하는 것을 에인절스가 꺼려한다는 의구심이 돌았다. 하지만 그 기회를 놓칠 리 없는 오타니였다. 에인절스도 딴죽을 걸지 않았다. 에인절스 필 네빈 감독은 스프링 트레이닝이 열리던 애리조나에서 "만약 필요한 상황에서 오타니가 구원투수로 나선다면 구단의 축복이 함께할 것"이라고 말했다. "나는 그가 알아서 잘 준비하리라고 믿는다. 야구 역사에서 정말로 중요한 밤이 될 것임을 알고 있다. 경기를 볼 생각에 흥분이 된다." 네빈, 그리고 물론 그 외에 다른 모든 사람들도 오타니가 트라웃을 마주할 가능성에 잔뜩 흥미가 품었다. "그 누가 세계 최고의 선수들이 맞붙는 장면을 보고 싶어 하지 않겠는가? 우리에게는 올해 내내 얘기할 거리가 생기는 것이다."

경기 시작 전, 오타니가 일본 클럽하우스에서 감동적인 연설을 하는 영상이 트위터에 포스팅되었다. "그들을 동경하지 맙시다."《로스앤젤레스 타임스》의 번역에 따르면 오타니는 이렇게 말했다. "그들을 동경해서는 그들을 넘어설 수 없습니다. 우리는 그들을 넘어서기 위해, 정상에 도달하기 위해 여기까지 왔습니다. 오늘 하루는 동경을 내던져버리고 이기는 것만 생각합시다."

일본은 무라카미 무네타카의 2점 홈런으로 경기 초반 2 대 1의 리드를 잡았다. 일본 팀 불펜에서 투수들이 나와 1이닝이나 2이닝을 던지며 우승컵을 마무리투수에게 옮기고 있었다. 오타니가 불펜으로 두어 번 달려가 공을 던지고 타격할 차례가 되면 더그아웃으로 돌아오고 하는 사이에 기대감은 점점 쌓여갔다. 오타니의 어린 시절 우상 중 한 명이자 동료 메이저리거인 다르빗슈 유가 3 대 1로 앞서가던 8회에 마운드에 올랐다. 그가 카일 슈와버에게 홈런을 허용하자 2점 차이는 반토막이 났다. 그리고는 트레이 터너가 안타를 치면서 타순이 딱 맞게 돌아갔다. 7번 타자 J. T. 리얼무토가 뜬공을 치고 세드릭 멀린스가 플라이아웃을 당했지만 2번 타자 마이크 트라웃이 9회에 타석에 들어설 기회가 생겼던 것이다. 일본이 8회 말 공격을 하는 사이에 오타니는 불펜에서 서둘러 공 몇 개를 더 던졌다. 외야 불펜의 문이 열리고, 9회 마운드를 책임지기 위해 오타니가 달려 나왔다. 이어질 타석에서 트라웃이 기다리고 있는 1점 리드 상황에서.

2016년 일본시리즈 후 구원으로는 뛰어본 적 없었던 오타니는 누가 봐도 사기가 충천해 보였다. 제프 맥닐에게 던진 두 번째 피치는 포수 앞 흙을 파고드는 시속 163킬로미터의 패스트볼이었다. 오타니는 무릎 바로 아래로 꽂히는 160킬로미터짜리 패스트볼을 던지며 결국 맥닐을 볼넷으로 보냈다. 오타니 앞에는 세 명의 MVP가 줄지어 기다리고 있었다. 무키 베츠, 마이크 트라웃, 폴 골드슈미츠. 오타니는 베츠에게 땅볼을 유도했고, 내야수들이 더블 플레이로 연결시키며 주자 없는 2사에서 트라웃을 타석으로 불러냈다.

미국 국가대표팀 감독 마크 데로사는 타석에 들어서는 트라웃을 보고 오타니가 보인 평정심에 혀를 내둘렀다. "감정을 다스리려고 심호흡하는 오타니를 보았다." 데로사가 말했다. "지구 최고의 선수 두 명이, 그것도 팀 동료가 결승전에서 적으로 맞붙은 상황이란 상상 속에서도 일어나지 않는 일이었다."

그 순간을 목격하고 있던 사람들은 일어날 가능성이 지극히 희박했던 말도 안 되는 장면의 경이로움에 젖어 있었다. 오타니와 트라웃은 지구 반대편에서 2주 전에 대회를 시작했다. 일본과 미국 대표팀은 이곳에 오기까지 여섯 경기를 했고, 세상 모든 사람들이 보기를 원하던 그 대결이, 모든 사람들이 원하던 딱 그때 운명처럼 성사되었다.

결승전.

9회.

투아웃.

1점 차 게임.

오타니 대 트라웃.

볼과 스트라이크가 섞인 다섯 개의 피치가 이어졌다. 트라웃은 시속 161킬로미터와 160.6킬로미터의 패스트볼에 방망이를 휘둘렀다. 두 공 다 플레이트 정중앙에 꽂혔다. 쓰리 볼 투 스트라이크의 볼카운트에서 오타니는 패스트볼로 승부할 것인가, 자신의 위력적인 스위퍼를 던질 것인가?

오타니는 마운드에서 잠깐 멈추어 주먹 쥔 손에 대고 바람을 불었다. 그러고는 투수판에 올라서서 투구 동작에 들어간 뒤 스위퍼를 던졌다. 트라웃은 스윙을 했고 공은 그의 방망이에서 달아나 포수 미트 속을 강타했다.

"꽤 완벽한 공이었다." 수개월 후 트라웃이 말했다. "그를 상대로 타석에 들어선 건 그때가 처음이었다. 스프링 트레이닝에서도 그의 공을 상대한 적이 없었다. 메이저리그의 다른 선수들이 보는 것을 나도 보았다. 아주 고약한 공이었다."

마지막 공은 시속 141킬로미터의 구속에 수평으로 48센티미터를 움직이며 날아갔다. 오타니가 메이저리그에 입성한 후 던진 최고의 피치 가운데 하나였다고 객관적으로 말할 수 있겠다. 그가 메이저리그에서 던진 1660개의 스위퍼 중 단 네 개만이 그만한 구속과 좌우 무브먼트를 보인 바 있다. "살아 있는 타자 중에 그 공을 칠 수 있는 선수는 없을 것이다." 네빈 감독이 한 말이다.

팀 동료들이 축하하려고 더그아웃을 튀어 나왔고 오타니는 소리를 지르고 팔을 들어올리며 글로브와 모자를 공중에 집어던졌다. "내 인생 최고의 순간이었다." 대회 MVP를 차지한 오타니가 말했다.

오타니는 소년 시절에 이치로가 2006년, 2009년 일본을 우승으로 이끌던 장면을 보고 어떤 감정을 느꼈는지 되돌아보았다. "나는 일본이 우승하는 것을 보았고, 나도 그 일원이 되기를 원했다. 훌륭한 경험을 할 수 있어서 정말로 감사한 마음이 든다. 늘 말해왔듯이 나는 다음 세대가 야구를 더 좋아하게 되기를 바란다. 그리고 즐겁게 야구하기를 바란다. 그렇게 된다면 정말 행복할 것이다."

WBC 챔피언십을 따내고 환희에 젖은 며칠 뒤 오타니는 애리조나주 템피로 돌아와 있었다. 그는 에인절스 유니폼을 입고 뒤편 필드에서 마이너리거들을 상대로 투구를 했다. 그는 WBC에서 느꼈던 감정을 느낄 기회를 단 한 번도 주지 않은 팀에서 2023년 시즌을 준비하러 나타났다. 사람들은 높은 압박감의 WBC에서 오타니가 경쟁하는 모습을 보았다. 그것은 오타니(그리고 트라웃)가 플레이오프에 나갈 수 있다면 이 야구의 세계가 더 좋아질 것이라는 상상을 한층 더 부추겼다. 이런 생각은 2023년 시즌 끝에 에인절스와 맺은 계약이 끝나면 다른 구단으로 갈지를 묻는 질문에 새로운 생명을 불어넣었다. 프리 에이전트가 된다는 것에 관한 질문을 받고서 오타니는 WBC가 메이저 리그에서 우승을 하겠다는 그의 집념에 불을 지폈다는 말로 답했다. 에인절스와 함께 말이다.

"WBC 경기들을 경험하고 난 후에, 이기지 못하면 집으로 돌아가야 하는 경기들을 경험하고 난 후에, 나는 이곳에서도 반드시 우승을 경험하고 싶은 생각이 들었다."

에인절스는 오타니가 뛰었던 네 시즌 동안 승수가 더 많은 시즌을 한 번도 갖지 못했다. 하지만 2022년에는 길고도 길었던 가뭄의 끝이 보이는 듯도 했다. 5월 말에 에인절스는 27승 17패를 기록하고 있었다. 시즌 말에 99승까지 갈 페이스였다. 오타니와 트라웃 둘 다 좋은 출발을 보였다. 루키 좌완 리드 데트머스는 노히트노런을 기록했다. 에인절스는 휴스턴 애스트로스와 보스턴 레드삭스와 벌인 원정 연전에서도 승을 더 많이 챙겼다. 두 시리즈에서 오타니는 압도적인 피칭 퍼포먼스를 벌였다. 조 매든 감독은 에인절스가 지고 있던 한 시합의 4이닝 만루 상황에서 고의사구를 주라는 불가해한 결정까지 내리는 마법 같은 시간을 살고 있었다. 작전은 통했다. 에인절스는 4점 차로 지고 있던 경기를 역전해서 이겼다.

하지만 이 모든 것은 다 신기루가 되고 말았다. 5월, 3루수 앤서니 렌던과 테일러 워드가 부상에 신음했다. 시즌 초반에 리드를 잡고 있는 경기를 지키기 위해 너무도 많이 쓰였다 싶은 불펜이 한순간에 와르르 무너졌다. 에인절스는 14연패에 들어갔다. 12연패에 이르렀을 때 매든이 해고되고, 감독은 3루 베이스 코치 필 네빈으로 대체되었다. 시즌 초반의 화끈한 출발 덕분에 에인절스는 연패가 끝나고도 플레이오프가 가시권에 있었다. 두어 주는 희망을 유지해도 될 만큼 잘했다. 하지만 6월 말 에인절스는 시애틀 매리너스전에서 벤치 클리어링 난투극을 벌였다. 결과는 네빈 감독의 10경기 출장정지였다. 로스터에 등재되어 있는 선수 세 명과 코치 세 명도 출장정지를 먹었다. 렌던이 손목 부상을 당해 나오지 못한 지 2주쯤 될 때였고, 트라웃이 허리 부상으로 5주간 결장하기 두어 주 전의 일이었다. 끝의 시작, 73승 89패를 향해 굴러 떨어지는, 일곱 번 연속 루징 시즌으로 이어지는 끝의 시작이었다.

팀의 붕괴가 8월 2일 트레이드 데드라인을 앞두고 몇 주 전에 일어났던 터라, 에인절스가 오타니를 트레이드하는 문제가 야구 세계를 헤집고 돌아다녔다. 오타니는 두 번 연속 역사를 써 내려가는 시즌의 한복판에 있었고, 2023년까지는 여전히 에인절스의 손아래 있었다. 에인절스가 그를 트레이드한다면 현실적으로 이 젊은 스타의 재능으로 한 밑천 두둑이 뽑아낼 수 있었다. 그것이 에인절스 사무실 바깥의 모든 사람에게 합리적으로 보이는 처사였다.

하지만 에인절스는 오타니를 트레이드할 생각이 조금도 없었다. 첫째, 아르테 모레노 구단주가 용납하려 들지 않았다. 2003년에 팀을 사들인 모레노는 팀을 매각하는 문제를 곰곰이 따져보고 있었다. 에인절스가 트레이드 마감일 몇 주 후에 발표를 하기 전까지 잘 알려지지 않은 정보였다. 오타니의 존재는 에인절스를 한층 값나가는 '자산'이 되게 만들었다. 다음 구단주가 오타니를 트레이드하거나 계약 연장을 하거나 결정할 수 있었다. 오타니를 놓아주지 않는 데는 야구적인 이유도 있었다. 어떤 식으로 트레이드를 하더라도 에인절스는 마이너리거 몇 명을 받아들여야 할 것이었고, 그들은 메이저리그에 미치지 못하는 선수들일 가능성이 컸다. 그것도 시즌이 한창 진행 중인 때의 일이다. 설령 장기적인 면에서는 프렌차이즈의 전망을 밝히게 된다고 해도 단기적인 면으로는 손해를 감수할 수밖에 없다는 뜻이었다. 오타니 없는 에인절스의 2023년은 더 형편없을 것임이 분명했다. 그것은 트라웃의 전성기 한 해를 또 희생하고, 워드와 패트릭 산도발과 데트머스 같은 성장 중인 젊은 선수들의 전성기도 또 1년 희생시킨다는 뜻이었다. 2022년의 재앙에도 페리 미내시언 단장과 그의 스태프들은 오타니가 로스터에 있는 한 2023년에는 승부를 걸어볼 수 있을 거라고 믿었다. 11월, 오프시즌 로스터를 만드는 첫 행사인 단장 회의에서 미내시언은 겨울 동안에 오타니를 트레이드하지 않을 것임을 공개적으로, 단호하게 밝혔다. "오타니는 트레이드하지 않는다." 미내시언이 말했다. "그는 이곳에 있을 것이다. 우리와 함께 시즌을 시작할 것이다. 루머가 돌고 온갖 얘기들이 나온다는 것을 알지만, 그는 어디에도 가지 않는다. 그는 우리 클럽의 일원이다. 전에도 말했고 다시 말할 것이다. 우리는 오타니를 사랑한다. 내 생각에 우리의 목표는 그가 오랫동안 팀에 있어주는 것이다."

2023년에 오타니를 묶어두는 것과 '오랫동안' 그를 묶어두는 것은 물론 다른 문제다. 오타니는 2023년 시즌이 끝나면 프리 에이전트가 되는 데 필요한 6년의 의무 기간을 채우게 된다. 3년에서 6년 사이에 선수는 구단의 결정에 관여할 권한이 전혀 없다. 하지만 연봉 중재 조정제도로 연봉 협상에 약간의 주도권은 쥘 수 있다. 중립적 위치에 있는 자문단이 비슷한 출장 시간과 성취를 이룬 선수들과 비교해서 선수와 구단 간의 분쟁을 조정한다. 오타니는 2022년에 다섯 번째 시즌을 막 마쳤다. 에인절스는 권한을 가진 마지막 해에 그에게 기록을 깨는 연봉 3000만 달러를 주기로 합의했다. 중재 조정이 가능한 선수 중에 가장 높은 연봉을 받은 종전 기록은 무키 베츠가 보스턴 레드삭스와 계약할 때 받은 2700만 달러였다. 에인절스와 오타니의 에이전트인 네즈 발레로는 2022년 시즌이 끝나기 며칠 전에 그 액수에 합의했다. 보통이라면 2023년 1월이나 2월에 이루어질 협상이었다. 이 계약은 그저 다음에 올 것의 애피타이저일 뿐이었다.

야구 역사상 가장 커다란 단일 계약은 2019년 시즌 직전에 에인절스와 마이크 트라웃이 맺은 12년 4억 2650만 달러짜리다. 그 후 4억 달러를 넘는 계약도 이루어진 적이 없다. 첫 번째 질문은 에인절스가 2023년 시즌이 끝나고 오타니와 새로운 계약을 맺을 수 있느냐는 것이다. 2023년 1월에 뜻밖의 반전이 일어났다. 모레노가 갑자기 구단을 팔지 않겠다고 발표한 것이다. 그는 이어지는 몇몇 인터뷰에서 25억 달러 이상을 주겠다는 바이어들을 만났으나, 야구를 사랑하기 때문에 그냥 야구업계에 남기로 결심했다고 주장했다. 그는 오타니를 가지고 있는 것도 더없이 좋았다. "오타니를 계속 데리고 있고 싶다." 모레노가 말했다. "그는 세상에 하나밖에 없는 선수다. 훌륭한 사람이다. 세계에서 가장 인기 있는 선수임은 말할 것도 없고, 국제적인 스타다. 또한 그는 훌륭한 팀 동료이다. 운동도 열심히 한다. 재미있기도 하고 팬들과의 사이도 정말로 좋다."[2] 모레노는 또 일본 회사들로부터 들어오는 스폰서십, 일본 팬들에게 파는 티켓, 기념품 등으로 오타니에게 얼마를 주건 간에 일부를 챙길 수 있다는 것도 알았다.

에인절스는 오타니의 시장 가치를 생각하면 못 미쳐도 한참 못 미치는 돈으로 6년 동안 오타니를 데리고 있을 수 있었다. 하지만 이제 곧 그런 행운도 끝날 것이었다.

그의 시장 가치를 평가하기란 무척 어려운 일이다. 기준을 정하는 데 비교할 만한 선수가 아무도 없기 때문이다. 마운드에서 오타니는 2021~2022년 시즌에 리그 최고의 선발처럼 활약했다. 요컨대 1년에 보통 2500만 달러에서 3500만 달러를 받는 투수의 활약이었다. 공격을 생각하면 비교할 선수가 더 적은데, 오타니는 엄격하게 말하면 지명타자이기 때문이다. 역시 주로 지명타자로 나서는 J. D. 마르티네스는 6년 전 한 해 연봉 2200만 달러에 사인했다. 그런 바로미터에 인플레이션까지 계산에 넣으면, 오타니는 1년에 적어도 5000만 달러의 가치는 있을 것으로 보인다. 이건 티켓을 팔고 스폰서십이 들어오고 하는 경기 외에 구단에 가져다주는 가치는 셈에 넣지도 않은 숫자다. 2023년 시즌이 시작할 때 단일 시즌 최고 연봉은 뉴욕 메츠가 맥스 슈어저에게 지불한 4330만 달러였다. 오타니가 한 해 기준으로 그의 연봉을 넘어설 것임은 예정된 일로 보인다. 하지만 계약을 얼마나 높은 연봉으로, 얼마나 오랜 기간으로 맺을지는 아직 두고 보아야 할 일이다. 오타니는 2023년 시즌 중에 스물아홉 번째 생일을 맞이했다. 그가 언제까지 투타 겸업 선수로 뛸지 가늠하기란 불가능한데, 역시 그 일을 해본 선수가 없기 때문이다. 베이브 루스는 딱 2년만 이도류였고, 스물다섯 살에 마운드를 포기했다.

    오타니의 다음 계약을 예측해보는 것은 2023년 시즌이 시작하기 전에도, 시즌이 계속되는 동안에도 기자들 사이에 인기 있는 소재가 되었다. 기사는 보통 뻔하게 '익명의 메이저리그 고위층'이라는 사람들의 말을 인용해 오타니가 기록을 다 깨부수는 5억 달러나 심지어는 6억 달러에 사인할 것이라고 말하곤 한다.

    오타니의 계약이 어디에 안착하건 간에, 어느 팀이 그에게 돈을 주건 간에 한 가지는 확실하게 말할 수 있다. 이 계약은 평생 한 번 볼까 말까 한 선수에게 걸맞은 역사적인 계약이 될 것이라는 사실이다.

감사의 말

2018년 스프링 트레이닝 막바지에 오타니 쇼헤이는 영 힘을 쓰지 못하는 것처럼 보였다. 메이저리그에 들어갈 실력에는 못 미쳐 보였다고나 할까. 두어 달 후 그가 세상 그 누구도 본 적 없는 기막힌 빅 리그 데뷔 시즌 한복판에 있을 때 나는 책을 쓰기 시작했다.

6월에 팔꿈치 인대 부상이 그의 꿈과 내 책을 멈춰 세웠을 때, 나는 4장의 이야기를 쓰고 있었다. 거의 3년이 지나서야 오타니는 시속 163킬로미터의 패스트볼을 다시 던지고, 담장을 넘기는 공을 다시 치고 있었다. 그렇게 이 이야기는 다시 새 생명을 찾았다.

오타니의 2021년은 어디를 봐도 믿기 힘들고, 책 한 권으로서의 값어치가 당연히 있었다. 이 책의 목표는 그가 그 놀라움으로 가득 찼던 시즌에 한 일을 피상적인 수준에서 묘사하는 것을 넘어 그의 퍼포먼스를 설명해줄 수 있는 '맥락'을 살펴보는 것이었다. 2018년의 성공적인 출발부터 2019년과 2020년의 가장 밑바닥, 2021년의 최고조에 이르기까지 오타니의 여정은 그야말로 롤러코스터였다.

나는 독자들이 이 롤러코스터를 재미있게 즐겼기를 희망한다. 많은 사람들의 도움이 없었다면 이 일을 해낼 수 없었다.

야구 기자들은 누구나 할 것 없이 구단의 미디어 홍보 담당자들의 도움에 아주 크게 의존한다. 그리고 에인절스는 오타니의 메이저리그 생활 첫 4년을 때 지어 따라다니는 언론을 상대하느라 큰 노고를 겪었다. 2021년 대언론 담당 그룹인 애덤 초즈코, 맷 버치, 그리고 일본어를 할 줄 아는 연결자로서 태평양 양쪽에서 오타니와 언론 사이를 이어준 그레이스 맥너미는 특별한 감사를 받아 마땅하다.

미국 미디어에는 통역사 미즈하라 잇페이가 값을 따질 수 없이 귀중한 일을 해주었다. 미즈하라는 오타니가 에인절스에 합류한 이래로 자신의 일을 잘해내고 있다. 이 책에 실린 오타니의 말 대부분은 미즈하라의 통역을 거친 것이다.

나머지 구단 관계자들도 6년간 오타니에 대해 끝없이 쏟아지는 질문에 끈기 있게 대처했고, 그의 재능이 어느 정도까지 뻗어 있는지 더 잘 이해할 수 있도록 우리 모두를 도와주었다. 재러드 월시는 특히 도움이 많이 되었는데, 그가 전 투타 겸업 선수로서의 시각을 가지고 있던 덕분이다. 월시는 2021년에 가진 인터뷰들에서 자신보다 오타니에 대한 얘기를 더 많이 했을 가능성이 높다. 보통은 드래프트 39번째 지명자가 올스타가 된다는 것이야말로 한 팀에서 나올 수 있는 최고의 스토리인데도, 월시는 오타니의 사이드킥이라는 역할을 즐기면서 미디어가 좇는 좋은 사냥감이 되었다. 에인절스의 과거와 현재 선수들, 마이크 트라웃과 알렉스 콥, 데이비드 플레처, 앤드루 히니, 마틴 말도나도, 커트 스즈키, 맥스 스태시는 오타니에 관한 특별한 통찰을 공유해주었다. 제러미 리드 타격 코치와 맷 와이즈 투수 코치도 후하게 시간을 베풀어주었다.

에인절스 유니폼을 입었던 사람 중에 오타니가 4년간 거친 세 명의 감독만큼 그에 대해 할 말이 많은 이는 없을 것이다. 마이크 소샤, 브래드 어스머스, 조 매든이 그들이다. 2021년 시즌 내내 하루에 두 번씩 기자들과 얘기를 나눈 매든은 오타니의 센세이셔널한 쇼를 매일 중계해주는 내레이터였다. 그런 이유로 그는 이 책의 서문을 써줄 완벽한 사람이었다. 그의 도움에 감사드린다.

전 에인절스 단장 빌리 에플러와 그의 후임자인 페리 미내시언은 오타니의 경기 뒤편에 펼쳐진 흥미로운 이야기들을 들려주었다. 또 시간을 내어 오타니에 대한 얘기를 나누어준 CAA의 네즈 발레로에게도 감사의 마음을 전한다.

동종업계에 종사하는 일본 기자들도 줄곧 도움이 되었다. 가장 두드러지게는 마쓰시타 유이치와 샘 오노다, 사이토 노부히로, 야스오카 도모히코를 들 수 있다. 소셜 미디어에서 일본 팬들을 연결해준 시무라 도모야에게도 감사하고 싶다.

첫 책을 내는 저자로서 전에 야구 책을 집필해본 적 있는 친구들, 팀 브라운, 앤드루 배걸리, 존 셰이, 조시 서천, 제이슨 터보우에게 감사의 마음을 전한다. 제이슨은 그의 에이전트인 저드 라기와 나를 연결해주었다. 저드 없이 이 프로젝트는 결코 성사되지 않았을 것이다. 나는 출판계에서는 경험이 거의 없었기 때문에 저드가 제대로 된 출판사를 찾는 데 중요한 역할을 해주었다.

디버전 북스의 편집자와 직원들이 내 원고가 책의 모양을 갖추도록 만들어주었다. 한 아이가 야구 기자가 되겠다는 꿈을 이루도록 도와준 멘토들에게도 감사를 빚졌다. 내 여정의 다양한 지점에서 중요한 교훈을 가르쳐주신 분들이다.

서던 캘리포니아 뉴스 그룹의 편집자들이 내게 2012년부터 에인절스를 담당하는 책임을 맡겨 이 책이 세상의 빛을 볼 수 있게 되었다.

야구 기사를 쓴다고 미국 전역을 누비고 다니는 나를 대신해 집을 지켜준 가족에게 감사를 전한다.

물론 이 책이 존재하게 된 가장 큰 덕은 오타니 쇼헤이에게 있다. 오랜 세월 나는 너무도 많은 동료들이 책을 쓰는 것을 지켜봤지만 내게 맞는 스토리를 찾지 못했다. 나는 오타니가 다른 어느 누구도 만들어내지 못한 한 시즌을 조각해나가는 동안에 적재적소의 가장 앞줄을 차지하는 행운을 누렸다.

주

1. 야구소년

1. 〈야구 스타 오타니의 아버지, '더없이 평범한' 양육으로 아들에게 인생을 가르치다〉, 《마이니치 신문》, 2019년 12월 11일.
2. 아덴 즈웰링, 〈이 시대의 베이브 루스〉, Sportsnet.ca, https://www.sportsnet.ca/baseball/mlb/big-read-meet-shohei-otani-next-babe-ruth/
3. 상동.
4. 딜런 헤르난데즈, 〈일본 야구 스타 오타니 쇼헤이, 빅 리그에서 이중의 위협이 될 수 있다〉, 《로스앤젤레스 타임스》, 2017년 9월 29일.
5. 상동.
6. 켄 벨슨, 〈일본은 건너뛰고 미국으로 가기를 바라며〉, 《뉴욕 타임스》, 2012년 10월 24일.
7. 시무라 도모야, 〈오타니 쇼헤이: 이 새로운 에인절은 누구인가?〉, 《오렌지카운티 레지스터》, 2018년 2월 9일.
8. 상동.
9. 스콧 밀러, 〈오타니 쇼헤이: 세계 최고의 선수는 MLB에 있지 않다. 아직은〉, 블리처 리포트, 2017년 3월 6일.

2. 증명하다

1. 제이슨 코스크리, 〈파이터스와 새로운 도전을 준비하는 오타니〉, 《저팬 타임스》, 2013년 1월 30일.
2. 로버트 크리머, 《베이브: 되살아난 전설》, Holtzman Press, 1974.
3. 루퍼트가 루스를 데려가는 조건으로 15만 달러를 제시했다고 프레이지가 말하다, 《보스턴 헤럴드 앤 저널》, 1918년 5월 29일.
4. 리 몬트빌, 《홈런포: 베이브 루스의 삶과 시대》, Doubleday, 2006.
5. F. C. 레인, 〈이번 시즌의 선풍〉, 《베이스볼 매거진》, 1918년 10월.
6. 아덴 즈웰링, 〈이 시대의 베이브 루스〉, Sportsnet.ca, https://www.sportsnet.ca/baseball/mlb/big-read-meet-shohei-otani-next-babe-ruth/

7. 〈파이터스의 미국 전지훈련에서 오타니가 방망이로 여러 사람의 머리를 돌아가게 하다〉,《저팬 타임스》, 2016년 2월 15일.
8. 스콧 밀러, 〈오타니 쇼헤이: 세계 최고의 야구 선수는 MLB에 있지 않다. 아직은〉, 블리처 리포트, 2017년 3월 6일.
9. 아덴 즈웰링, 〈WBC 마운드에서 부상 때문에 '일본의 베이브 루스'를 잃는다면 팬들은 정신이 나갈 것이다〉, Sportsnet.ca, https://www.sportsnet.ca/baseball/mlb/fans-will-lose-injury-keeps-japanese-babe-ruth-off-wbc-mound/
10. 〈오타니가 다음 시즌 후 메이저리그행을 겨냥하다〉,《저팬 타임스》, 2016년 12월 5일.
11. 다니엘 크레이머, 〈일본의 오타니가 부상 때문에 월드 베이스볼 클래식에서 뛰지 못하게 되다〉, MLB.com, 2017년 2월 3일.
12. 제이슨 코스크리, 〈서둘러 열을 올리고 있는 오타니〉,《저팬 타임스》, 2017년 8월 26일.
13. 딜런 헤르난데즈, 〈일본 야구 스타 오타니 쇼헤이, 빅 리그에서 이중의 위협이 될 수 있다〉,《로스앤젤레스 타임스》, 2017년 9월 29일.

3. 스카우트 전쟁

1. 아덴 즈웰링, 〈이 시대의 베이브 루스〉, Sportsnet.ca, https://www.sportsnet.ca/baseball/mlb/big-read-meet-shohei-otani-next-babe-ruth/
2. 필 로저스, 〈대중적 인기: 야구장 밖에서의 기회가 오타니를 기다린다〉, MLB.com, 2017년 12월.
3. 앤디 배걸리, 〈애너하임에 도착한 자이언츠, 매디슨 범가너가 오타니 쇼헤이를 재고하다: '이게 될 거라고는 생각하지 않았다'〉, 디 애슬레틱, 2018년 4월 20일.
4. 앤디 캑컬러프, 〈다저스 실패의 내막, 투타 겸업 센세이션 오타니 쇼헤이를 향한 좌절의 입찰〉,《로스앤젤레스 타임스》, 2018년 3월 7일.
5. 상동
6. 켄 로젠탈, @Ken_Rosenthal 트위터 내용. 2017년 12월 8일.

6. 상상 그 이상을 상상하라

1. 마이크 디지오바나, 〈다저스 스냅숏: 노모 히데오가 1995년을 지배하자 노모 광풍이 LA와 일본을 휩쓸다〉,《로스앤젤레스 타임스》, 2020년 3월 28일.
2. 데이브 샤이닌, 〈'매일이 미치다', 오타니 쇼헤이를 따라붙는 일본 언론 이미 녹초가 되다〉,《워싱턴 포스트》, 2018년 4월 12일.
3. 앤디 배걸리, 〈애너하임에 도착한 자이언츠, 매디슨 범가너가 오타니 쇼헤이를 재고하다: '이게 될 거라고는 생각하지 않았다'〉, 디 애슬레틱, 2018년 4월 20일.

8. 고난의 시즌

1. J. P. 훈스트라, 〈에인절스가 타일러 스캑스를 기억하는 밤에 매리너스를 노히터로 누르다〉,《오렌지카운티 레지스터》, 2019년 7월 13일.
2. 마쓰시타 유이치, 〈야구: 오타니 쇼헤이가 가장 큰 고난의 시즌에 대해 입을 열다〉, 교도통신, 2020년 11월 20일.
3. 상동
4. 상동

9. 다이아몬드 광내기 프로젝트

1. 조 윈크워스, 〈나는 베이브고 멍청이였다〉,《콜리어스》, 1925년 10월 31일.
2. 리 몬트빌,《홈런포: 베이브 루스의 삶과 시대》, Doubleday, 2006.

10. 새로운 접근, 새로운 희망

1. J. P. 훈스트라, 〈물집 생긴 오타니, 마지막 스프링 트레이닝 선발에서 다저스에게 패하다〉,《오렌지카운티 레지스터》, 2021년 3월 29일.

12. 황금률

1. 빌 셰이킨, 〈타격 불타오른 에인절스의 오타니 쇼헤이, 돈을 불러 모으다〉,《로스앤젤레스 타임스》, 2019년 7월 26일.
2. 가브리엘 산 로먼, 〈오렌지카운티의 일본계 미국인들에게 오타니는 이미 MVP〉,《로스앤젤레스 타임스》, 2021년 9월 30일.
3. 맷 모내건, 〈오타니의 고향은 모든 것이 오타니다〉, MLB.com, 2021년 8월 16일.

4. 샘 블럼, 〈'공이 점점 더 가까이 날아왔다': 오타니 쇼헤이가 의미는 없을지 몰라도 기억에 남을 홈런을 치다〉, 디 애슬레틱, 2021년 7월 10일.

13. 스타들의 스타
1. 자바리 영, 〈MLB는 오타니 쇼헤이에 대한 큰 계획을 가지고 있다. '1세기에 한 번 나오는 선수'를 위해〉, CNBC.com, 2021년 7월 13일.
2. 저스틴 번바움, 〈MLB 슈퍼스타 오타니 쇼헤이는 어떻게 손도 안 대고 600만 달러를 벌었나〉, 《포브스》, 2021년 7월 8일.
3. 상동

15. 유니콘
1. 데이브 에미니언, 〈세인트루이스 카디널스가 열아홉 살짜리 이도류 유망주를 얻다. 그가 피오리아에서 플레이한다〉, 《피오리아 저널 스타》, 2021년 8월 2일.
2. 제이수 맥키, 〈특별한 재능의 버바 챈들러가 파이리츠를 위해 무언가를 시작할지도 모른다.〉, 《피츠버그 포스트가제트》, 2021년 9월 7일.
3. 켄 로젠탈, 〈로젠탈: 오타니 쇼헤이는 MLB의 경계를 계속 밀어붙인다. 그의 미래가 어떻게 펼쳐지건 간에, 지금은 그의 환상적인 현재를 즐겨보자〉, 디 애슬레틱, 2021년 7월 8일.

16. 앙코르
1. 짐 알렌, 〈야구: 오타니는 WBC 데뷔에서 최대치를 뽑아내고 있다.〉, 교도통신, 2023년 3월 10일.
2. 존 헤이먼, 〈에인절스 구단주 모레노가 '불가능한' 작전이 목전에 다가오고 있는 가운데 오타니를 지키고 싶다는 희망을 피력했다〉, 《뉴욕 포스트》, 2023년 2월 8일.

출처

• 기사

Allen, Jim. "Amateur Tazawa Bypassing Japan Leagues for MLB," ESPN.com, September 12, 2008.

Arthur, Robert. "Shohei Ohtani is paying for his own contract," *Baseball Prospectus*, July 21, 2021.

Anderson, R.J. "MLB Prospect Watch: Six who could follow in Shohei Ohtani's footsteps as baseball's next two-way player," CBSSports.com, May 28, 2021.

Baxter, Kevin. "Best comparisons to Shohei Ohtani's two-way exploits came in the Negro Leagues," *Los Angeles Times*, July 12, 2021.

Blum, Ronald. "Ohtani agent asks MLB teams for written answers," Associated Press, November 25, 2017.

Boston Herald and Journal. "Frazee States Col. Ruppert Offered $150,000 For Ruth," May 29, 1918.

Callis, Jim. "The top two-way players in Draft history," MLB.com, May 20, 2020.

Caple, Jim. "Long before Shohei Ohtani and Ichiro, pitcher Masanori Murakami blazed a trail for Japanese major leaguers," *The Athletic*, May 9, 2018.

Castrovince, Anthony. "Negro Leagues had their own two-way stars," MLB.com, April 26, 2021.

Coskrey, Jason. "Bar set high for rookie stars Sugano, Otani," *Japan Times*, April 2, 2013.

Coskrey, Jason. "Fighters rookie Otani makes solid impression in mound debut," *Japan Times*, May 24, 2013.

Hammond, Rich. "Shohei Ohtani's batting-practice blast at Angel Stadium measured 513 feet," *Orange County Register*, May 19, 2018.

Haring, Bruce. "Major League Baseball All-Star Game Ratings Up Slightly, But Home Run Derby A Big Hit," Deadline, July 14, 2021.

Hoornstra, J.P. "Shohei Ohtani's elbow injury will force Angels to scramble at two positions," *Orange County Register*, June 8, 2018.

Jennings, L.A. "Boxing The Great Bambino." Vice, July 14, 2016.

Kaufman, Joey. "Angels pitchers Garrett Richards, Andrew Heaney hoping stem-cell treatment helps them avoid Tommy John surgery," *Orange County Register*, June 26, 2016.

Keown, Tim. "The one baseball's been waiting for," ESPN The Magazine, April 6, 2018.

Kepner, Tyler and David Waldstein. "Shohei Ohtani Spurns the Yan\kees, Seeking a Smaller Market," New York Times, December 3, 2017.

Kuty, Brendan. "Masahiro Tanaka injury: Yankees doctor explains crucial step in elbow rehab." NJ.com, July 13, 2014.

Kyodo News Service. "Fighters rookie Otani throws first bullpen," *Japan Times*, February 4, 2013.

Kleinschmidt, Jessica. "Shohei Ohtani wrote out his life goals in high school, and they'll leave you feeling underachieved," MLB.com, December 6, 2017.

Kurosawa, Jun. "L.A. Angels' Shohei Ohtani Holds American Baseball Fans in Awe," *Japan Forward*, April 21, 2018.

Lindbergh, Ben. "Ten Stats That Sum Up Shohei Ohtani's Historic 2021 Season," The Ringer, October 5, 2021.

Mains, Rob. "The Greatest Two-Way Players of All Time," Baseball Prospectus, July 20, 2021.

Monaghan, Matt. "100 years ago, Babe Ruth became Babe Ruth with a 500-foot homer into an Alligator Farm," MLB.com, March 16, 2018.

Mooney, Patrick. "Virtual reality: Kyle Hendricks takes you inside the Cubs' meeting with Shohei Ohtani," *The Athletic*, January 17, 2018.

O'Connell, Robert. "A game of speech—But also for baseball

interpreters, so much more," SI.com, June 21, 2021.

Ortiz, Jorge. "The quest for a 100-mph fastball: Can MLB prospects safely develop velocity?" *USA Today*, June 7, 2016.

Passan, Jeff. "Recent physical shows Angels' Shohei Ohtani has a damaged elbow ligament," Yahoo!, December 12, 2017.

Passan, Jeff. "The verdict is in on Shohei Ohtani's bat and it's not good," Yahoo!, March 9, 2018.

Teaford, Elliott. "Angels rookie Shohei Ohtani nearly perfect in Big A mound debut," *Orange County Register*, April 8, 2018.

Witz, Billy. "The Shohei Ohtani Rules: Handling a Two-Way Experiment With Care," *New York Times*, April 27, 2018.

• 책

Whiting, Robert. *You Gotta Have Wa!* 1989, 2009.
Wood, Allan. *Babe Ruth and the 1918 Red Sox*. 2001.

• 비디오

Morosi, Jon. Interview with Shohei Ohtani, MLB Network, February 2017.

• 웹사이트

Baseball-reference, FanGraphs, SeamHeads, Wikipedia.

찾아보기

ㄱ

개릿 리처즈Garrett Richards 90, 102, 144, 145, 149
게리 산체스Gary Sánchez 255
고타니 마사야小谷真弥 38, 45, 324
공동협약 62
구리야마 히데키栗山英樹 56, 96, 135
구속 저하 151
그레이스 맥너미Grace McNamee 100, 120, 121, 124, 126
그레그 모하트Greg Morhardt 88
글레이버 토레스Gleyber Torres 255
기자회견 31, 56, 58, 79, 91, 99, 122, 260
기쿠치 유세이菊池雄星 27, 30, 31, 127

ㄴ

나가쓰카 가즈시永塚和志 51
난카이 호크스 58
네이트 로우Nate Lowe 226
네즈 발레로Nez Balelo 64, 69, 70, 74, 76-79, 161, 180-182, 190, 192, 199, 200, 267, 333
노모 히데오野茂英雄 51, 59, 60, 100, 120, 121
노리모토 다카히로則本昂大 45

놀런 아레나도Nolan Arenado 22, 107, 274, 275
뉴욕 데일리 뉴스 136, 252, 253
뉴욕 양키스 30, 41, 43, 60, 71, 111, 135-137, 145, 187, 219, 253-256, 282
뉴욕 자이언츠 223
니그로리그 220-225, 319
닉 마카키스Nick Markakis 303
닉 매드리갈Nick Madrigal 214
닉 트로피아노Nick Tropeano 149
닛칸 스포츠 122
닛폰햄 파이터스 29, 35, 95, 100, 169, 323

ㄷ

다나카 마사히로田中将大 53, 65, 69, 135, 145
다르빗슈 유Darvish Yu 26, 33, 47, 51, 53, 61, 121, 127, 327
다자와 준이치田澤純一 31, 64
다저 스타디움 17, 131, 164, 197, 205, 320
대학 월드시리즈 302
데릭 홀Derrick Hall 120
데이브 돔브로스키Dave Dombrowski 301

데이브 윈필드Dave Winfield 302
데이비드 플레처David Fletcher 160, 296
드라이브라인 베이스볼 182-186
디 고든Dee Gordon 75
디트로이트 타이거즈 89, 137, 156, 240
딕 호블리첼Dick Hoblitzell 40
딜런 번디Dylan Bundy 254, 281
딜런 시즈Dylan Cease 19, 213
딜런 헤르난데즈Dylan Hernandez 123, 124, 126

ㄹ

라파엘 디버스Rafael Devers 276, 316
랜디 존슨Randy Johnson 198
랩소도 183,184
레이셀 이글레시아스Raisel Iglesias 283
레지 펠카Reggie Pelka 250
로건 모리슨Logan Morrison 129
로버트 아서Robert Arthur 245
로빈슨 카노Robinson Cano 75
로이 할러데이Roy Halladay 237
로진 백 104
롭 맨프레드Rob Manfred 263-265, 272
루 게릭Lou Gehrig 187
루디 고베어Rudy Gobert 171
루크 보이트Luke Voit 255
르네 리베라Rene Rivera 113
르브론 제임스LeBron James 264

리드 데트머스Reid Detmers 283, 330
리온 데이Leon Day 220, 223
리틀리그 월드시리즈 285
릭 앤키엘Rick Ankiel 298, 306

ㅁ

마르코 곤잘레스Marco Gonzales 250
마리아노 리베라Mariano Rivera 237
마쓰이 히데키松井秀喜 26, 121
마쓰자카 다이스케松坂大輔 61
마에다 겐타前田健太 53, 72
마윈 곤잘레스Marwin González 151
마이너리그 32, 35, 59, 110, 111, 170, 280, 282-284, 303, 309
마이크 리조Mike Rizzo 311
마이크 소샤Mike Scioscia
—감독으로서 소샤86-88, 139, 151
—고용 87
—배경 86
—사임 155, 156
—소샤에 대한 비판 88
—소샤의 말 83, 85, 91, 92, 98, 103, 106, 108, 118, 146, 147, 152, 153
—소샤의 오타니 스카우트 지원 75
마이크 트라웃Mike Trout
—드래프트 88
—보스턴 레드삭스전 233
—부상 234, 279, 280, 331

─ 성격 264
─ 수입 266, 333
─ 올스타게임과 트라웃 266
─ 인기 130, 263-265
─ 타자 트라웃 16
─ 트라웃에 대한 평가 263
─ 트라웃의 말 210, 265, 270, 286, 328
─ 트라웃의 오타니 스카우트 지원 74
─ 트라웃이 수상한 상 89, 263, 265
─ 퍼포먼스 226
─ WBC 323, 327, 328
마이클 로렌젠Michael Lorenzen 304-306
마이클 브랜틀리Michael Brantley 175
마이클 킹Michael King 254
마쓰시타 유이치松下裕― 122-124, 127
마커스 세미엔Marcus Semien 119, 173, 274
마크 맥과이어Mark McGwire 304, 321
마크 멜란슨Mark Melancon 208
마크 칸하Mark Canha 203
마틴 디히고Martín Dihigo 220, 223-225
마틴 말도나도Martín Maldonado 104-106, 138, 151
매니 마차도Manny Machado 217
매디슨 범가너Madison Bumgarner 16, 130, 303
맥스 먼시Max Muncy 22, 209, 258, 274-276

맥스 슈어저Max Scherzer 260, 273, 335
맷 반스Matt Barnes 233
맷 베스거시안Matt Vasgersian 14, 15
맷 슈메이커Matt Shoemaker 46
맷 올슨Matt Olson 7, 119, 203
맷 와이즈Matt Wise 236, 238, 318
맷 윈터스Matt Winters 48
맷 채프먼Matt Chapman 117, 118
메이신 윈Masyn Wynn 307
메이저리그 베이스볼
─ 공식구 103, 104
─ 국제 선수 룰 57-59, 62, 63
─ 니그로리그와 메이저리그 220
─ 룰 바꾸기 260, 261
─ 리틀리그 월드시리즈와 메이저리그 285
─ 메이저리그에 의해 금지된 것 66
─ 메이저리그와 월드 베이스볼 클래식 53
─ 코로나19 관련 결정 170-172
─ 포스팅 이적료 60-63
명예의 전당 197, 220, 223, 263, 302, 303
모투스 190
몬테 어빈Monte Irvin 223
몬트리올 엑스포스 198
무라카미 마사노리村上雅則 58, 59
미겔 카브레라Miguel Cabrera 89
미네소타 바이킹스 302

미네소타 트윈스 75, 129, 279, 321
미즈하라 잇페이水原—平 100, 101, 122, 136, 236, 269, 290, 315
미키 맨틀Mickey Mantle 263
미키 캘러웨이Mickey Callaway 174
밀워키 브루어스 21, 96, 105, 106, 275, 304

ㅂ

바버라 맥휴Barbara McHugh 262
바비 밸런타인Bobby Valentine 197
발사각 158, 159
밥 깁슨Bob Gibson 223
밥 켄드릭Bob Kendrick 220-225
배리 본즈Barry Bonds 293, 321
버드 셀릭Bud Selig 60
버바 챈들러Bubba Chandler 308
버스터 포지Buster Posey 35, 64
벅 쇼월터Buck Showalter 198
벅 오닐Buck O'Neil 221
베스트 나인 35, 47
베이브 루스Babe Ruth 39, 40, 43, 146, 154, 186-189, 219, 300, 305
벤 린드버그Ben Lindbergh 241
보 잭슨Bo Jackson 197
보스턴 레드삭스 30, 61, 62, 86, 233, 242, 330
볼티모어 오리올스 164, 235, 286, 303, 318

브라이언 캐시먼Brian Cashman 71
브래드 어스머스Brad Ausmus 156-158, 162, 165
브랜던 레어드Brandon Laird 35, 36, 49, 50
브랜던 맥케이Brendan McKay 306
브렛 가드너Brett Gardner 255
브렛 필립스Brett Phillips 105
브루스 보치Bruce Bochy 74
브룩스 키슈닉Brooks Kieschnick 304-306
블라디미르 게레로 주니어Vladimir Guerrero Jr. 249, 258, 276, 294
블레이크 우드Blake Wood 149
블레이크 파커Black Parker 101
비짓 애너하임 244
비축 파워, 비축 파워 측정 238, 239
빌 러셀Bill Russell 87
빌 헤젤Bill Hezel 183, 185, 191
빌리 빈Billy Beane 142
빌리 에플러Billy Eppler
— 단장 빌리 에플러 156
— 리더십 195
— 배경 80, 81
— 빌리 에플러 해고 196
— 빌리 에플러의 관점 142, 143
— 빌리 에플러의 말 65, 66, 68, 78, 81, 84, 93, 94, 111, 115, 137, 143, 145, 148, 150, 153

— 오타니 스카우트 노력 65, 66, 72-77
— 일본 여정 95
빌리 해밀턴Billy Hamilton 214

ㅅ

사사키 히로시佐々木洋 27, 29-31
사이토 노부히로斎藤庸裕 122
사첼 페이지Satchel Paige 222
살바도르 페레즈Salvador Pérez 286, 294
샌디 앨더슨Sandy Alderson 306
샌디에이고 파드리스 60, 71, 86, 205, 207-209, 217, 274, 302
샌프란시스코 자이언츠 30, 58, 71, 87, 130, 282, 300
샘 블럼Sam Blum 250
서머 캠프 172
세인트루이스 카디널스 22, 274, 298, 307
셰인 비버Shane Bieber 204
스가노 도모유키菅野智之 32
스즈키 도모야鈴木友也 267
스즈키 이치로鈴木一朗 26, 51, 53, 61, 75, 128, 221, 222, 323
스콧 서비스Scott Servais 240
스탠 콘트Stan Conte 94, 95
스티븐 스트라스버그Stephen Strasburg 169
스프링 트레이닝
— 밀워키 브루어스전 105-107
— 스프링 트레이닝 지연 사태 171
— 스프링 트레이닝에서의 오타니 97, 98, 157, 194, 201-210
— 콜로라도 로키스전 107
— 토로스 데 티후아나전 107
시애틀 매리너스
— 매리너스의 기록 279, 282
— 매리너스의 이치로 61
— 에인절스 대 매리너스 128, 129, 164, 171, 227, 240, 250, 293
— 오타니 스카우트 노력 71, 75, 76
시카고 컵스 71-73, 111, 166-168, 304
시카고 화이트삭스 14, 17, 19, 23, 204, 213, 214, 304
신시내티 레즈 204, 305, 307

ㅇ

아롤디스 채프먼Aroldis Chapman 256
아르테 모레노Arte Moreno 75, 78, 91, 92, 166, 168, 332, 334
아메리칸리그 이 주의 선수 120
아메리칸리그 MVP 21
아티 맥고번Artie McGovern 186-189
안드렐톤 시몬스Andrelton Simmons 133
알렉스 로드리게스Alex Rodriguez 14
알렉스 앤소폴로스Alex Anthopoulos 199
알렉스 콥Alex Cobb 235, 281

알버트 푸홀스Albert Pujols 84, 90, 99, 230, 231
알폰소 소리아노Alfonso Soriano 60
애덤 로웬Adam Loewen 303
애덤 이튼Adam Eaton 18, 214
애덤 프레이저Adam Frazier 273
에런 저지Aaron Judge 11, 320, 322
애리조나 다이아몬드백스 125, 148
애틀랜타 브레이브스 49, 66-68, 196, 198, 259
애틀랜타 호크스 302
앤드루 맥커친Andrew McCutchen 35
앤드루 밀러Andrew Miller 239
앤드루 키트리지Andrew Kittridge 250
앤드루 프리드먼Andrew Friedman 74
앤드루 히니Andrew Heaney 101, 144, 145, 149, 281, 282
앤디 소낸스타인Andy Sonnanstine 15
앤서니 렌던Anthony Rendon 280, 284, 297, 331
앤서니 배스Anthony Bass 37, 54
앨런 우드Allan Wood 42, 43
야니스 아데토쿤보Giannis Antetokounmpo 264
야마다 마사오山田正雄 32
야스오카 도모히코安岡朋彦 122, 123
야쿠르트 스왈로스 44
에드 배로우Ed Barrow 40-42,
에디 베인Eddie Bane 88

에런 슬레거스Aaron Slegers 233, 255
에런 저지Aaron Judge 11, 320, 322
에런 힉스Aaron Hicks 303
에릭 닌더Erik Neander 309
에릭 먼슨Eric Munson 139
에릭 차베스Eric Chavez 95
에릭 프리덴Eric Fridén 238
에릭 힌스케Eric Hinske 103, 131, 132
오슈 24, 245, 246
오스틴 메도우스Austin Meadows 251
오쿠다 히데키奧田秀樹 69
오클랜드 애슬레틱스 7, 16, 72, 117, 119, 142, 173, 202, 279, 282, 290, 292, 294, 317
오타니가 오렌지카운티 관광에 미치는 영향 244
오타니 가요코大谷加代子 24
오타니 데이 245
오타니 도루大谷徹 24
오타니 쇼헤이大谷翔平
— 기록 21, 44-49, 55, 153, 157, 164, 165, 177, 229, 258, 281, 282, 284, 285, 291-293, 314, 315
— 도전 108, 109
— 레그킥 131, 132
— 목표 27, 28, 57, 58
— 부상 17, 29, 44, 53, 84, 85, 117, 120, 139, 140-154, 165, 169, 174, 175, 208, 216, 227, 236, 291

— 성격 36, 37, 50, 51, 101, 102, 124
— 세리머니 251
— 수입 50, 267
— 수상 21, 35, 52, 120, 153
— 신체적 특성 28, 29, 36, 50
— 야구를 하게 된 배경 25-34, 48
— 여가 시간 101
— 오타니 마케팅 262
— 오타니를 스카우트하려는 노력 31-33, 64-78
— 오타니에 대한 비판 109, 136, 253
— 오타니의 말 18, 25, 31, 37, 38, 47, 48, 52-55, 57, 58, 79, 82, 83, 102, 105-108, 116, 118, 129, 136, 137, 142, 146, 147, 152, 153, 157, 159, 160, 163, 171, 174, 176, 178, 194, 203, 204, 208, 209, 215, 217, 232-234, 239, 240, 247, 248, 256, 260-262, 267, 269, 271, 285, 287, 288, 290, 292, 294, 295, 314, 316, 324, 329, 330
— 외야 수비 233
— 유연성 132
— 인기 119, 127, 242-247, 266
— 적응력 131, 132, 218, 219
— 평판 16
— 홍보 행사 37, 38
— 훈련 47, 48, 98, 102, 103, 130, 147, 148, 172, 176, 180-186, 189-193, 201

오타니 류타大谷龍太 25
오후치 다카시大渕隆 29, 32-34
올스타게임
— 니그로리그와 올스타 222
— 선정 과정 246, 247, 257
— 올스타 마이크 트라웃 265, 266
— 올스타 오타니 22, 45-47, 246-248, 257-262, 272-277
— 올스타게임의 의미 261, 262
— 쿠어스 필드 272
올해의 선수상(메이저리그 선수협회) 21
올해의 신인상 60, 61, 89, 153
요르단 알바레스Yordan Álvarez 247
요미우리 자이언츠 25, 32
요안 몬카다Yoán Moncada 18, 214-216
워싱턴 내셔널스 169, 260, 268, 269, 286, 311
월드시리즈 86, 87, 166-168, 269, 301
윈터 미팅 92
윌 스미스Will Smith 209
윌리 메이스Willie Mays 223, 263
유타 스타스 302
율리에스키 구리엘Yulieski Gurriel 151, 175
이라부 히데키伊良部秀輝 60
이언 데스몬드Ian Desmond 107
이언 킨슬러Ian Kinsler 92, 115, 131, 132
이와세 카오루イワセカオル 241

이적료 60-62
일본 미디어 121-127

ㅈ

자가혈 치료술 93, 144, 145
재러드 월시Jared Walsh 20, 215, 231, 256, 270, 276, 282, 309, 310
잭 미내시언Zack Minasian 197
잭 코자트Zack Cozart 92
잭 휠러Zack Wheeler 21
저스틴 벌랜더Justin Verlander 163, 239
저스틴 켈리Justin Kelly 68
저스틴 터너Justin Turner 22, 73, 258
저스틴 홀랜더Justin Hollander 81
제러미 리드Jeremy Reed 159, 287
제럴드 레어드Gerald Laird 35
제리 디포토Jerry Dipoto 88, 311-313
제이슨 브라운Jason Brown 269
제이슨 코스크리Jason Coskrey 51
제이콥 디그롬Jacob deGrom 304
제이콥 루퍼트Jacob Ruppert 41
제임슨 타이욘Jameson Taillon 254
제프 트라웃Jeff Trout 88
제프 파산Jeff Passan 93, 109
조 네이션Joe Nathan 303
조 로건'Bullet' Joe Rogan 220, 224, 225
조 매든Joe Maddon
— 경력 166-169
— 고용 168
— 리더십 15, 16
— 조 매든과 탬파베이 레이스 15
— 조 매든의 관점 199, 200
— 조 매든의 말 20, 23, 169, 174, 176, 177, 201-208, 210, 212, 216, 219, 226-228, 232, 249, 251-254, 260, 281, 284, 288-293
조 벅Joe Buck 273
조 부시Joe Bush 117
조 아델Jo Adell 283
조시 레딕Josh Reddick 175
조시 톰린Josh Tomlin 118
조시 해밀턴Josh Hamilton 90, 303
조지 스프링어George Springer 151, 175
존 램John Lamb 149
존 베이커John Baker 308
존 올러루드John Olerud 303, 305
존 코포렐라John Coppolella 66
주릭슨 프로파Jurickson Profar 207
줄기세포 치료 144
중재 조정제도 333
지명타자
— 브렌든 맥케이 306
— 브룩스 키슈닉 305
— 알버트 푸홀스 84
— 오타니 18, 35, 45, 47, 49, 70, 73, 74, 85, 116, 117, 146, 205, 212, 217, 227, 230, 231, 245, 246, 259, 261, 289

— 지명타자의 역할 15
지바 롯데 마린스 60
지속 파워, 지속 파워 측정 239
지안카를로 스탠튼Giancarlo Stanton 217, 255
짐 존슨Jim Johnson 68
짐 칼리스Jim Callis 302

ㅊ

찰스 해리스Charles Harris 244
척골 측부인대 부상 93, 117, 140, 145, 161, 231
최우수선수상 302

ㅋ

카일 보디Kyle Boddy 183
캔자스시티 로열스 16, 87, 138, 197, 249, 286, 294, 317, 321
커미셔너 특별상 314
커트 스즈키Kurt Suzuki 232, 236, 296
케빈 캐시Kevin Cash 259-261
켄 그리피 주니어Ken Griffey Jr. 197, 263
켄 로젠탈Ken Rosenthal 81
켄 브렛Ken Brett 16, 303
켄 홀츠먼Ken Holtzman 16
켄리 잰슨Kenley Jansen 303
코리 시거Corey Seager 209
코리 클루버Corey Kluber 119
코로나19 8, 18, 122, 171, 196, 211, 241, 272, 307, 323
코빈 번스Corbin Burnes 21, 275
콜 칼훈Kole Calhoun 102, 159
콜로라도 로키스 107, 109, 272, 279, 281
쿠어스 필드 133, 247, 258, 269, 272, 274
크리스 로드리게스Chris Rodriguez 283
크리스 마틴Chris Martin 49
크리스 부비치Kris Bubic 249
크리스 브라이언트Kris Bryant 110
크리스 영Young Chris 310
크리스 테일러Chris Taylor 209
크리에이티브 아티스트 에이전시 64
클래런스 미첼Clarence Mitchell 117
클레이튼 커쇼Clayton Kershaw 73, 184
클리블랜드 인디언스 118, 146, 282, 285
클린트 프레이저Clint Frazier 255
키넌 미들턴Keynan Middleton 149

ㅌ

타이거 우즈Tiger Woods 263
타일러 스캐그스Tyler Skaggs 149, 160-164
탬파베이 레이스 15, 159, 167, 235, 249, 259, 306, 309
테드 래드클리프Ted Radcliffe 220, 222, 225

테리 콜린스Terry Collins 86
테일러 워드Taylor Ward 151, 155, 241, 331
테일러 콜Taylor Cole 164
텍사스 레인저스
— 레인저스의 다르빗슈 유 61
— 바비 발렌타인과 레인저스 197
— 에인절스 대 레인저스 217, 226, 284, 288
— 오타니 스카우트 노력 67, 71
— 조시 해밀턴과 레인저스 90
템피 디아블로 스타디움 99, 107, 108, 123, 125, 133, 201, 202, 204
토니 왓슨Tony Watson 282
토로스 데 티후아나 107
토론토 블루제이스 198, 249, 258, 282, 285, 294
토미 라소다Tommy Lasorda 87, 196
토미 존 수술 17, 47, 93, 141-145, 149, 152, 157, 161, 169, 181
투수들의 등급 312
투수들의 훈련 190-192
투타 겸업 선수 288-313
트레버 호프먼Trevor Hoffman 303
트레이드 마감일 278
트로이 글로스Troy Glaus 293
트로이 퍼시벌Troy Percival 303
트리플 크라운 89, 321
팀 미드Tim Mead 125
팀 새먼Tim Salmon 166
팀 앤더슨Tim Anderson 18
팀 웨이크필드Tim Wakefield 304

ㅍ

파르한 자이디Farhan Zaid 300, 301
패트릭 마홈스Patrick Mahomes 264
퍼거슨 젠킨스Ferguson Jenkins 16
펄스 190
페르난도 타티스 주니어Fernando Tatís Jr. 207, 274, 275
페리 미내시언Perry Minasian 8, 196-200, 282, 295, 332
펠릭스 페냐Félix Peña 164
펠릭스 에르난데스Félix Hernández 129
폴 갈리코Paul Gallico 188
폴 소렌토Paul Sorrento 133
폴 이튼Paul Eaton 39
프랭크 조브Frank Jobe 141
프레디 프리먼Freddie Freeman 259
피츠버그 파이리츠 308
피트 알론소Pete Alonso 271
필 고슬린Phil Gosselin 287
필 딕슨Phil S. Dixon 224
필라델피아 로열자이언츠 221
필라델피아 이글스 76, 264
필라델피아 필리스 21, 167

ㅎ

하나마키하가시 고등학교 27, 28, 30, 31
하라 다쓰노리原辰德 32
할란 워너Harlan Herner 58
해리 프레이지Harry Frazee 41
헌터 그린Hunter Greene 307
헨리 샤퍼Henry Schafer 263
호세 수아레즈José Suarez 254
호세 아브레유José Abreu 18, 204, 214
호세 알투베José Altuve 151
호세 이글레시아스José Iglesias 251
호세 퀸타나José Quintana 227, 281
홈런 더비 248, 260, 268-271
후안 라가레스Juan Lagares 214
후안 소토Juan Soto 268, 286
후지나미 신타로藤浪晋太郎 29
휴스턴 애스트로스 150, 162, 174, 247, 279, 330
히로시마 도요 카프 60

A~Z

A. J. 폴락A. J. Pollock 209
D. J. 르메이휴D. J. LeMahieu 254
J. C. 라미레즈J. C.Ramírez 149
J. D. 마르티네즈J. D. Martinez 246
LA 다저스 22, 30, 60, 71, 74, 86, 100, 120, 131, 141, 196, 208, 231, 258, 260
LA 에인절스
— 오타니 스카우트 64-78
— 오타니 업무량 관리 134, 135
— 월드시리즈와 에인절스 86, 87
— 팀명 변천사 85
— 포스트시즌 역사 85-88
— 피칭 계획 85, 94, 103, 135, 136, 169, 170, 195, 217, 218, 227, 231, 232
MVP
— 미겔 카브레라 89
— 블라디미르 게레로 주니어 276
— 스즈키 이치로 61
— 오타니 쇼헤이 35, 52
— 조시 해밀턴 90
Q 스코어 263, 264, 266
WAR 21
WBC 53, 323-330

숫자

20-80 시스템 312

오타니 쇼헤이의 위대한 시즌

초판 1쇄 발행 2023년 11월 8일
초판 4쇄 발행 2024년 12월 4일

지은이 제프 플레처
옮긴이 문은실
펴낸이 최순영

출판2 본부장 박태근
지식교양 팀장 송두나
편집 박은경
디자인 함지현 이세호

펴낸곳 ㈜위즈덤하우스 **출판등록** 2000년 5월 23일 제13-1071호
주소 서울특별시 마포구 양화로 19 합정오피스빌딩 17층
전화 02) 2179-5600 **홈페이지** www.wisdomhouse.co.kr

ISBN 979-11-6812-831-6 03690

· 이 책의 전부 또는 일부 내용을 재사용하려면 반드시 사전에 저작권자와
  ㈜위즈덤하우스의 동의를 받아야 합니다.
· 인쇄·제작 및 유통상의 파본 도서는 구입하신 서점에서 바꿔드립니다.
· 책값은 뒤표지에 있습니다.